新编21世纪高等职业教育精品教材
经济贸易类

国际贸易基础（第2版）

Fundamentals of International Trade

主　编　张宗英　张　泳
副主编　刘振芬　陈　芬
　　　　张继佳　张　华

中国人民大学出版社
·北京·

第2版前言

PREFACE OF THE SECOND EDITION

“国际贸易基础”是高职高专类院校国际贸易实务、国际经济与贸易以及国际商务专业的专业大类课程，是一门主要研究国家（地区）间各种商品交换活动规律的学科，具有较强的理论性与实践性。通过对本课程的研究和学习，学生可以了解国际贸易的产生、发展和演变，掌握相关的国际贸易理论、各国对外贸易政策和国际贸易政策的协调等内容。

自 2018 年以来，国际经济贸易形势发生了巨大的变化，我国的对外贸易形势、政策措施也相应发生了变化。在中美贸易摩擦持续升级、全球贸易保护主义抬头以及新冠肺炎疫情严重冲击全世界经济的背景下，我国对外贸易保持连续增长，尤其在 2020 年全球经济衰退、国际市场需求大幅下降的情况下，我国成为世界上唯一 GDP 和对外贸易均正增长的国家，为全球经济的复苏注入强大动力。

习近平总书记在党的二十大报告中指出：“推动货物贸易优化升级，创新服务贸易发展机制，发展数字贸易，加快建设贸易强国。”这是以习近平同志为核心的党中央站在新的历史起点上，统筹中华民族伟大复兴战略全局和世界百年未有之大变局做出的重大战略安排，为新时代新征程贸易强国建设指明了前进方向，提供了根本遵循。

为了适应国际贸易的不断发展和变化，我们对 2018 年出版的《国际贸易基础》进行了修订。本次修订主要进行了以下工作：

第一，继续采用模块化框架，注重理论联系实际。

本教材包括国际贸易基本理论、主要国际贸易理论、国际贸易政策与措施、世界贸易组织与区域经济一体化、跨境电子商务与市场采购贸易五大模块。每个模块采用单元的方式，每个单元采用任务导入、基本知识、操作示范、实训演练的教学设计思路。坚持理论够用和为实践服务的原则，以务实为特色，适合于高职高专国际贸易实务、国际经济与贸易和国际商务以及相关专业的高素质技术技能型人才的培养。

第二，多渠道挖掘思政元素，增强课程思政融入感。

在原有的知识窗、拓展阅读等形式的基础上，新增了课程思政相关板块——行业观察，便于教师综合运用多种手段，通过案例讲好外贸发展故事，将纪录片等形式的资料作为课程思政的载体，做到课程思政润物无声，切实提升和培养学生的爱国爱党、知行合一、团结协作、遵纪守法、爱岗敬业等职业素质和正确的世界观、人生观和价值观。

第三，教材内容进行了更新，增强了教材的时效性。

主要是更新了经济贸易数据；增加或更新了部分任务导入案例、知识窗和拓展阅读；更新了我国最新的外贸政策措施；增加了英国脱欧后的欧盟新变化；更新了我国参与的区域经济一体化情况，并增加了RCEP、RCEP原产地证明、背对背原产地证明以及应用实例；增加了我国跨境电子商务的发展现状和模式介绍；补充了主流跨境电子商务平台的内容；增加了跨境电商综合试验区的“六体系两平台”等内容。

本教材由张宗英和张泳担任主编，设计全书框架，拟订编写大纲，并负责全书统稿和总纂。刘振芬、陈芬、张继佳和张华担任副主编。

在本教材的编写过程中，青岛睫立美化妆品有限公司李艳总经理、鑫帕特娜丝（青岛）家居饰品有限公司李勇总经理等合作企业专家为本教材提供了恰当、中肯的修改意见。同时，我们参阅了国内外大量文献资料并访问了有关网站，借鉴了其中的某些观点和数据，在此一并表示感谢。

鉴于国际贸易的发展变化速度之快，尽管编者已尽最大努力，但由于自身的学识水平有限，本教材的疏漏与不足之处在所难免，恳请业内专家和广大读者不吝指正。

编者

第1版前言

PREFACE OF THE FIRST EDITION

“国际贸易基础”是高职高专类院校国际贸易实务、国际经济与贸易以及国际商务专业的专业大类课程，是一门主要研究国家（地区）间各种商品交换活动规律的学科，具有较强的理论性与实践性。通过对本课程的研究和学习，学生可以了解国际贸易的产生、发展和演变，掌握相关的国际贸易理论、各国对外贸易政策和国际贸易政策的协调等内容。通过任务导入、知识链接、操作示范、实训演练、相关链接、知识窗、拓展阅读等形式，提高学生认识、分析和解决国际贸易现象和问题的综合能力，这既有助于学生对知识的巩固和后续专业课程的学习，又能为学生将来选择与国际贸易相关的工作奠定坚实的基础。

本书具有如下特点：

第一，采用模块化框架，注重理论联系实际。

本教材包括国际贸易基本理论、主要国际贸易理论、国际贸易政策与措施、世界贸易组织与区域经济一体化、跨境电子商务与市场采购贸易五大模块。坚持理论够用和为实践服务的原则，以务实为特色，适合于高职高专国际贸易实务、国际经济与贸易和国际商务以及相关专业的高素质技术技能型人才的培养。

第二，教材内容和数据资料新颖。

伴随着全球贸易形势的变化以及我国外贸发展的新情况，在教材编写过程中我们紧跟时代步伐，将我国的上海等自由贸易试验区、我国与其他国家（地区）已经签订的19个自由贸易协定（截至2019年底）、跨境电子商务、市场采购贸易等最新资料加入本教材。

本教材由张宗英和张华担任主编，负责设计全书框架、拟订编写大纲，并负责全书统稿和总纂。刘振芬、张继佳、张彬和陈芬担任副主编，张泳、刘志红和臧传涛参与编写。在本教材的编写过程中，我们参阅了国内外大量文献资料并访问了有关网站，借鉴了其中的某些观点和数据，在此表示感谢。

由于编者水平有限，书中难免有不妥之处，恳请读者批评指正。

编者

2019年12月

目　录
CONTENTS

模块一

国际贸易基本理论

学习目标

【知识目标】

- 了解国际贸易的产生与发展情况，掌握国际贸易的含义
- 理解国际贸易的基础概念及分类
- 掌握国际分工的类型，理解国际分工对国际贸易的影响
- 了解世界市场的形成，掌握世界市场的含义和分类
- 掌握世界市场价格的含义，理解世界市场价格的类型
- 了解国际贸易方式的含义，掌握国际贸易方式的类型

【技能目标】

- 能够根据相关数据计算对外贸易量、贸易条件和对外贸易依存度
- 能够辨别国际贸易中的基础概念和分类
- 能够根据相关资料辨别国际分工的类型
- 能够辨别世界市场价格
- 能够辨别国际贸易方式的类型

单元一　国际贸易的概念与分类

任务导入

我国对外贸易发展状况

根据国家统计局和海关总署的统计数据，2011—2022年我国对外贸易发展情况如表1-1所示。

表1-1　我国对外贸易发展情况（2011—2022年）

年度	出口额（亿美元）	进口额（亿美元）	GDP（亿人民币）	年均汇率（USD/CNY）
2011	18 983.8	17 434.8	487 940.2	6.458 8
2012	20 487.1	18 184.1	538 580.0	6.312 5
2013	22 090.0	19 499.9	592 963.2	6.193 2
2014	23 422.9	19 592.4	643 563.1	6.142 8
2015	22 734.7	16 795.6	688 858.2	6.210 5
2016	20 976.3	15 879.3	746 395.1	6.640 1
2017	22 633.5	18 437.9	832 035.9	6.754 7
2018	24 867.0	21 357.5	919 281.1	6.617 4
2019	24 994.8	20 784.1	986 515.2	6.898 5
2020	25 899.5	20 631.0	1 013 567.0	6.897 4
2021	33 630.2	26 871.4	1 149 237.0	6.451 5
2022	35 936.0	27 160.0	1 210 207.2	6.726 1

资料来源：国家统计局和海关总署统计数据。

任务：

对我国近年来的对外贸易发展情况进行分析，分析内容包括对外贸易额、贸易差额和对外贸易系数等。

基本知识

一、国际贸易的产生与发展阶段

国际贸易是一个历史范畴，它是社会生产力发展的结果，在一个国家表现出来的形式是对外贸易。对外贸易（Foreign Trade）是指一个国家（地区）与其他国家（地区）之间进行的商品和服务的交换，某些岛国如英国和日本等，常用海外贸易（Oversea Trade）来表示其对外贸易。

对外贸易是在一定的历史条件下产生和发展起来的，它的产生必须具备两个条件：一个是有可供交换的剩余产品，另一个是社会分工的扩大和国家的产生。这两个条件在原始社会后期得到了满足，因此，在原始社会末期、奴隶社会初期，最早的国际贸易出现了。

（一）奴隶社会

在奴隶社会，自然经济占主导地位，进入流通的商品数量很少，对外贸易局限在很小的范围内。贸易在欧洲主要集中在地中海和黑海的沿岸，而在我国则集中在黄河流域。从商品结构看，十分单一有限，奴隶是最主要的商品，奢侈品（如宝石）、装饰品、各种织物、香料等在国际贸易中也占有较大比重。

（二）封建社会

商品经济仍处于从属地位，国际贸易的规模有限。奴隶贸易基本消失，国际贸易的主要商品除奢侈品外，还有日用手工业品和食品，如西方国家用呢绒、酒来交换东方国家的丝绸、香料和珠宝。著名的丝绸之路就在这时出现了，我们也可以在《清明上河图》上看到用骆驼运送货物的外国商人。

（三）资本主义社会

地理大发现与三次工业革命的推动使国际贸易进入一个又一个发展快车道。

第一阶段：地理大发现

15—17 世纪的地理大发现开辟了新航路，促进了东西方之间贸易交流的大发展。除奢侈品外，工业原料和食品比重增加，奴隶贸易（黑人）也是当时贸易的重要内容。

第二阶段：第一次工业革命（蒸汽机广泛应用）

18 世纪 60 年代开始的第一次工业革命为国际贸易的空前发展提供了坚实而广阔的物质基础，国际贸易从局部性、地区性的贸易活动逐渐转变为全球性的贸易活动。

第三阶段：第二次工业革命（电力的广泛使用）

19 世纪 70 年代起，发生了第二次工业革命，人类进入电气时代，垄断资本主义发展壮大，主要资本主义国家的对外贸易被少数垄断组织控制，该时期美国取代英国在世界出口中跃居第一位。在两次工业革命后，资本主义世界体系最终确立，世界范围内形成了一个大市场。

第四阶段：第三次科技革命

第二次世界大战以后，在世界范围内爆发了第三次科技革命，人类在原子能、电子计算机、微电子技术、航天技术、分子生物学和遗传工程等领域取得了重大突破，使国际贸易的发展进入了新的阶段，有了更多、更复杂的表现。

二、国际贸易与国内贸易的异同

（一）共同之处

1. 国际贸易是国内贸易发展到一定程度，市场范围超越国家边界的结果

国内贸易和国际贸易的基本内容都是商品和劳务的交换，国际贸易从事的是国家间的商品和劳务的交换，国内贸易则是在国内进行的商品和劳务的交换。

2. 货物都是从生产者向消费者转移

国内贸易和国际贸易虽然活动范围有所不同，但商品流通运动的方式完全一样。无论是国际贸易还是国内贸易，都是类似的商业活动，处于社会再生产过程中的中介地位。

3. 进行交易的技术过程大同小异

国际贸易与国内贸易的基本职能一样，都是商品买卖。国际贸易与国内贸易都包括交易准备、交易磋商、合同签订、合同履行等主要环节，只是国际贸易比国内贸易在具体程序和细节上更为复杂。

4. 国际贸易与国内贸易的经营目标一致

国际贸易与国内贸易的经营目标均是通过交换取得更多的经营利润或经济利益。贸易或者流通虽然具有资源配置的功能，但在正常情形下，通过贸易配置资源必须以利润或利益为基础。

（二）不同之处

1. 所处的条件不同

国际贸易是在经济结构、生产条件、生产力水平、经济政策、产业政策、贸易政策显著不同的国家（地区）间进行的商品交换。国际贸易是与外国商人做生意，必须克服语言障碍；世界各国的生活风俗习惯不同，宗教信仰也有差别，这些都会导致消费习惯的差异。从事国际贸易必须随时掌握世界市场的动态，了解贸易对象的资信状况，熟悉目标市场的法律制度和相关规则，搜集和分析这些资料的困难较多。而国内贸易则是在同一经济法律制度下一国内部进行的商品交换，语言、风俗习惯的差异较小，在同一市场上了解各方面的资讯都容易得多。

2. 交易的复杂程度不同

各国各地市场商业习惯不同，对国际贸易中的规则与条例的理解也可能不一致，这些都需要交易双方进行沟通以求得一致，避免产生贸易纠纷；世界各国都设有海关，对于货物进出口都有许多规定，货物的进出口不但要履行报关手续，而且出口货物的种类、品质、规格、包装和商标也要符合相关国家的各种相关规定。此外，跨国货物运输与保险、国际结算与汇兑也增加了国际贸易的复杂性。

3. 受经济政策影响的程度不同

各个国家的经济政策虽然主要是为本国经济发展起作用的，但也会在一定程度上影响国际贸易的开展，且很多政策会因不同的经济形势、不同的执政者而变化。这里有金融政策、产业政策、进出口管理政策、关税政策等，从事国际商品交换活动必须研究这些政策。国际贸易主要受到本国和外国的经济政策的影响，而国内贸易则主要受本国经济政策的影响。

4. 货币制度的影响不同

各国货币制度的差异增加了交易的复杂性。在国际贸易中，贷款的清偿多以外汇支付。由于汇率波动大，计价货币的选择会影响交易者的利益，使交易定价变得复杂。国际贸易的交易结算涉及多国的银行，还与各国外汇管理制度、汇率制度有关，这增加了国际汇兑的复杂性，国际贸易的交易结算比国内贸易的要复杂得多。

5. 商品和生产要素的流动性存在差异

商品和生产要素的国际移动相对不自由，国际竞争的不完全性相对大；而其在国内则移动相对自由，竞争的不完全性相对小。同时，国际贸易受到的管制较多，各国往往采取关税壁垒与非关税壁垒来限制外国商品的进口，这对国际贸易造成了许多障碍；而国内贸易障碍相对少。

6. 风险不同

国际贸易比国内贸易风险大。国际贸易的主要风险包括：一是信用风险。买卖双方分处不同国家，不容易了解对方的经营和资信状况，同时，交易期间买卖双方的财务状况可能发生变化，因此双方都存在信用风险。二是商业风险。国际贸易中，进口商往往因货样不符、交货期晚、单证不符等而拒收货物，这给出口商造成了商业风险。另外，国际市场的价格波动，也会造成其中一方的商业损失。三是汇兑风险。国际贸易中，交易双方至少有一方要以外币计价。从签约到结算时间较长，期间如果外汇汇率出现较大的变化，就会出现汇兑风险。四是运输风险。国际贸易货物运输里程一般超过国内贸易，有时需要采用两种以上的运输方式，货物在运输过程中遭受损失的可能性较大。五是政治风险。一些国家由于政治变动，导致贸易政策法令不断修改，常常使从事贸易的厂商承担很多因政治变动带来的风险。

三、国际贸易的基础概念

（一）国际贸易与对外贸易

1. 国际贸易

国际贸易（International Trade）又称世界贸易，泛指国家（地区）间的商品、服务和技术的交换活动。它由各国（地区）的对外贸易构成，是世界各国（地区）对外贸易的总和。国际贸易在奴隶社会和封建社会就已发生，并随生产的发展而逐渐扩大。到资本主义社会，其规模空前扩大，具有世界性。2019 年世界货物进出口总值前 15 名排行榜如表 1-2 所示。

表 1-2　2019 年世界货物进出口总值前 15 名排行榜

排名	国家（地区）	进出口总值（亿美元）	进出口总值占比（%）	出口（亿美元）	进口（亿美元）
1	中国内地	43 727.6	11.75%	23 990.18	19 737.47
2	美国	41 692.1	11.20%	16 524.37	25 167.69
3	德国	26 813.0	7.20%	14 643.76	12 169.2
4	日本	13 915.7	3.74%	6 975.22	6 940.451
5	法国	12 468.6	3.35%	5 971.465	6 497.152
6	英国	11 204.3	3.01%	4 765.188	6 439.094
7	中国香港	11 117.5	2.99%	5 478.438	5 639.096
8	韩国	10 470.7	2.81%	5 619.626	4 851.066
9	荷兰	10 295.4	2.77%	5 529.507	4 765.925
10	意大利	9 581.6	2.57%	5 110.151	4 471.425
11	墨西哥	9 168.7	2.46%	4 610.395	4 558.258
12	加拿大	9 111.2	2.45%	4 486.106	4 625.137
13	印度	8 202.2	2.20%	3 312.716	4 889.496
14	新加坡	7 836.0	2.11%	4 407.988	3 428.056
15	西班牙	6 877.4	1.85%	3 290.452	3 586.955

资料来源：世界贸易组织。

2. 对外贸易

对外贸易（Foreign Trade）又称国外贸易或进出口贸易，是指一个国家（地区）与另一个国家（地区）之间的商品、服务和技术的交换。这种贸易由进口和出口两个部分组成。对输入商品、服务和技术的国家（地区）来说，就是进口；对输出商品、服务和技术的国家（地区）来说，就是出口。对外贸易在奴隶社会和封建社会就产生和发展，到资本主义社会，其发展更加迅速。其性质和作用由不同的社会制度所决定。

3. 二者间的联系与区别

二者的联系在于：对外贸易是国际贸易的一个组成部分，国际贸易是世界各个国家对外贸易的总和。

二者的区别在于：一是角度不同，对外贸易是对一个国家而言的，国际贸易是对世界范围而言的；二是对外贸易反映的是一个国家的贸易状况和经济发展水平，国际贸易反映的是世界贸易状况和世界各个国家的经济发展水平。

（二）复出口与复进口

1. 复出口

复出口（Re-export）是指外国商品经过海关结关进入国内后，未经加工改制又向外国出口。复出口货物可区分为本国化商品再出口与从海关保税仓库和自由区复出口两部分。两者同是外国商品输入后未经加工改制又重新出口，但前者经过海关结关，后者则未经过海关结关。复出口在很大程度上同经营转口贸易有关。因此，本国化商品再出口列入专门贸易的出口，而从海关保税仓库和自由区复出口的部分则列入总贸易的出口。

2. 复进口

复进口（Re-import）又称再进口，是指本国商品输往国外，未经加工又输入国内。复进口多为偶然原因（如出口退货）造成。国货复进口是指在本国生产制造并已实际出口离境的原产于本国的货物，在未进行加工改变货物状态的情况下，出于某些原因重新中转复运入境。

（三）对外贸易额与对外贸易量

1. 对外贸易额

对外贸易额（Value of Foreign Trade）又称对外贸易值，是以货币金额表示的一国（地区）一定时期内的进出口规模，是衡量一国（地区）对外贸易状况的重要指标。一定时期内一国从国外进口的商品的全部价值称为进口贸易总额或进口总额；一定时期内一国向国外出口的商品的全部价值称为出口贸易总额或出口总额。两者相加为进出口贸易总额或进出口总额。一般用本国货币表示，也可用国际上习惯使用的货币表示。联合国编制和发表的世界各国对外贸易值的统计资料是以美元表示的。

把世界上所有国家的进口总额或出口总额用同一种货币换算后加在一起，即得世界进口总额或世界出口总额。就国际贸易来看，一国的出口就是另一国的进口，如果把各国进、出口总额相加作为国际贸易额就是重复计算。因此，一般是把各国出口额相加，作为国际贸易额（又称国际贸易值）。由于各国一般都是按离岸价（又称船上交货价，Free On

Board，FOB）计算出口额，按成本、保险费加运费（Cost，Insurance and Freight，CIF）计算进口额，因此世界出口总额略小于世界进口总额。

2011—2022 年我国货物进出口贸易额总体情况如表 1-3 所示。

表 1-3 2011—2022 年我国货物进出口贸易额总体情况

年份	进出口总额（亿美元）	出口总额（亿美元）	进口总额（亿美元）	差额（亿美元）
2011	36 418.6	18 983.8	17 434.8	1 549.0
2012	38 671.2	20 487.1	18 184.1	2 303.1
2013	41 589.9	22 090.0	19 499.9	2 590.2
2014	43 015.3	23 422.9	19 592.4	3 830.5
2015	39 530.3	22 734.7	16 795.6	5 939.0
2016	36 855.6	20 976.3	15 879.3	5 097.1
2017	41 071.4	22 633.5	18 437.9	4 195.5
2018	46 224.4	24 867.0	21 357.5	3 509.5
2019	45 778.9	24 994.8	20 784.1	4 210.7
2020	46 530.5	25 899.5	20 631.0	5 268.5
2021	60 501.6	33 630.2	26 871.4	6 758.8
2022	63 096.0	35 936.0	27 160.0	8 776

资料来源：中国海关统计数据。

2. 对外贸易量

以货币所表示的对外贸易值经常受到价格变动的影响，因而不能准确地反映一国对外贸易的实际规模，更不能将不同时期的对外贸易值直接进行比较。为了反映进出口贸易的实际规模，通常以贸易指数表示，其办法是以一定期的不变价格为标准来计算各个时期的对外贸易值，用进出口价格指数除进出口额，得出按不变价格计算的对外贸易值，便剔除了价格变动因素，就是对外贸易量（Quantum of Foreign Trade）。然后，用以一定时期为基期的贸易量指数同各个时期的贸易量指数相比较，就可以得出比较准确地反映贸易实际规模变动的贸易量指数。其计算公式如下：

对外贸易量＝进出口额/进出口价格指数

进出口价格指数＝(报告期价格/基期价格)×100

贸易额就是用货币表示的贸易金额，贸易量就是剔除了价格变动影响之后的贸易额，贸易量使得不同时期的贸易规模可以进行比较。

（四）国际收支与贸易差额

1. 国际收支

国际收支（Balance of Payments，BOP）是指一国在一定时期内对外国的全部交易所引起的收支总额的记录。收入大于支出，称为国际收支顺差或者黑字；支出大于收入，称为国际收支逆差或者赤字；收支相等称为国际收支平衡。国际收支集中反映在国际收支平衡表中，能从一个侧面反映一国的经济实力及对外经济活动状况。

2. 贸易差额

贸易差额（Balance of Trade，BOT）是指一国在一定时期内（如一年、半年、一季、一月）出口总额与进口总额之间的差额。当出口总额与进口总额相等时，称为贸易平衡。当出口总额大于进口总额时，出现贸易盈余，称为贸易顺差或出超。当进口总额大于出口总额时，出现贸易赤字，称为贸易逆差或入超。通常，贸易顺差以正数表示，贸易逆差以负数表示。一国的进出口贸易收支是其国际收支中经常项目的重要组成部分，是影响一个国家国际收支的重要因素。例如：我国2020年货物贸易进出口总额为32.16万亿元，其中，出口总额为32.16万亿元，其中，出口总额为17.93万亿元，增长4%；进口总额为14.23万亿元，下降0.7%；贸易顺差3.7万亿元，增加27.4%。

（五）贸易条件与对外贸易依存度

1. 贸易条件

贸易条件（Terms of Trade，TOT）用来衡量一个国家在一定时期内出口商品价格与进口商品价格之间的比例关系。它表示出口一单位商品能够换回多少单位的进口商品，反映该国的对外贸易状况，一般以贸易条件指数表示，在双边贸易中尤其重要。常用的贸易条件有3种不同的形式——价格贸易条件（又称净贸易条件）、收入贸易条件和要素贸易条件，它们从不同的角度衡量一国的贸易所得。

（1）价格贸易条件。

该形式最有意义也最容易根据现有数据进行计算，其计算公式是：

$$TOT=(Px/Pm)\times 100$$

其中：TOT 为净贸易条件，Px 为出口价格指数，Pm 为进口价格指数。

如果贸易条件指数大于100，说明出口价格比进口价格相对上涨，出口同量商品能换回比原来更多的进口商品，该国的本年度贸易条件比基期有利，即得到改善；如果贸易条件指数小于100，说明出口价格比进口价格相对下跌，出口同量商品能换回的进口商品比原来少，该国的本年度贸易条件比基期不利，即恶化了。

例如：假定某国净贸易条件以2001年为基期，即为100。到2020年，该国出口价格指数下降4%，为96，进口价格指数上升10%，为110。那么，这个国家2020年的净贸易条件为：

$$TOT=96/110\times 100=87.27$$

这表明该国从2001年到2020年的20年间，净贸易条件从100下降到87.27，贸易条件恶化了12.73。

（2）收入贸易条件。

收入贸易条件（Income Terms of Trade，ITOT）又称进口能力指数（Capacity to Import Index），是指一定时期内出口量指数（Qx）与商品贸易条件的乘积，它表示一国用出口支付进口的能力，反映了一国在出口基础上的绝对进口能力的变化，其计算公式是：

$$ITOT=(Px/Pm)\times Qx$$

例如：假定某国在基期年度的贸易条件为100。到报告期年度，该国出口价格指数上升了5%，为105；进口价格指数下降了10%，为90。同期出口量减少了25%。这个国家在报告期年度的价格贸易条件和收入贸易条件如下：

$TOT=(105/90)\times100=116.7$

$ITOT=(105/90)\times75=87.5$

这个例子表明，随着时间的变化，价格贸易条件与收入贸易条件的变化方向不一定相同。一个国家的价格贸易条件虽然改善了，但可能会被更大幅度的出口贸易数量的减少抵消。反之，一国价格贸易条件虽然恶化了，但出口数量的增幅更大，则收入贸易条件就可能是改善的。

实际上，收入贸易条件虽然反映了一国进口能力固然与出口数量有关，但并非是唯一决定因素，资本流动、国际收入转移等因素都有可能影响一国的进口能力。因此收入贸易条件虽然可以用于测量出口购买力的变化，但不能直接用于测度贸易利益或经济福利变化。

（3）要素贸易条件。

要素贸易条件可以分为单要素贸易条件（Single Factoral Terms of Trade，SFTOT）与双要素贸易条件（Double Factoral Terms of Trade，DFTOT）。

1）单要素贸易条件是一定时期内一国出口商品生产部门要素生产率指数（Zx）与同期价格贸易条件指数的乘积。

$SFTOT=(Px/Pm)\times Zx$

例如：假定某国2020年底出口价格指数比2010年下降了5%，为95；进口价格指数上升了10%，为110。同期出口商品的要素生产率指数由2010年的100上升到2020年的130。

$TOT=(95/110)\times100=86.4$

$SFTOT=(95/110)\times130=112.27$

2010—2020年该国价格贸易条件指数下降了13.6，价格贸易条件虽然恶化了，但是由于同期出口商品要素生产率指数提高了30，出口商品要素提高的幅度大于商品贸易指数下降的幅度，因此其要素贸易条件还是改善了。

所以，价格贸易条件的恶化不一定导致一国贸易利益的减少。在劳动生产率提高的基础上，一国主动降低价格贸易条件，还可以扩大市场占有率，获得更大利益。如果一国价格贸易条件恶化的幅度超过了要素生产率改善的幅度，贸易利益就会减少。这时，随着贸易量的扩张，实际收入水平反而会下降，出现“贫困化增长”。

2）双要素贸易条件不仅考虑出口商品要素生产率（Zx）的变化，还要考虑进口商品要素生产率（Zm）的变化。

$DFTOT=(Px/Pm)\times(Zx/Zm)$

根据前面的例子，已知：出口要素生产率指数$Zx=130$，现在，进口商品要素生产率指数在2010—2020年从100上升到105，则：

$DFTOT=(95/110)\times(130/105)\times100=106.9$

虽然价格贸易条件为86.4，但由于出口商品要素生产率指数上升的幅度（130）大于进口商品要素生产率指数提高的幅度（105），因而抵消了商品贸易条件的恶化，获得了双要素贸易条件的改善。

2. 对外贸易依存度

对外贸易依存度（Ratio of Dependence on Foreign Trade）又称对外贸易系数，是指一国的进出口总额占该国国民生产总值（GNP）或国内生产总值（GDP）的比重。对外贸易依存度反映一国对国际市场的依赖程度，是衡量一国对外开放程度的重要指标。其计算公式是：

$$Z=(X+M)/GDP\times100\%$$

其中：Z 为对外贸易依存度，X 为出口总值，M 为进口总值。

例如：2020 年中国出口额为 17.93 万亿元，进口额为 14.23 万亿元，GDP 总值为 101.60 万亿元，则该年中国的对外贸易依存度为 31.65%。

对外贸易依存度可以分为出口依存度和进口依存度，前者是指一国出口额在 GDP（或 GNP）中所占的比重，反映了该国新创造的商品和劳务总值中输出到国外的份额，也反映了该国经济活动与世界经济活动的联系程度。出口依存度越高，说明该国国民经济活动对世界经济的依赖程度越高。后者又称市场开放度，是指一国进口额在其 GDP（或 GNP）中所占的比重，一国进口依存度的大小说明该国经济对进口贸易的依赖程度的大小。

一般而言，实行开放政策的国家相对于闭关锁国的国家，其对外贸易依存度更高；小国家的对外贸易依存度会比大国家的高一些。有学者认为，对外贸易依存度这个指标不能确切地反映一国经济对外部世界的依赖程度。例如：进口值不是该国在一定时期内的 GDP。因此，他们主张使用出口依存度这个指标，即用该国出口值占同期 GDP 的比重来表示该国经济对外部经济的依赖程度。其实，出口总值也不是都算作 GDP，只有净出口才算作 GDP 的一部分。因此，对外贸易依存度和出口依存度指标都有其不足之处，不过在没有找到更好的指标以前，我们可以用这两个指标来大体反映一国经济对外部经济的依赖程度，特别是用这两个指标的变化程度来反映一国经济对外部经济依赖程度的变化趋势。

（六）贸易结构

1. 国际贸易商品结构

国际贸易商品结构（Composition of International Trade）是指一定时期内各类商品或某种商品在世界出口贸易额中所占的比重，从整个国际贸易的商品结构可以看出世界经济的发展水平、产业结构状况和科技发展水平以及国际贸易商品结构的高级化与产业结构调整。20 世纪 50 年代以前，初级产品的比重一直超过工业制成品，自 1953 年之后，该比例相反，目前制成品的比重已超过 2/3。

对某一个国家来说，对外贸易商品结构（Composition of Foreign Trade）是指一定时期内进出口贸易中各类商品的构成情况，通常以各类商品在进口总额或出口总额中所占的比重来表示。一国对外贸易商品结构可以反映该国的经济发展水平、产业结构状况、科技发展水平等。例如：1997 年我国出口商品中工业品的比重达到 87.4%，初级产品占 12.6%。此后，出口商品结构不断优化，2020 年 1—12 月我国的出口总额中，初级产品占

4.5%，工业品的比重达到95.5%，其中机电产品和高新技术产品出口占比分别为59.4%和29.9%。对外贸易商品结构能反映一国的生产力水平和科技发展水平、在国际贸易中的实力地位与贸易效益。

为便于分析比较国际贸易商品结构与对外贸易商品结构，世界各国和联合国均以联合国《国际贸易标准分类》(SITC) 公布的国际贸易商品结构和对外贸易商品结构进行分析比较。

2022年我国主要商品进出口数量、金额及其增长速度如表1-4和表1-5所示。

表1-4　2022年我国主要商品出口数量、金额及其增长速度

商品名称	单位	数量	比上年增长(%)	金额(亿元)	比上年增长(%)
钢材	万吨	6 732	0.9	6 427	22.3
纺织纱线、织物及制品	—	—	—	9 836	4.9
服装及衣着附件	—	—	—	11 713	6.7
鞋靴	万双	929 318	6.6	3 844	24.4
家具及其零件	—	—	—	4 639	-2.5
箱包及类似容器	万吨	297	22.2	2 378	32.6
玩具	—	—	—	3 229	9.1
塑料制品	—	—	—	7 188	12.7
集成电路	亿个	2 734	-12.0	10 254	3.5
自动数据处理设备及其零部件	—	—	—	15 701	-4.7
手机	万台	82 224	-13.8	9 527	0.9
集装箱	万个	321	-33.7	967	-36.1
液晶平板显示模组	万个	164 560	—	1 807	—
汽车（包括底盘）	万辆	332	56.8	4 054	82.2

资料来源：中华人民共和国2022年国民经济和社会发展统计公报。

表1-5　2022年我国主要商品进口数量、金额及其增长速度

商品名称	单位	数量	比上年增长(%)	金额(亿元)	比上年增长(%)
大豆	万吨	9 108	-5.6	4 085	18.1
食用植物油	万吨	648	-37.6	606	-14.1
铁矿砂及其精矿	万吨	110 686	-1.5	8 498	-27.9
煤及褐煤	万吨	29 320	-9.2	2 855	22.2
原油	万吨	50 828	-0.9	24 350	45.9
成品油	万吨	2 645	-2.5	1 309	21.2
天然气	万吨	10 925	-9.9	4 683	30.3
初级形状的塑料	万吨	3 058	-10.0	3 734	-5.5
纸浆	万吨	2 916	-1.8	1 492	15.1
钢材	万吨	1 057	-25.9	1 136	-6.1
未锻轧铜及铜材	万吨	587	6.2	3 610	6.5
集成电路	亿个	5 384	-15.3	27 663	-0.9
汽车（包括底盘）	万辆	88	-6.5	3 529	1.2

资料来源：中华人民共和国2022年国民经济和社会发展统计公报。

2. 国际贸易地理方向

国际贸易地理方向（Direction of International Trade）又称国际贸易地区分布，是反映国际贸易地区分布和商品流向的指标，是指各个国家（地区）在国际贸易中所处的地位，通常以它们的出口额（进口额）占世界出口额（进口额）的比重来表示。

对外贸易地理方向（Direction of Foreign Trade）是指一国（地区）进出口额的国别和地区分布，即该国（地区）的出口商品流向和进口商品来自哪些国家（地区）。

国际贸易地理方向和对外贸易地理方向可以表明各国（地区）在国际贸易中的地位和依赖程度。

2022年我国对主要国家（地区）货物进出口额及其增长速度如表1-6所示。

表1-6　2022年我国对主要国家和地区货物进出口金额、增长速度及其比重

国家和地区	出口额（亿元）	比上年增长（%）	占全部出口比重（%）	进口额（亿元）	比上年增长（%）	占全部进口比重（%）
东盟	37 907	21.7	15.8	27 247	6.8	15.1
欧盟	37 434	11.9	15.6	19 034	−4.9	10.5
美国	38 706	4.2	16.2	11 834	1.9	6.5
韩国	10 843	13.0	4.5	13 278	−3.7	7.3
日本	11 537	7.7	4.8	12 295	−7.5	6.8
中国台湾	5 423	7.2	2.3	15 840	−1.8	8.8
中国香港	19 883	−12.0	8.3	527	−16.0	0.3
俄罗斯	5 123	17.5	2.1	7 638	48.6	4.2
巴西	4 128	19.3	1.7	7 294	2.6	4.0
印度	7 896	25.5	3.3	1 160	−36.2	0.6
南非	1 615	18.6	0.7	2 173	2.0	1.2

资料来源：中华人民共和国2022年国民经济和社会发展统计公报。

（七）进口替代与出口导向战略

1. 进口替代战略

进口替代战略（Import Substitution Strategy）是指一个国家以本国生产的工业品来替代原先依靠进口的工业品，其立足点放在国内生产和消费上，目的是节省外汇，建立本国工业体系。进口替代战略是在20世纪五六十年代被提出的，之后亚非拉许多发展中国家都在不同程度上实行了进口替代战略。在国际市场上，发展中国家生产的农、矿初级产品的价格不断下跌，而发达国家生产的消费品价格不断上升，不平等贸易关系日益突出。为了克服发达国家与发展中国家之间的不平等贸易，发展本国的民族工业，广大发展中国家努力发展一些原来依靠进口的货物的生产以供国内消费，从而实现了进口替代。

进口替代一般要经过两个阶段：第一个阶段，先建立和发展一批最终消费品工业，如食品、服装、家电制造业以及相关的纺织、皮革、木材工业等，以求用国内生产的消费品替代进口品，当国内生产的消费品能够替代进口商品并满足国内市场需求时就进入第二个阶段；第二个阶段，进口替代由消费品转向国内短缺的资本品和中间产品的生产，如机器制造、石油加工、钢铁工业等资本密集型工业。经过这两个阶段的发展，进口替代工业日趋成熟，为全面的工业化奠定了基础。

2. 出口导向战略

出口导向战略（Export Leading Strategy）又称出口替代工业化政策，是外向型经济发展战略的产物，是指一国采取各种措施扩大出口，发展出口工业，逐步用轻工业产品出口替代初级产品出口，用重化工业产品出口替代轻工业产品出口，以带动经济发展，实现工业化的政策。

出口导向战略的核心思想是使本国的工业生产面向世界市场，并以制成品的出口代替初级产品的出口。该战略是根据国际比较利益的原则，通过扩大其有比较利益的产品的出口，以改善本国资源的配置，从中获得贸易利益并推动本国经济的发展。这种以出口鼓励作为经济动力的发展模式，将本国产品置于国际竞争的环境中，其优点是比较显著的。以这种方式发展的国家，大都实现了实绩优良的高速经济增长，这一事实成功地推翻了传统的工业发展只能通过进口替代来实施的观点。

出口替代战略一般也要经历两个阶段：第一个阶段，以轻工业产品出口替代初级产品出口，主要发展劳动密集型工业，如食品、服装、纺织品、一般家电制造业等，随着生产规模的扩大和国际市场环境的变化就进入了第二个阶段；第二个阶段，以重化工业产品出口替代轻工业产品出口，致力于发展资本密集型和技术密集型工业，如机械电子、石化等行业。此后，极少数发展中国家（地区）开始着手建立知识和信息密集型等高科技产业，力图在高科技产业产品的世界出口贸易中占有一席之地。

时事链接

进博会彰显中国高水平对外开放新格局

2022 年 11 月 4 日，第五届中国国际进口博览会开幕。国家主席习近平在致辞中强调，开放是人类文明进步的重要动力，是世界繁荣发展的必由之路。党的二十大报告明确指出，“中国坚持对外开放的基本国策，坚定奉行互利共赢的开放战略，不断以中国新发展为世界提供新机遇，推动建设开放型世界经济，更好惠及各国人民”。

进博会是中国对外开放的创举。美欧各国对外贸易的普遍做法是积极扩大出口、减少进口，以缩小贸易逆差，而进博会是世界上第一个以进口为主题的国家级展会，为其他国家提供广阔的出口市场，成为全球共享的国际公共产品。5 年来，中国带着满满诚意，向各国开放市场。本届进博会是党的二十大后我国举办的首场重要国际展会，共有 145 个国家、地区和国际组织参展。参展的世界 500 强和行业龙头企业达 284 家。这展现了中国经济的强大韧性和超大市场规模的巨大吸引力，更表明了中国积极扩大对外开放的决心。

进博会是中国高水平对外开放的缩影。近年来，中国加快建设贸易强国，成为140多个国家和地区的主要贸易伙伴，形成更大范围、更宽领域、更深层次的对外开放格局。根据《世界开放报告2022》，尽管世界开放指数出现下滑，但中国开放指数逆势上扬，成为推动经济全球化的重要力量。中国已连续13年稳居全球第二大进口国，是60个国家和地区的主要出口市场。今年上半年，中国进口占世界进口比重达10.6%，超大规模进口有力促进了各贸易出口国经济发展和国内就业。截至目前，上海虹桥商务区等地已经设立了43个国家进口贸易促进创新示范区。本届进博会展示了新时代10年中国对外开放取得的成就，以更加积极主动、开放包容的姿态向世界传递中国对外开放的故事。例如：陕西展厅通过古风舞蹈及唐仕女互动演绎，再现汉唐盛世景象。

进博会还有利于畅通国内大循环，加快构建新发展格局，推动经济社会高质量发展。党的二十大报告指出，“依托我国超大规模市场优势，以国内大循环吸引全球资源要素，增强国内国际两个市场两种资源联动效应，提升贸易投资合作质量和水平”。随着高质量发展成为全面建设社会主义现代化国家的首要任务，我国将更加注重提高内循环的发展质量，这对全球高端制造业和服务业有较大需求。一方面，国内经济高质量发展需要全球硬核技术和关键设备的支撑，前四届进博会参展企业发布新产品、新技术、新服务超过1 500项，本届进博会设立新品发布专区，分展区、分行业集中展示首发新品；另一方面，中国借助进博会扩大了优质供给，众多国际品牌在进博会和“双11”电商平台上同步上架产品，线上、线下充分挖掘消费潜力，不断满足人民对美好生活的向往。

开放合作是维护全球产业链供应链稳定的重要前提。近年来，中国不断拓展制度型开放，推动贸易和投资自由化便利化，推进双边、区域和多边合作，反对保护主义，反对“筑墙设垒”和“脱钩断链”。近日，国家发改委、商务部发布《鼓励外商投资产业目录（2022年版）》，按照“总量增加、结构优化”原则进一步扩大鼓励外商投资范围。今年1—9月，全国实际使用外资10 037.6亿元，同比增长15.6%，其中高技术产业增长32.3%，外资正积极融入芯片、生物医药、低碳等战略性新兴产业和未来产业。

进博会助力中国大市场成为世界大机遇，促进中国与世界各国互利共赢。进博会向全球释放了明确的、一贯的信号：中国开放的大门不会关闭，只会越开越大。面向未来，中国将坚定不移推进高水平对外开放，践行真正的多边主义，凝聚更多开放共识，共同克服全球经济发展面临的困难和挑战，让开放为全球发展带来新的光明前程！

四、国际贸易的分类

(一) 按商品的流向，可分为出口贸易、进口贸易和过境贸易

1. 出口贸易

出口贸易（Export Trade）是指将该国的商品或服务输出到其他国家市场销售。不属于外销的货物，如运出国境供驻外大使馆和领事馆使用的货物、旅客个人使用带出国境的货物均不列入出口贸易。

2. 进口贸易

进口贸易（Import Trade）是指将其他国家的商品或服务引进到该国市场销售。同样，不属于内销的货物不列入进口贸易。

3. 过境贸易

过境贸易（Transit Trade）是指甲国的商品经过丙国境内运至乙国市场销售，对丙国而言就是过境贸易。对第三国来说，虽然没有直接参与此项交易，但商品要进出该国的国境或关境，并要经过海关统计，从而构成了该国进出口贸易的一部分。过境贸易可分为直接和间接两种。

直接过境贸易是外国商品纯系转运性质经过本国，并不存放在本国海关仓库，在海关监督下，从一个港口通过国内航线装运到另一个港口再输出到国外；或在同一港口内从这艘船转装到另一艘船；或在同一车站从这列火车转装到另一列火车后离开国境。

间接过境贸易是指外国商品运到国境后，先存放在海关保税仓库，后未经加工改制，又从海关保税仓库提出，再运出国境。根据专门贸易体系，这种商品移动作为过境贸易处理，不计入对外贸易额。

(二) 按商品的形态，可分为有形贸易和无形贸易

1. 有形贸易

有形贸易（Visible Trade）是指有实物形态的商品的进出口贸易活动。例如：机器、设备等商品的进出口。

知识窗

联合国《国际贸易标准分类》的国际货物贸易分类

联合国《国际贸易标准分类》(Standard International Trade Classification，SITC) 将国际货物贸易分为以下 10 大类：

0 类为食品及主要供食用的活动物；1 类为饮料及烟类；2 类为非食用原料；3 类为矿物燃料、润滑油及有关原料；4 类为动、植物油脂及蜡；5 类为化学制成品及有关产品；6 类为轻纺产品、橡胶制品、矿冶产品及其制品；7 类为机械及运输设备；8 类为杂项制品；9 类为未分类的其他商品。其中，0～4 类为初级产品，5～8 类为工业制成品，9 类为其他。

2. 无形贸易

无形贸易（Invisible Trade）是指没有实物形态的技术和服务的进出口，包括技术贸易和服务贸易。例如：专利使用权的转让，旅游、金融保险企业的跨国服务等。

知识窗

世界贸易组织的《服务贸易总协定》关于国际服务贸易的规定

《服务贸易总协定》(General Agreement on Trade in Services，GATS）规定国际服务贸易具体包括4种方式：1）跨境交付（Cross-border Supply)；2）境外消费（Consumption Abroad)；3）商业存在（Commercial Presence)；4）自然人流动（Movement of Natural Persons)。

《服务贸易总协定》列出的服务行业包括以下12个部门：商业、通信、建筑、销售、教育、环境、金融、卫生、旅游、娱乐、运输、其他，具体分为160多个分部门。该协定规定了各成员必须遵守的普遍义务与原则以及磋商和争端解决的措施与步骤。

（三）按统计标准，可分为总贸易和专门贸易

1. 总贸易

总贸易（General Trade）是指以国境为标准划分的进出口贸易。凡进入国境的商品一律列入总进口，凡离开国境的商品一律列入总出口。在总出口中又包括本国产品的出口和未经加工的进口商品的出口。总进口额加总出口额就是一国的总贸易额。美国、日本、英国、加拿大、澳大利亚、中国等国采用这种划分标准。

2. 专门贸易

专门贸易（Special Trade）是指以关境①为标准划分的进出口贸易。只有从外国进入关境的商品以及从保税仓库提出进入关境的商品才列入专门进口。当外国商品进入国境后，暂时存放在保税仓库，未进入关境，不列入专门进口。从国内运出关境的本国产品以及进口后经加工又运出关境的商品，则列入专门出口。专门进口额加专门出口额称为专门贸易额。德国、意大利、瑞士、法国等国采用这种划分标准。

（四）按是否有第三者参与，可分为直接贸易、间接贸易和转口贸易

1. 直接贸易

直接贸易（Direct Trade）是指商品生产国与商品消费国之间的贸易不通过第三国来进行买卖商品的行为。

2. 间接贸易

间接贸易（Indirect Trade）是指商品生产国与商品消费国通过第三国进行买卖商品的行为。间接贸易中的生产国称为间接出口国，消费国称为间接进口国。

---

① 关境又称税境或海关境域，是指实施同一海关法规和关税制度的境域，即国家（地区）行使海关主权的执法空间。海关合作理事会对关境的定义是“完全实施同一海关法的地区”。一般情况下，关境等于国境，但有些国家关境不等于国境。

3. 转口贸易

转口贸易（Entrepot Trade）又称中转贸易，是指一国（地区）进口某种商品不是以消费为目的，而是将它作为商品再向别国（地区）出口的贸易活动。商品生产国与消费国通过第三国进行的贸易对于生产国和消费国而言是间接贸易，对第三国而言则是转口贸易，转口贸易额列入转口国家（地区）的贸易统计中。

（五）按贸易参加国的数量，可分为双边贸易和多边贸易

1. 双边贸易

双边贸易（Bilateral Trade）是指两国之间通过协议在双边结算的基础上进行的贸易。

2. 多边贸易

多边贸易（Multilateral Trade）是指三个及以上的国家通过协议在多边结算的基础上进行互有买卖的贸易。

行业观察

GDP 首次突破 100 万亿元大关

2020 年是新中国历史上极不平凡的一年。面对严峻复杂的国际形势、艰巨繁重的国内改革发展稳定任务，特别是新冠肺炎疫情的严重冲击，中国不仅成为全球唯一实现经济正增长的主要经济体，GDP 总量也实现了百万亿元的历史性突破。

国家统计局数据显示，初步核算，全年国内生产总值 1 015 986 亿元，按可比价格计算，比上年增长 2.3%。纵观中国经济总量的增长趋势，2000 年迈上 10 万亿元的台阶，2012 年突破 50 万亿元，2014 年突破 60 万亿元，2016 年突破 70 万亿元，2017 年突破 80 万亿元，2018 年超过 90 万亿元，2020 年突破 100 万亿元大关，中国经济总量再创历史新高。

操作示范

2011—2014 年，我国进出口贸易额连年递增，对外贸易发展良好；2015 年和 2016 年，我国的贸易出现了下滑的情况；2017 年以来，我国已连续 6 年保持世界第一货物贸易国地位，但是受到内外部多重因素影响，增速有所放缓。

以 2020 年为例，我国：

对外贸易额＝出口额＋进口额＝25 995.3＋20 631.0＝46 626.3（亿美元）

对外贸易差额＝出口额－进口额＝25 995.3－20 631.0＝5 364.3（亿美元）

对外贸易系数＝[(出口额＋进口额)/(GDP/年均汇率)]×100%

＝[(25 995.3＋20 631.0)/1 015 986/6.897 4)]×100%

＝(46 626.3/147 299.85)×100%

＝31.65%

实训演练

1. 根据表1-1，计算其他年度我国对外贸易系数，比较分析我国对外贸易系数的变化趋势。

2. 以小组为单位，搜集我国近十年的进出口贸易的相关数据，制作成图表，对我国的出口贸易额、进口贸易额、进出口贸易额、贸易差额进行分析。

3. 以小组为单位，搜集我国近五年的出口贸易的相关数据，制作成图表，对我国出口贸易分地区进行分析。

4. 计算题：

（1）2019年，我国外贸进出口总值4.58万亿美元，出口总值2.50万亿美元，进口总值2.08万亿美元。请问我国2019年的贸易差额是多少？

（2）2019年，我国服务进出口总额达7 849.95亿美元，出口总额达2 835.98亿美元，进口总额达5 013.97亿美元。请问我国2019年的服务贸易差额是多少？

（3）2019年，我国全年货物进出口总额315 615亿元人民币，同比增长3.5%。其中，出口总额172 372亿元人民币，同比增长5.0%；进口总额143 243亿元人民币，同比增长17%。已知，2019年我国GDP为990 865亿元人民币，试计算我国2019年的对外贸易依存度、出口依存度和进口依存度。

（4）假定某国贸易条件以2010年为基期是100，2020年时出口价格指数下降5%，为95；进口价格指数上升10%，为110。请问这个国家2020年的贸易条件是什么？该国的贸易条件是改善了还是恶化了？

单元二　国际分工与国际贸易

任务导入

福特汽车公司的国际分工

福特汽车公司的汽车底盘和车身在法国生产，发动机在英国生产，轮胎和汽车用玻璃在荷兰生产，车锁、方向盘、油箱及前轮在德国生产，输油管在挪威生产，传动皮带在丹麦生产，散热器和供暖系统在奥地利生产，车轴和挡风玻璃在日本生产，迈速表在瑞士生产，一般汽车用玻璃和气缸在意大利生产，空气滤清器、电池和后视镜在西班牙生产，汽车音响系统在加拿大生产，美国只生产后轮和雨刷，最后在英国的哈利伍德组装。

任务：

（1）什么是国际分工？

（2）福特汽车公司的分工属于垂直型分工还是水平型分工？

基本知识

一、国际分工的含义

国际分工（International Division of Labor）是指世界上各国（地区）之间的劳动分工，是各国生产者通过世界市场形成的劳动联系，是国际贸易和各国（地区）经济联系的基础。它是社会生产力发展到一定阶段的产物，是社会分工从一国国内向国际延伸的结果，是生产社会化向国际化发展的趋势，推动着世界市场的形成与发展。

二、国际分工的产生和发展

国际分工的产生和发展主要取决于两个条件：1）社会经济条件，包括各国的科技和生产力发展水平，国内市场的大小，人口的多寡和社会经济结构；2）自然条件，包括资源、气候、土壤、国土面积的大小等。这里，生产力的发展是促使国际分工产生和发展的决定性因素，科技的进步是国际分工得以产生和发展的直接原因。

社会分工产生于原始社会末期，但当时的生产力水平较低，还没有从社会分工发展到国际分工。直到资本主义生产方式确立以后，国际分工才发展起来。

国际分工的产生和发展，经历了一个漫长的过程，主要包括以下四个阶段：

（一）萌芽阶段

16 世纪至 18 世纪中叶是资本主义原始积累时期，同时是国际分工的萌芽阶段。地理大发现和殖民掠夺成为这一时期国际贸易快速发展的推动力。随着 15 世纪开始的地理大发现，西欧国家海外贸易活动的范围大大扩展。伴随着海外探险活动，欧洲殖民主义者开始对亚洲、非洲、拉丁美洲进行掠夺，其后荷兰、英国和法国等国家也先后走上了殖民主义的道路。在近 3 个世纪的殖民掠夺中，欧洲殖民主义者通过掠夺金银和奴隶贸易，加速了资本原始积累的进程，同时为国际分工的形成和发展奠定了物质基础，出现了宗主国和殖民地之间最初的分工形式。但这一时期的国际分工是建立在自然条件不同的基础上的，具有明显的地域局限性，还不是真正意义上的国际分工，只是近代国际分工的萌芽形式。

（二）形成阶段

18 世纪后半期到 19 世纪末 20 世纪初是资本主义自由竞争时期。由于资本主义国家先后完成了工业革命，生产力空前提高并推动社会分工向国际分工的大规模转变，为国际贸易的发展提供了强大的物质技术基础，加速了主要资本主义国家的工业化进程。

在这一时期，英国在工业革命中的成就最大。蒸汽机的发明和运用拉大了英国与其他文明区域的技术差距，机械工业从手工业中分离出来的国际分工使得 19 世纪初的英国有了“世界工厂”之称。1820 年英国的工业产量占世界工业总产量的一半以上，1850 年以后英国一半以上的工业制成品被销往国外市场，而工业原料大部分从国外进口。因此，英国是当时国际贸易的中心。

此外，国际贸易的发展进一步推动了以技术为基础的工业国与以自然条件为基础的农业国之间的分工，即殖民地、附属国成为宗主国的工业品销售市场和食品、原料的来源地。

（三）发展阶段

19世纪70年代至20世纪初，英、美、德等国进行了以电力和内燃机为代表的第二次科技革命。新技术的运用推动了一些新兴行业的发展，同时使世界的交通运输业发生了革命性变化，交通、通信工具的发展，运输费用的下降，使越来越多的国家卷入国际贸易。这一阶段国际贸易快速发展，国际贸易额增长了3倍。同时，主要资本主义国家的垄断组织逐步形成并占据了经济的支配地位，通过商品输出尤其是资本输出，西方主要资本主义国家瓜分了绝大部分市场。由于生产国际化和资本国际化的趋势日益显著，国际分工也得到了空前发展。

这一时期国际分工的特征是形成了门类比较齐全的产业间国际分工和垂直型国际分工体系。一方面，前一阶段的宗主国与殖民地之间垂直型分工继续向深度和广度发展，分工的中心由英国变为一组国家，工业生产集中在占世界人口少数的欧洲、北美国家和日本，粮食和原料的生产集中在占世界人口多数的亚洲、非洲、拉丁美洲国家。另一方面，在工业国之间形成的水平型国际分工也日益发展起来。例如：英国侧重于材料工业的钢铁生产，德国侧重于发展化学工业，挪威着重开展铝的专业化生产，芬兰则主要发展木材加工工业。各种类型国家之间的相互依赖关系进一步加强。

（四）深化阶段

20世纪30年代的大萧条推动了国家垄断资本主义的发展，随着第二次世界大战后社会主义阵营的形成，国际政治经济格局发生了巨大变化，资本主义国家和社会主义国家长期对峙，国际分工格局发生了很大变化。20世纪四五十年代开始的第三次科技革命导致了一系列新兴工业部门的诞生，如高分子合成工业、原子能工业、电子工业、宇航工业等。第三次科技革命对深化国际加工产生了广泛的影响，使国际加工的形式和趋向发生了很大的变化。

1）国际分工的格局发生变化，以自然资源为基础的国际分工发展为以现代工艺、技术为基础的分工，工业国与工业国之间的分工占据主导地位，工业国与农业国、矿业国之间的分工逐步削弱。

2）国际分工的形式发生变化，由垂直型分工向水平型分工过渡，各产业部门内部的分工加强。发达国家与发展中国家之间的国际分工有所发展，国际分工由有形商品领域向服务业领域扩展。

3）国际分工的机制发生变化。殖民统治力量削弱，跨国公司的作用加强，出现了有组织的“协议式”国际分工，区域性经贸集团成员之间的分工关系加强。

4）参与国际分工的国家类型和经济所有制发生变化，社会主义国家也积极参与了国际分工。

三、国际分工的类型

（一）按参加国际分工经济体的生产技术水平和工业发展情况的差异划分

按参加国际分工经济体的生产技术水平和工业发展情况的差异，国际分工可分为垂直型分工、水平型分工和混合型分工。

1. 垂直型分工

垂直型分工是指经济技术发展水平不同的国家之间的纵向分工。

垂直型分工主要分为两种：一种是指部分国家供给原料或初级产品，而另一部分国家供给制成品的分工方式，如发展中国家生产初级产品，发达国家生产工业制成品，这是不同国家在不同产业间的垂直分工；另一种是指同一产业内技术密集程度较高的产品与技术密集程度较低的产品之间的分工，或同一产品的生产过程中技术密集程度较高的工序与技术密集程度较低的工序之间的分工，这是相同产业内部因技术差距而导致的分工。

2. 水平型分工

水平型分工是指经济发展水平相同或接近的国家（如发达国家以及一部分新兴工业化国家）之间在工业制成品生产上的分工。当代发达国家的相互贸易主要是建立在水平型分工的基础上的。水平分工可分为产业内与产业间水平分工。

前者又称差异产品分工，是指同一产业内不同厂商生产的产品虽有相同或相近的技术程度，但其外观设计、内在质量、规格、品种、商标、牌号或价格有所差异，从而产生分工和相互交换，它反映了寡头企业的竞争和消费者偏好的多样化。随着科学技术和经济的发展，工业部门内部专业化生产程度越来越高，部门内部的分工、产品零部件的分工、各种加工工艺间的分工越来越细。部门内水平分工不仅存在于国内，而且广泛地存在于国与国之间。

后者则是指不同产业所生产的制成品之间的分工和贸易。由于发达资本主义国家的工业发展有先有后，侧重的工业部门有所不同，各国技术水平和发展状况存在差别，因此，各类工业部门生产方面的分工日趋重要。各国以其重点工业部门的产品去换取非重点工业部门的产品。工业制成品生产之间的分工不断向纵深发展，由此形成水平型分工。

3. 混合型分工

混合型国际分工即垂直型和水平型混合起来的国际分工。从一个国家来看，它在国际分工体系中既参与垂直型的分工，也参与水平型的分工。例如：德国是混合型国际分工的代表，它对发展中国家是垂直型的，而对其他发达国家是水平型的。

（二）按分工是在产业之间还是产业内部划分

按分工是在产业之间还是产业内部，国际分工可分为产业间分工和产业内分工。

1. 产业间分工

产业间分工是指不同产业部门之间生产的分工。也可以进一步理解为劳动密集型工业、资本密集型重化工业以及技术密集型工业等不同产业之间的分工。

2. 产业内分工

产业内分工是指在同一产业内产品的差别化分工和产品生产工序中的分工，即中间产品与组装成品的分工。一般而言，技术含量高的关键部件和组装成品由发达国家的企业控制，大量的一般元器件由发展中国家的企业生产。而产业内部分工主要有三种表现形式：

第一，同类产品不同型号规格专业化分工。在某些部门内某种规格产品的生产专业化，是部门内分工的表现形式。

第二，零部件专业化分工。即许多国家为其他国家制作最终产品而生产的配件、部件或零件的专业化分工。这种生产专业化在许多种产品的生产中广泛存在，特别体现在我国。我国自20世纪80年代以来通过引进外国直接投资（FDI）实现了引进资本和成熟技术与国内廉价劳动力的结合，成为世界范围内的劳动密集型产品生产中心和代工生产（OEM）制造中心。在这样的产品内分工体系中，我国承担着产品生产工序的最后一个环节——加工组装，然后向全球出口产品。

第三，工艺过程专业化分工。这种专业化过程不是生产成品而是专门完成某种产品的工艺，即在完成某些工序方面的专业化分工。以化学产品为例，某些工厂专门生产半制成品，然后将其运输到一些国家的化学工厂去制造各种化学制成品。

四、国际分工对国际贸易的影响

（一）促进国际贸易的发展

国际分工是国际贸易发展的基础。生产的国际专业化分工不仅提高了劳动生产率，增加了世界范围内的商品数量，而且增加了国际交换的必要性，从而促进了国际贸易的迅速增长。

（二）影响国际贸易的商品结构

国际分工的深度和广度不仅决定了国际贸易发展的规模和速度，而且决定了国际贸易的结构和内容。第一次工业革命以后，形成了以英国为中心的国际分工。在这个时期，由于大机器工业的发展，国际贸易商品结构中出现了许多新产品，如纺织品、船舶、钢铁和棉纱等。

第二次工业革命以后，形成了国际分工的世界体系，使国际分工进一步深化，国际贸易的商品结构也发生了相应的变化。首先，粮食贸易大量增加。其次，农业原料和矿业材料，如棉花、橡胶、铁矿、煤炭等产品的贸易不断扩大。最后，机器、电力设备、机车及其他工业品的贸易也有所增长。第二次世界大战后发生的第三次科技革命，使国际分工进一步在深度和广度方面有所发展，国际贸易商品结构也随之出现新的特点。这主要表现在工业制成品在国际贸易中的比重不断上升，新产品大量涌现，技术贸易得到了迅速发展。

（三）影响国际贸易的地理分布

世界各国的对外贸易地理分布是与它们的经济发展及其在国际分工中所处的地位分不开的。第一次工业革命后，以英国为核心的国际分工，使英国在世界贸易中居于垄断地位。此后，法国、德国、美国在国际贸易中的地位也显著提升。第三次科技革命后，发达国家工业部门内部分工成为国际分工的主导形式，因而西方工业发达国家相互间的贸易得到了迅速发展，而它们同发展中国家间的贸易则呈现下降趋势。

（四）影响各国贸易政策的选择

国际分工状况是各个国家制定对外贸易政策的依据。第一次工业革命后，英国工业力量雄厚，产品竞争力强，同时它又需要以工业制品的出口换取原料和粮食的进口，因而当时的英国实行了自由贸易政策。而美国和西欧的一些国家的工业发展水平落后于英国，它们为了保护本国的幼稚工业，便采取了保护贸易的政策。第二次工业革命后，资本主义从自由竞争阶段过渡到垄断阶段，国际分工进一步深化，国际市场竞争更加剧烈，在对外贸易政策上，部分国家便采取了资本主义超保护贸易政策。19 世纪 70 年代中期以前，以贸易自由化政策为主导倾向；19 世纪 70 年代中期以后，贸易保护主义又重新抬头。西方国家贸易政策的这种演变是和国际分工深入发展分不开的，也与各国在国际分工中所处地位的变化密切相关。

拓展阅读

新国际分工

自从弗洛布尔（1978）的著名论文《新的国际分工》发表以来，很多学者开始讨论新的国际分工现象。新国际分工是指跨国公司在全球范围内合理配置资源，寻找满意的生产地，尤其是将一些常规的、技术含量低的生产流程转移到欠发达国家，改变了以往只在这些国家进行原料生产或初级加工，而在发达国家进行最终产品生产的国际劳动分工格局。

新国际分工可以概括为基于跨国公司的全球生产网络的产品内分工。跨国公司全球生产网络的每一部分都由分工链（国际分工或者国内分工）组成，它将世界各地的个人、企业、国家、地区以及世界各种资源整合到国际分工体系中来，形成基于分工网络的共同利益。第一，新国际分工是跨国公司生产网络主导的；第二，导致了新的生产现象——产品内分工：从“产品在一个民族经济中完成制造的过程”逐渐转变到“不再有民族的产品或技术，民族工业，乃至民族经济”。

新国际分工发生的根本原因是：1）技术进步使得距离和地理位置对于生产的重要性降低了；2）技术进步、企业组织的改进使得复杂的生产过程可以分解为基本的简单步骤，受教育很少的人也可以很快学会；3）发展中国家存在大量廉价的劳动力。

行业观察

2020 年我国集成电路收入增长率为同期全球产业增速 3 倍

在 2020 年 3 月 1 日国新办新闻发布会上，工信部总工程师田玉龙就我国芯片产业发展情况表示，据测算，2020 年我国集成电路销售收入达到 8 848 亿元，平均增长率达到 20%，为同期全球产业增速的 3 倍。技术创新上也不断取得突破，目前制造工艺、封装技术、关键设备材料都有明显大幅提升。企业实力稳步提高，在设计、制造、封测等产业链上也涌现出一批新的龙头企业。

操作示范

1. 国际分工是指世界上各国（地区）之间的劳动分工，是各国生产者通过世界市场形成的劳动联系，是国际贸易和各国（地区）经济联系的基础。它是社会生产力发展到一定阶段的产物，是社会分工从一国国内向国际延伸的结果，是生产社会化向国际化发展的趋势，推动着世界市场的形成与发展。

2. 国际分工属于水平型分工。

实训演练

1. 空中客车公司的国际分工

1970年，为了打破美国垄断世界航空制造业的市场格局，欧洲四国联合创建了空中客车公司（Airbus）。2003年，空中客车在全球的交付量首次超过竞争对手，跃居世界头号民机制造商。法国航宇公司生产含驾驶舱的机头段、中机身下半部分和发动机挂架，并负责最后总装；英国航宇公司生产机翼主体；德国空中客车工业公司生产机身其余部分和垂尾；荷兰福克-联合航空技术公司（现福克公司）生产机翼前后缘和各活动翼面；西班牙航空公司生产客舱门、起落架舱门和平尾。2004年5月7日，在法国西南部城市图卢兹空中客车公司总部，法国总理拉法兰在空中客车A380总装庆祝仪式上发表讲话。当天，世界上最大的客机——空客A380开始总装。该公司称，空客A380将于2005年首飞，2006年投入运营。中国南京金陵造船厂正在建造一艘用于A380部件运输的滚装船，2011年2月底为该船举行了命名仪式，该船于4月交付。空中客车公司高级副总裁兼空中客车公司中国区总裁博龙说："世界各地的供应商积极参与了A380的研制，中国也为此做出了令人瞩目的贡献。中国参与A380项目，为空中客车与中国的工业合作开启了新篇章。"

思考：为什么西欧各国不选择单独生产空中客车，而是选择分工合作？

2. 国际分工陷阱

在新一轮全球并购高潮中，发达国家实际上是在强化其在原有贸易格局中的既得利益，而发展中国家则被更加牢固地锁定在国际分工链条的末端，进而掉入"国际分工陷阱"。在美国市场，中国出口玩具"芭比娃娃"的零售价为9.99美元，它在美国海关的进口价仅为2美元，两者相差的8美元作为"智力附加值"被美方拿走。在剩下的2美元中，1美元是运输和管理费，65美分支付原材料进口的成本，中方只得到区区35美分的加工费。由此可见，包括中国在内的发展中国家在国际分工链条中处于明显的劣势和末端，而发达国家则成为最大的赢家。这样的例子在发展中国家与发达国家的贸易中并不鲜见。对于发展中国家来说，它们与发达国家虽然都可能从全球化的产业链条中获得收益，但是它们获得的收益数量却大不相同。国际分工收益的绝大部分由发达国家获得，发展中国家只能获得其中的一小部分。为了这一小部分收益，发展中国家还会进行激烈的争夺。那么，发展中国家的产业结构就有可能永远地被锁定在国际分工链条的末端，进而掉入"国际分工陷阱"。

在这种情况下，发展中国家面临两难抉择。一方面，加入全球资本主义体系中，被迫或自愿地接受发达国家制定的于己不利的规则，必将不可避免地付出惨痛的代价。另一方面，如果拒绝接受现行的国际经济规则，似乎又没有其他出路。即使闭门造车成为可能，其结果往往也是事倍功半，因为各国的比较优势只有在国际分工中才能得以实现。

思考：

(1) 什么是国际分工陷阱？发展中国家为什么会掉入这个陷阱？

(2) 发展中国家为什么在国际分工的链条中处于末端？

(3) 你认为发展中国家怎样才能摆脱上述两难抉择？

单元三　世界市场与国际贸易

任务导入

肯德基在中国

肯德基（Kentucky Fried Chicken，KFC），是美国跨国连锁餐厅之一，也是世界第二大速食及最大炸鸡连锁企业，1952年由山德士上校（Harland David Sanders）创建，主要出售炸鸡、汉堡、薯条、盖饭、蛋挞、汽水等高热量快餐食品。肯德基于1987年来到中国，在北京前门开出中国第一家餐厅。以此为起点，肯德基开始摸索并不断了解和适应中国社会和市场，逐步形成了具有中国特色的管理模式。采用特许经营的加盟方式，肯德基提供品牌、管理和培训以及集中统一的原料、服务体系，合作方利用统一的品牌、服务来经营，最后双方按照约定来分享商业利益。随着管理经验的逐渐丰富、本地化员工的不断壮大和经营体系的日趋完善，肯德基在进入21世纪后大大加快了发展速度。到2010年6月，肯德基在上海开出了第3 000家餐厅；2012年9月，在大连开出了第4 000家餐厅；2015年，中国肯德基突破5 000家餐厅；截至2022年7月，肯德基在中国的门店数量达到8 753家。

任务：

(1) 什么是世界市场？是由哪几部分组成的？

(2) 企业进入世界市场的渠道有哪些？肯德基主要采用了哪种渠道？

基本知识

一、世界市场的含义及形成

世界市场（World Market）是世界各国之间进行商品和劳务交换的领域，包括由国际分工联系起来的各个国家商品和劳务交换的总和。

“世界市场”这一概念是由其外延和内涵两方面构成的。世界市场的外延指的是它的地理范围。世界市场的内涵指的是与交换过程有关的全部条件和交换的结果，包括商品、技术转让、货币、运输、保险等业务，其中商品是主体，其他业务是为商品和劳务交换服务的。

世界市场产生于15世纪至17世纪的地理大发现时期，在第一次工业革命后初步形成，在第二次工业革命后最终形成。

二、世界市场的构成

（一）国家（地区）

按照经济发展类型，可以把参与世界市场活动的国家（地区）分为三种类型：发达国家、发展中国家和经济转型国家。按照主要出口商品的类别，可以把发展中国家分为主要石油出口国、主要制成品出口国及其他国家（地区）；按照主要特征的不同，又可以把发展中国家分为最不发达国家、内陆国家和负债沉重国家。世界银行按照人均国民总收入将其188个成员分为四类，以2012年人均国民总收入为准，低收入国家（人均国民总收入在1 035美元及以下）、较低中等收入国家（人均国民总收入为1 036～4 085美元）、较高中等收入国家（人均国民总收入为4 086～12 615美元）、高收入国家（人均国民总收入在12 616美元及以上）。

由于发达国家占有国际货物贸易、服务贸易和要素流动的绝大部分比重，因此发达国家是世界市场的主体，在世界市场上起主导作用。

（二）贸易厂商（订约人）

按照活动的目的和性质的不同，可将世界市场活动的主体——贸易厂商（订约人）分为以下三类：公司、企业主联合会、国家机关（政府各部委和各主管部门）和机构。公司是指那些追求商业目的的订约人，它们是工业、贸易、建筑、运输、农业等方面以营利为目的而进行经济活动的企业。企业主联合会是企业家集团的联合组织，它们与公司的区别是其活动目的不是获取利润，而是以协会、联盟、代表会议等形式参与政府的决策活动，为企业扩大出口、开拓世界市场服务。国家机关和机构是世界市场上的第三类订约人，它们只有在得到政府授权后才能进入世界市场从事外贸业务活动，但不以营利为目的。

（三）交易商品

按照世界市场活动的客体（标的对象）——商品（包括货物、服务和生产要素等），联合国《国际贸易标准分类》将货物分为10大类、67章、262组、1 023个分组和2 970个基本项目。世界贸易组织（WTO）将服务性产品分为12大项，即商业性服务、通信服务、建筑服务、销售服务、教育服务、环境服务、金融服务、健康及社会服务、旅游及相关服务、文化娱乐及体育服务、交通运输服务和其他未包括的服务。

（四）世界商品市场与商品销售渠道

1. 世界商品市场

（1）有固定组织形式的世界商品市场。

它是指在固定场所按照事先规定好的原则和规章进行商品交易的市场。主要包括商品交易所、国际拍卖会、国际博览会和展销会等。

（2）无固定组织形式的世界商品市场。

除了有固定组织形式的世界商品市场外，通过其他方式进行的国际商品交易都可以纳入无固定组织形式的世界商品市场。这种市场可以大体上分为两类：一类是单纯的商品购销，另一类是与其他因素相结合的商品购销，如包销、投标与招标、易货贸易、加工贸易、租赁贸易等。

2. 商品销售渠道

商品销售渠道是指商品从生产者到消费者手中所要经过的环节。世界市场上的商品销售渠道通常由三部分构成：1）出口国的销售渠道，包括生产企业或贸易企业本身；2）出口国与进口国之间的销售，包括贸易双方的中间商；3）进口国国内的销售渠道，包括经销商、批发商和零售商等。

（五）运输和信息媒体网络

运输网络由铁路运输、公路运输、水上运输、航空运输、管道运输等组成，承担着世界上的各种运输服务。

信息媒体网络由国际电话、电视、广播、报刊、通信卫星、计算机网络等组成，承担着世界市场上的信息传播和通信。

（六）国际物流

国际物流是指物流活动跨越国家的限制，延伸到其他国家（地区），其目的是降低运输费用，加快商品周转和提高竞争力，获取销售效益。它把商品制造、运输和销售有机结合起来，是集采购、生产、运输、保管、信息和管理为一体的世界市场活动。

（七）市场管理与协调机构

主要包括世界市场上各种管理组织和结构，如世界贸易组织、国际货币基金组织、世界银行、国际商会以及各种仲裁机构、认证机构、标准化组织等，这些机构可以保证世界市场有序而健康地运行。

三、世界市场的分类

世界市场的构成十分复杂，可以按不同的标准进行分类。

（一）按地理分布划分

世界市场按洲别或地区可以划分为西欧市场、中东市场、北美市场、非洲市场、东南亚市场等；按国别可以划分为美国市场、日本市场、德国市场、英国市场、中国市场等；联合国在有关的统计中常把世界各国划分为发达国家市场、发展中国家市场和中央计划经济国家市场三大类。

（二）按市场对象划分

按市场对象的性质，世界市场可以划分为商品市场、货币市场和劳务市场。其中，商品市场是主体。也可以按大类划分为纺织品市场、粮油市场、机械市场、化工市场等。还可以按品种细分为小麦市场、咖啡市场、茶叶市场、汽车市场等。

（三）按消费者划分

根据不同消费者群体的不同特点，可以按性别、年龄、收入和职业等划分世界市场，如妇女用品市场、儿童用品市场、劳保用品市场等。

四、世界市场的进入渠道

随着全球经济一体化趋势的深入发展，企业面临竞争国际化的新形势。越来越多的企业开始进入世界市场。归纳起来，一般企业进入世界市场的渠道主要有出口、许可贸易和国外生产三种方式。

（一）出口

出口可以分为间接出口和直接出口两种形式。

1. 间接出口

间接出口是指企业将生产出来的产品卖给国内出口商或委托国内的代理机构，由其负责经营出口业务。间接出口包括以下两种形式。

（1）出口卖断。

企业将产品卖断给有该产品出口经营权的公司，由其对外销售。这里涉及国内贸易和国际贸易两种合同关系。

（2）出口代理。

企业以自己的名义对外签约，同时委托专业的出口管理公司代理服务，如与国外客户的联络、租船订舱、制单结汇、报关报检等。这种方式涉及企业与国外客户之间的外销合同和企业与出口管理公司之间的出口代理合同。

间接出口的优势在于可以利用其他公司的现有优势迅速将产品推向国际市场。既可以卸下资金负担，不承担外汇风险与信贷风险，又不必设立专门机构和专门人员负责出口业务，并且灵活性大，合同期满后可以选择其他方式。但间接出口也存在不能迅速、直接掌握国际市场信息的缺点，无法取得海外经营与销售的直接经验；无法在海外市场上建立自己的声誉和渠道，并以此作为扩大海外市场销售的基础；对海外市场的控制程度较低，甚至无法控制。

2. 直接出口

直接出口是指企业利用海外的经销商或者国外的代理商把产品直接卖给国外的客户，而不通过国内的中介机构。直接出口有下面五种形式。

（1）直接卖给最终用户。

这是直接出口形式中最直接的一种，不经过任何中间环节。这种形式常用于以下几种情况：1）价格高或技术性很强的产品，如飞机、轮船、高新技术产品和大型机械设备等；2）最终用户是国外政府、地方当局及其他官方机构；3）以邮寄方式直接卖给国外最终客户。

（2）合作出口。

合作出口又称互补出口营销，是指两个生产企业在出口方面的合作，一个生产企业利用自己的出口力量和国外渠道为另一个生产企业出口产品。两个企业之间的关系既可以是买卖关系，也可以是委托-代理关系。这种合作形式要求两家的产品具有互补性，如生产电脑主机的企业与生产软件的企业合作出口。

（3）利用国内外的经销商。

经销商是指在特定地区或市场上，在购买及转售本企业某种产品或劳务方面获得独家权或优先权的中间商。经销商同一般批发商的区别在于其被授予独家权或优先权。经销商与代理商的区别在于前者与供货方是买卖关系，后者与供货方只是委托-代理关系。

（4）设立驻外办事机构。

直接在国外设立办事机构，其主要职能是搜集市场情报，联络客户、推销产品，提供零部件、维修等服务。

（5）建立国外营销子公司。

国外营销子公司的职能与驻外办事处相似，而且其优缺点也相差不多。不同的地方是子公司作为一个独立的当地公司而成立，在法律和赋税方面都有其独立性。

其与间接出口的区别在于企业独立地完成出口管理业务，内部设有出口部或者国际业务部，这样不仅可以得到更多的直接经验，还可以得到用户信息的直接反馈，及时地掌握市场需求动向，有助于制定可行的营销策略。同时，企业对海外营销的控制权更大一些，可以独立地完成出口任务，树立自己的形象和声誉，建立自己的渠道网络。但其成本比间接出口的成本要高很多，还需要专门的人才，客户也需要自己联系，管理上的难度较大。

（二）许可贸易

许可贸易是指企业（许可方）授权国外另一企业（被许可方）在一定期间和范围内使用本企业的专利权、版权、工艺方面的技术等从事生产和销售，以向对方收取许可费用作为回报的贸易方式。企业采用许可贸易方式进入国际市场的优点是：可以避开关税、配额等不利因素，较容易进入国外市场。由于向目标市场国提供了先进技术，因此更容易得到东道主政府的批准；没有进行对外直接投资，风险较小。其缺点是：在收取许可费方面对国外被许可方的依赖性较大；被许可方生产的产品的质量难以保证；许可协议终止后，对方可能成为竞争对手，因此企业必须具备持续的创新能力。从事许可贸易应在许可协议中明确许可权的使用范围，以免出现在同一市场上与被许可方发生竞争的情形。

（三）国外生产

国外生产是指具有某种生产能力的企业把生产转移到他国领土上就地生产和销售。国外生产已经成为企业进入国际市场的一种非常重要的渠道。国外生产可以采用国外组装业务、合同制、建立海外合营企业、国外独资生产等形式。

1. 国外组装业务

国外组装业务是指生产企业在国内生产出某种产品的全部或大部分零部件，运到国外市场就地组装，完成整个生产过程，然后将成品就地销售或再出口。国外组装业务具有运费低、关税低、投资少的优点，并能够为目标市场提供一定的就业机会，很容易被当地政府接受。

2. 合同制

合同制是指企业与国外某家生产企业签订合同，规定由对方按照本企业的要求生产某种产品，然后由本企业负责产品的营销。如果本企业的资源优势在于工艺过程和营销而不在于生产制造，那么采用这种方式进入国际市场是比较合适的。其优点是投资少、风险小，产品销售和市场的控制权掌握在自己手中。其缺点是在国外不容易找到合适的生产企业，产品质量难以控制，企业只能从销售环节而无法从生产环节获得利润，一旦合同终止，对方可能成为本企业的竞争对手。

3. 建立海外合营企业

建立海外合营企业是指本国企业与国外某一个或某几个企业共同投资在国外联合建立新企业，共同管理、共负盈亏、共担风险。与许可贸易、合同制相比，建立海外合营企业有助于利用合作伙伴在当地的优势，做到优势互补，同时对生产、营销的控制程度更高一些，能更多、更快地获得当地的市场信息以及直接获得国际营销经验。但是需要投入较多的资金和管理资源，风险较大，并且各方有可能在合作目标、管理和经营方式等方面发生冲突。

4. 国外独资生产

国外独资生产是企业进行国外生产的最高阶段，意味着企业在国外市场上单独控制了一个企业的生产和营销。主要有两种做法：一是在市场上收购一个现成的企业；二是在当地投资，建立一个新企业。其主要优点是可以掌握全部所有权和利润，不存在与合作者发生冲突的问题。其主要缺点是投资大、风险大，只有实力强的企业才能采取这种方式。由于东道国政府可能不欢迎独资企业，因此独资企业很难得到当地合作者的帮助，应变能力较差。

五、世界市场价格

（一）含义

世界市场价格又称国际价格或国际市场价格，是指国际市场上在一定时期内客观形成的一种商品在国际贸易中被广泛承认的具有代表性的成交价格。具有代表性的成交价格通常是指：1）某些国家市场集散中心、集散地商品的市场价格；2）某些商品主要出口国（地区）具有代表性的出口价格；3）某些商品主要进口国（地区）具有代表性的进口价格；4）某些重要商品的拍卖价格或开标价格等。

世界市场价格是商品国际价值的货币表现。国际价值是以世界劳动的平均单位计算，而不是以生产该商品的某一国家的社会必要劳动时间计算，它是国际市场价格变化的基础。同时，世界市场价格又因商品供求关系的变化而上下波动，时涨时落，瞬息万变。影响商品供求和价格变化的因素有很多，如生产成本、垄断因素、通货膨胀因素、汇率、各国政府采取的政策、经济危机周期的变化、世界政治格局的变化等。

商品的价值量是决定商品的世界市场价格的基础，但是受供求等各种因素的影响，在国际市场上商品的世界市场价格并不总是与国际价值量相一致，而是随着供求等因素的变化围绕国际价值量上下波动，通过世界市场价格对国际价值量的偏离，以平均数的规律实现国际价值量。

（二）类型

按国际市场的价格形成状态可分为世界“自由市场”价格和世界“封闭市场”价格。

1. 世界“自由市场”价格

世界“自由市场”价格是指在不受国际垄断或国家垄断力量干扰的条件下，由独立经营的买者和卖者之间进行交易的价格，国际供求关系是这种价格形成的客观基础。

“自由市场”上有较多的买主和卖主集中在固定的地点，按一定的规则，在规定的时间内进行交易。尽管这种市场也会受到国际垄断或国家干预的影响，但是，由于商品价格在这里是通过买卖双方公开竞争而形成的，因此它常常较客观地反映了商品供求关系的变化。联合国贸易和发展会议所公布的统计中，美国谷物交易所的小麦价格、玉米（阿根廷）的英国到岸价格、大米（泰国）的曼谷离岸价格、咖啡的纽约港交货价格等 36 种初级产品的价格被列为世界“自由市场”价格。

2. 世界“封闭市场”价格

世界“封闭市场”价格是指买卖双方在一定的特殊关系下形成的价格，商品在国际上的供求关系一般不会对它产生实质性的影响。这类价格主要包括以下四种。

（1）调拨价格。

调拨价格又称转移价格，是指跨国公司为了最大限度地减轻税负，逃避东道国的外汇管制等，在公司内部规定的购买商品的价格。

（2）垄断价格。

垄断价格是指国际垄断组织利用其经济力量和市场控制力量决定的价格。在世界市场上，国际垄断价格有两种：一种是卖方垄断价格，另一种是买方垄断价格。前者是高于商品的国际价值的价格；后者是低于商品的国际价值的价格。

在两种垄断价格下，均可取得垄断超额利润。垄断价格的上限取决于世界市场对于国际垄断组织所销售的商品的需求量，下限取决于生产费用加国际垄断组织所在国的平均利润。由于垄断并不排除竞争，故垄断价格也有一个客观规定的界限。

此外，在世界市场上，由于各国政府通过各种途径对价格进行干预，因此出现了国家垄断价格或管理价格。

（3）区域性经济贸易集团内的价格。

第二次世界大战后，出现了许多区域性的经济贸易集团。在这些经济贸易集团内部，形成了区域性经济贸易集团内价格。如欧洲经济共同体的共同农业政策中的共同价格。

（4）国际商品协定下的协定价格。

商品协定通常采用最低价格和最高价格等办法来稳定商品价格。当有关商品价格降到最低价格以下时，就应减少出口，或用缓冲基金收购商品；当市价超过最高价格时，则应扩大出口或抛售缓冲存货。

六、国际贸易方式

国际贸易方式是指在国际商品贸易中买卖双方所采用的交易方法或具体形式。最基础、最常见的贸易方式是单纯购销方式，即买卖双方不需要固定场所进行的单纯的商品买卖。其特点是：买卖双方自由选择交易对象；通过函电或当面洽谈商品的品种、规格、数量、运输、保险、交货方式、付款条件，在相互同意的基础上签订合同，据此执行。

除单纯购销方式外，国际贸易方式还有以下类型。

（一）有固定组织形式的贸易

1. 商品交易所交易

商品交易所（Commodity Exchange）是进行大宗商品交易的一种特殊交易场所。从商品交易所的交易方式看，有如下特点：第一，商品交易所的交易必须在规定的时间和地点进行；第二，商品交易是根据商品的品级标准或样品进行的；第三，商品交易所的交易是通过特定人员在交易所内直接进行的交易。

商品交易所的交易方式主要有现货交易和期货交易。现货交易又称实物交易，即一手交钱、一手交货、钱货两清，具有即期的特点，商品交易所在这一交易过程中主要是提供交易场所和合同格式以及协助解决争议与纠纷等。期货交易即买卖双方签订一项合同，确定在未来的某一时间交割一定品种或规格、一定数量的商品。这种交易中所签订的合同称为期货合约，期货合约对价格和交货期以外的各项交易条件，如品质条件、数量和包装都有统一的规定。

知识拓展

商品交易所

中国的商品期货交易所包括郑州商品交易所、上海期货交易所、大连商品交易所。全球范围内比较著名的从事商品期货交易的交易所有芝加哥期货交易所（CBOT）、芝加哥商业交易所（CME）、纽约期货交易所（NYBOT）、纽约商业交易所（NYMEX、COMEX）、伦敦金属交易所（LME）等。

主要商品交易所的所在地：

有色金属：伦敦、纽约、新加坡；

天然橡胶：新加坡、纽约、伦敦、吉隆坡；

可可豆：纽约、伦敦、巴黎、阿姆斯特丹；

谷物：芝加哥、温尼伯、伦敦、利物浦、鹿特丹、安特卫普、米兰；

食糖：伦敦、纽约；

咖啡：纽约、新奥尔良、芝加哥、亚历山大、圣保罗、孟买；

棉籽油：纽约、伦敦、阿姆斯特丹；

黄麻：加尔各答、卡拉奇、伦敦；

大米：米兰、阿姆斯特丹、鹿特丹；

豆油和向日葵：伦敦。

2. 国际商品拍卖

国际商品拍卖（International Commodity Auction）是指经过专门组织，在一定的地点定期举行的现货商品交易。拍卖作为一种实物交易，其交易对象主要是规格复杂而不易标准化的商品。国际商品拍卖一般有如下特点：第一，拍卖必须预先公告，专门组织，指定时间与地点，尽量把买主集中起来。买主来得越多，拍卖活动就越容易开展；反之，拍卖活动则不易成功。第二，在拍卖交易中出售的商品一般是单批的、非标准的商品。事先验看商品是拍卖的必要条件，因为一旦成交，卖主或拍卖行对商品的品质就不接受任何索赔。第三，拍卖是一种公开竞买的贸易方式。

拍卖程序不同于一般的出口交易，其交易过程大致要经过准备、看货、出价成交和付款交货四个阶段。出价方法主要有增价拍卖、减价拍卖、密封低价拍卖三种。

增价拍卖是最常用的一种拍卖方式，由拍卖人宣布预定的最低价格，竞买者相继叫价，竞相加价，由出价最高者拍得。减价拍卖又称荷兰式拍卖，先由拍卖人喊出最高价格，然后逐渐降低叫价，直到有某一竞买者认为已经低到可以接受的价格，表示买进。密封低价拍卖又称招标式拍卖，先由拍卖人公布每批商品的具体情况和拍卖条件等，然后由各方在规定时间内将自己的出价密封递交拍卖人，供拍卖人进行审查比较，决定将该货物卖给哪一个竞买者。有些国家的政府或海关在处理库存物资或没收货物时往往采用这种拍卖方法。

3. 商品展销

商品展销是指在国际博览会、展览会进行展览、销售。国际博览会（International Fairs）是指在一定的地点，在规定的时间和期限内，以固定组织形式，由各国商人参加、陈列样品的商品交易场所。国际博览会贸易方式具有如下特点：它是一种展卖结合的贸易方式；它是一种规模大、客商多、各国商品集中的贸易方式；它便于各国商品进行广泛交流和竞争，便于寻求贸易伙伴，开拓市场。国际博览会可分为两种：一种是专业性博览会，另一种是综合性博览会。

（二）没有固定组织形式的贸易

1. 对等贸易

对等贸易是一种进出结合、以进带出的贸易方式，即在互惠的前提下，由贸易双方达成协议，规定买卖双方必须相互购买或交换对方的产品，或者在一方提供产品和技术时，另一方必须用另外的产品或劳务给予等额支付。主要有易货贸易（Barter Trade）、记账贸易（Accounting Trade）、补偿贸易（Compensation Trade）等具体方式。其中，补偿贸易是与信贷相结合的一种商品购销形式，它是一方向另一方提供机器、设备等产品和技术、服务等项目，而另一方则按照对等的金额提供商定的产品或劳务等作为给予对方的补偿的贸易方式。

2. 加工贸易

加工贸易是指利用国外资源，在本国加工、制造、装配，然后将产品销往国外的贸易方式。加工贸易方式分为来料加工和进料加工。来料加工是指甲方按照乙方的要求，把乙方提供的原料、辅料加工成制成品交给乙方，收取加工费用的贸易方式。进料加工是指加工方进口有关原料、元器件、配件等，加工成制成品后出口的贸易方式，这是利用国际资源的一种好形式。来料加工与进料加工的不同：前者是按提供原料商人的要求进行加工，后者是自进原料、自行安排加工和出口；后者的业务是两笔，前者的业务是一笔；后者的风险大，前者的风险小；后者的收益高，所得是价值的增值，前者的收益低，只获得加工费。

3. 租赁贸易

租赁贸易是把商品购销与一定时间内出让使用权相联系的购销方式。即出租人与承租人双方在订立租赁契约的基础上，出租人以收取一定数额的租金为条件，将商品租给承租人专用，但该出租物的所有权仍属出租人。

4. 代理

代理是指出口人委托客户在特定的地区、特定的商品范围、特定的时期之内，代表出口人办理与贸易有关的事务，并取得一定的佣金。其特点是：委托人和代理人之间是委托-代理的关系，而不是直接买卖关系。代理人可以基本上不承担贸易风险，在不直接支付贸易资金的条件下，可以获得比较稳定的佣金收入；对委托人来说，可以减少繁多的贸易事务。代理分为独家代理、一般代理和总代理。

5. 经销

经销是指企业与国外经销商达成书面协议，在约定的经销期限和地区，利用经销商就地推销某种商品的一种贸易方式。出口企业和国外经销商通过订立经销协议确立经销关系后，就可以凭借双方的密切合作达到推销约定商品的目的。经销分为一般经销和独家经销两种。在一般经销方式下，出口企业根据经销协议向国外经销商提供一定地区、一定时间内经营某项商品的经销权，经销商则有义务维护出口企业的利益，必要时还应对经销商品组织技术服务、进行宣传推广，而出口企业也要向经销商提供各种帮助。

知识窗

中华人民共和国外商投资法

目　录

第一章　总　则

第一条　为了进一步扩大对外开放，积极促进外商投资，保护外商投资合法权益，规范外商投资管理，推动形成全面开放新格局，促进社会主义市场经济健康发展，根据宪法，制定本法。

第二条 在中华人民共和国境内（以下简称中国境内）的外商投资，适用本法。

本法所称外商投资，是指外国的自然人、企业或者其他组织（以下称外国投资者）直接或者间接在中国境内进行的投资活动，包括下列情形：

（一）外国投资者单独或者与其他投资者共同在中国境内设立外商投资企业；

（二）外国投资者取得中国境内企业的股份、股权、财产份额或者其他类似权益；

（三）外国投资者单独或者与其他投资者共同在中国境内投资新建项目；

（四）法律、行政法规或者国务院规定的其他方式的投资。

本法所称外商投资企业，是指全部或者部分由外国投资者投资，依照中国法律在中国境内经登记注册设立的企业。

第三条 国家坚持对外开放的基本国策，鼓励外国投资者依法在中国境内投资。

国家实行高水平投资自由化便利化政策，建立和完善外商投资促进机制，营造稳定、透明、可预期和公平竞争的市场环境。

第四条 国家对外商投资实行准入前国民待遇加负面清单管理制度。

前款所称准入前国民待遇，是指在投资准入阶段给予外国投资者及其投资不低于本国投资者及其投资的待遇；所称负面清单，是指国家规定在特定领域对外商投资实施的准入特别管理措施。国家对负面清单之外的外商投资，给予国民待遇。

负面清单由国务院发布或者批准发布。

中华人民共和国缔结或者参加的国际条约、协定对外国投资者准入待遇有更优惠规定的，可以按照相关规定执行。

第五条 国家依法保护外国投资者在中国境内的投资、收益和其他合法权益。

第六条 在中国境内进行投资活动的外国投资者、外商投资企业，应当遵守中国法律法规，不得危害中国国家安全、损害社会公共利益。

第七条 国务院商务主管部门、投资主管部门按照职责分工，开展外商投资促进、保护和管理工作；国务院其他有关部门在各自职责范围内，负责外商投资促进、保护和管理的相关工作。

县级以上地方人民政府有关部门依照法律法规和本级人民政府确定的职责分工，开展外商投资促进、保护和管理工作。

第八条 外商投资企业职工依法建立工会组织，开展工会活动，维护职工的合法权益。外商投资企业应当为本企业工会提供必要的活动条件。

第二章 投资促进

第九条 外商投资企业依法平等适用国家支持企业发展的各项政策。

第十条 制定与外商投资有关的法律、法规、规章，应当采取适当方式征求外商投资企业的意见和建议。

与外商投资有关的规范性文件、裁判文书等，应当依法及时公布。

第十一条 国家建立健全外商投资服务体系，为外国投资者和外商投资企业提供法律法规、政策措施、投资项目信息等方面的咨询和服务。

第十二条　国家与其他国家和地区、国际组织建立多边、双边投资促进合作机制，加强投资领域的国际交流与合作。

第十三条　国家根据需要，设立特殊经济区域，或者在部分地区实行外商投资试验性政策措施，促进外商投资，扩大对外开放。

第十四条　国家根据国民经济和社会发展需要，鼓励和引导外国投资者在特定行业、领域、地区投资。外国投资者、外商投资企业可以依照法律、行政法规或者国务院的规定享受优惠待遇。

第十五条　国家保障外商投资企业依法平等参与标准制定工作，强化标准制定的信息公开和社会监督。

国家制定的强制性标准平等适用于外商投资企业。

第十六条　国家保障外商投资企业依法通过公平竞争参与政府采购活动。政府采购依法对外商投资企业在中国境内生产的产品、提供的服务平等对待。

第十七条　外商投资企业可以依法通过公开发行股票、公司债券等证券和其他方式进行融资。

第十八条　县级以上地方人民政府可以根据法律、行政法规、地方性法规的规定，在法定权限内制定外商投资促进和便利化政策措施。

第十九条　各级人民政府及其有关部门应当按照便利、高效、透明的原则，简化办事程序，提高办事效率，优化政务服务，进一步提高外商投资服务水平。

有关主管部门应当编制和公布外商投资指引，为外国投资者和外商投资企业提供服务和便利。

第三章　投资保护

第二十条　国家对外国投资者的投资不实行征收。

在特殊情况下，国家为了公共利益的需要，可以依照法律规定对外国投资者的投资实行征收或者征用。征收、征用应当依照法定程序进行，并及时给予公平、合理的补偿。

第二十一条　外国投资者在中国境内的出资、利润、资本收益、资产处置所得、知识产权许可使用费、依法获得的补偿或者赔偿、清算所得等，可以依法以人民币或者外汇自由汇入、汇出。

第二十二条　国家保护外国投资者和外商投资企业的知识产权，保护知识产权权利人和相关权利人的合法权益；对知识产权侵权行为，严格依法追究法律责任。

国家鼓励在外商投资过程中基于自愿原则和商业规则开展技术合作。技术合作的条件由投资各方遵循公平原则平等协商确定。行政机关及其工作人员不得利用行政手段强制转让技术。

第二十三条　行政机关及其工作人员对于履行职责过程中知悉的外国投资者、外商投资企业的商业秘密，应当依法予以保密，不得泄露或者非法向他人提供。

第二十四条　各级人民政府及其有关部门制定涉及外商投资的规范性文件，应当符合法律法规的规定；没有法律、行政法规依据的，不得减损外商投资企业的合法权益或者增加其义务，不得设置市场准入和退出条件，不得干预外商投资企业的正常生产经营活动。

第二十五条　地方各级人民政府及其有关部门应当履行向外国投资者、外商投资企业依法作出的政策承诺以及依法订立的各类合同。

因国家利益、社会公共利益需要改变政策承诺、合同约定的，应当依照法定权限和程序进行，并依法对外国投资者、外商投资企业因此受到的损失予以补偿。

第二十六条　国家建立外商投资企业投诉工作机制，及时处理外商投资企业或者其投资者反映的问题，协调完善相关政策措施。

外商投资企业或者其投资者认为行政机关及其工作人员的行政行为侵犯其合法权益的，可以通过外商投资企业投诉工作机制申请协调解决。

外商投资企业或者其投资者认为行政机关及其工作人员的行政行为侵犯其合法权益的，除依照前款规定通过外商投资企业投诉工作机制申请协调解决外，还可以依法申请行政复议、提起行政诉讼。

第二十七条　外商投资企业可以依法成立和自愿参加商会、协会。商会、协会依照法律法规和章程的规定开展相关活动，维护会员的合法权益。

第四章　投资管理

第二十八条　外商投资准入负面清单规定禁止投资的领域，外国投资者不得投资。

外商投资准入负面清单规定限制投资的领域，外国投资者进行投资应当符合负面清单规定的条件。

外商投资准入负面清单以外的领域，按照内外资一致的原则实施管理。

第二十九条　外商投资需要办理投资项目核准、备案的，按照国家有关规定执行。

第三十条　外国投资者在依法需要取得许可的行业、领域进行投资的，应当依法办理相关许可手续。

有关主管部门应当按照与内资一致的条件和程序，审核外国投资者的许可申请，法律、行政法规另有规定的除外。

第三十一条　外商投资企业的组织形式、组织机构及其活动准则，适用《中华人民共和国公司法》《中华人民共和国合伙企业法》等法律的规定。

第三十二条　外商投资企业开展生产经营活动，应当遵守法律、行政法规有关劳动保护、社会保险的规定，依照法律、行政法规和国家有关规定办理税收、会计、外汇等事宜，并接受相关主管部门依法实施的监督检查。

第三十三条　外国投资者并购中国境内企业或者以其他方式参与经营者集中的，应当依照《中华人民共和国反垄断法》的规定接受经营者集中审查。

第三十四条　国家建立外商投资信息报告制度。外国投资者或者外商投资企业应当通过企业登记系统以及企业信用信息公示系统向商务主管部门报送投资信息。

外商投资信息报告的内容和范围按照确有必要的原则确定；通过部门信息共享能够获得的投资信息，不得再行要求报送。

第三十五条　国家建立外商投资安全审查制度，对影响或者可能影响国家安全的外商投资进行安全审查。

依法作出的安全审查决定为最终决定。

第五章　法律责任

第三十六条　外国投资者投资外商投资准入负面清单规定禁止投资的领域的，由有关主管部门责令停止投资活动，限期处分股份、资产或者采取其他必要措施，恢复到实施投资前的状态；有违法所得的，没收违法所得。

外国投资者的投资活动违反外商投资准入负面清单规定的限制性准入特别管理措施的，由有关主管部门责令限期改正，采取必要措施满足准入特别管理措施的要求；逾期不改正的，依照前款规定处理。

外国投资者的投资活动违反外商投资准入负面清单规定的，除依照前两款规定处理外，还应当依法承担相应的法律责任。

第三十七条　外国投资者、外商投资企业违反本法规定，未按照外商投资信息报告制度的要求报送投资信息的，由商务主管部门责令限期改正；逾期不改正的，处十万元以上五十万元以下的罚款。

第三十八条　对外国投资者、外商投资企业违反法律、法规的行为，由有关部门依法查处，并按照国家有关规定纳入信用信息系统。

第三十九条　行政机关工作人员在外商投资促进、保护和管理工作中滥用职权、玩忽职守、徇私舞弊的，或者泄露、非法向他人提供履行职责过程中知悉的商业秘密的，依法给予处分；构成犯罪的，依法追究刑事责任。

第六章　附　则

第四十条　任何国家或者地区在投资方面对中华人民共和国采取歧视性的禁止、限制或者其他类似措施的，中华人民共和国可以根据实际情况对该国家或者该地区采取相应的措施。

第四十一条　对外国投资者在中国境内投资银行业、证券业、保险业等金融行业，或者在证券市场、外汇市场等金融市场进行投资的管理，国家另有规定的，依照其规定。

第四十二条　本法自2020年1月1日起施行。《中华人民共和国中外合资经营企业法》《中华人民共和国外资企业法》《中华人民共和国中外合作经营企业法》同时废止。

本法施行前依照《中华人民共和国中外合资经营企业法》《中华人民共和国外资企业法》《中华人民共和国中外合作经营企业法》设立的外商投资企业，在本法施行后五年内可以继续保留原企业组织形式等。具体实施办法由国务院规定。

行业观察

投资 16 亿元，华为将在法国建首座海外工厂！

华为于 2020 年 12 月 17 日发布公告官宣了将在 2021 年赴法国建厂的消息。按照华为的规划，这座工厂将生产芯片组和主板、4G 和 5G 基站所需的零部件等，初步的选址在法国小镇布拉玛特（Brumath），预计将在 2021 年底开工建设，并在 2023 年正式投产。据悉，此工厂总投资金额达 2 亿欧元（折合约 16 亿元人民币），制造的产品将“专供”欧洲地区的客户，预计每年将可达到 10 亿欧元的产值。

操作示范

1. 世界市场是世界各国之间进行商品和劳务交换的领域，包括由国际分工联系起来的各个国家商品和劳务交换的总和。由国家（地区）、贸易厂商（订约人）、交易商品、交易场所与渠道构成。

2. 一般企业进入世界市场的渠道主要有出口、许可贸易和国外生产三种方式。肯德基主要采用特许经营的渠道。

实训演练

1. 华为手机进入欧洲市场

2005 年 3 月，英国电信（BT）正式宣布华为成为其合作伙伴，BT 成为华为在欧洲的第一个大客户。公开数据显示，从 2011 年开始，欧洲及中东非洲市场的销售收入占华为全年销售收入的份额就一直在 1/3 以上。华为常务董事、战略市场总裁徐文伟在华为 2016 年欧洲创新日接受媒体采访时谈道：“我 2005 年到 2008 年任职欧洲区总裁，当时我们刚刚进入欧洲市场，华为完全是凭着创新，尤其是帮助客户成功，以及帮助客户解决当前存在的问题和困难，才能走到今天。”如今，欧洲市场已然成为华为业务开展的重地，其多项创新业务首单落地欧洲，例如：第一个分布式基站，第一个 2G、3G 合并基站商用地点在德国；华为的全球能力中心、财务中心以及风险控制中心都设在了欧洲；从销售收入贡献来看，欧洲更是举足轻重。华为收购了英国一家做物联网芯片的小公司，收购之后利用这个技术平台，加上对运营商业务的理解进行了二次开发。华为发布了全球第一个 2G、3G、4G 合一的基站，而数学上的突破成为其在研发过程中攻克技术难题的关键。目前，华为在欧洲基本上与所有主要的运营商都建立了联合创新中心，同时在欧洲设立了数学研究所、美学研究所等进行基础研究。

思考：我国企业进入世界市场可以采用哪些方式？

2. 福耀集团在美国投资建厂

福耀集团从 1995 年开始在美国投资，直至 2014 年才决定斥资在美国俄亥俄州莫瑞恩市成立全球最大的汽车玻璃单体工厂。2016 年 10 月，该工厂竣工投产。此外，福耀集团还在伊利诺伊州及底特律建设了浮法玻璃制造基地和汽车包边工厂。在竣工庆典新闻发布会上，曹德旺表示，未来福耀集团在美国的整体投资将达到 10 亿美元，提供 5 000 个就业岗位。这是中国制造业对美最大的投资之一。事实上，福耀集团的首次出海是在 2011 年的 7 月。当时的目的地选择了俄罗斯，这个位于俄罗斯卡卢加州的首个海外生产基地项目投资总额为 2 亿美元。

思考：我国企业进入世界市场可以采用哪些方式？

3. 荷兰花卉交易

荷兰是全世界最大的植物、鲜花、球茎花出口国及第二大农产品出口国。阿斯米尔这个全世界最大的花卉拍卖市场，其大小相当于 125 个足球场，场地内有产品质量检验处、冷藏库、存放库、拍卖厅、发货厅。清晨六点半，买卖商人在专用的席位通过电子讯息显示公开进行每笔交易，并且包装、运载、通关、检验检疫一气呵成。这里的人最引以为傲的事莫过于每天清晨从阿斯米尔鲜花拍卖市场售出的鲜花和植物，当天晚上或第二天便会出现在欧美、加拿大及其他世界各地的花店中。

思考：这是哪种贸易方式？

模块小结

（1）国际贸易是社会生产力发展的结果，在一个国家表现出来的形式是对外贸易。对外贸易是指一个国家（地区）与其他国家（地区）之间进行的商品和服务的交换，它的产生必须具备两个条件：一个是有可供交换的剩余产品，另一个是社会分工的扩大和国家的产生。

（2）国际贸易产生于原始社会末期、奴隶社会初期。在自然经济占主导地位、商品经济处于从属地位的奴隶社会和封建社会，国际贸易发展缓慢。到了资本主义时期，随着科技的不断进步，国际贸易进入一个又一个发展快车道。

（3）国际贸易与国内贸易都是商品和劳务的交换活动，但在所处社会环境、交易复杂程度、受经济政策影响的程度等方面存在许多不同。

（4）在研究对外贸易或国际贸易时，经常使用一些基本概念，如国际贸易与对外贸易、复出口与复进口、对外贸易额与对外贸易量、国际收支与贸易差额、贸易条件与对外贸易依存度、贸易结构、进口替代与出口导向战略等。

（5）国际贸易有不同的分类，按商品的流向可分为出口贸易、进口贸易和过境贸易；按商品的形态可分为有形贸易和无形贸易；按统计标准可分为总贸易和专门贸易；按是否有第三者参与可分为直接贸易、间接贸易和转口贸易；按贸易参加国的数量可分为双边贸易和多边贸易。

(6) 国际分工是指世界上各国（地区）之间的劳动分工，是各国生产者通过世界市场形成的劳动联系，是国际贸易和各国（地区）经济联系的基础。国际分工经历了萌芽、形成、发展和深化四个阶段。

(7) 世界市场是世界各国之间进行商品和劳务交换的领域，包括由国际分工联系起来的各个国家商品和劳务交换的总和。一般企业进入世界市场的渠道主要有出口、许可贸易和国外生产三种方式。

模块练习

一、名词解释

国际贸易　对外贸易　对外贸易额　对外贸易量　国际贸易商品结构　专门贸易　总贸易　转口贸易　过境贸易　对外贸易依存度　国际贸易地理结构　垂直型分工　水平型分工　混合型分工　世界市场　世界“自由市场”价格　世界“垄断市场”价格

二、单项选择题

1. 剔除了价格变动的影响，单纯反映对外贸易数量规模的指标是(　　)。

A. 对外贸易额　B. 对外贸易量

C. 贸易差额　D. 对外贸易依存度

2. 国际贸易的基础是(　　)。

A. 国际分工　B. 世界市场

C. 社会主义生产关系　D. 社会分工

3. 各国在进行货物贸易统计时，计算进口额的依据一般都是(　　)。

A. CIF 金额　B. CFR 金额　C. FOB 金额　D. CPT 金额

4. 汇总世界各国的进出口统计数据后，世界出口总额与世界进口总额相比，(　　)。

A. 二者总是相等

B. 出口总额大于进口总额

C. 出口总额小于进口总额

D. 有的年份出口总额大，有的年份出口总额小

5. 某年，我国的对外贸易总额约为 1.4 万亿美元，我国当年的 GDP 约为 18 万亿元人民币，当年的平均汇率是 1 美元＝8.2 元人民币，则当年我国的对外贸易依存度约为(　　)。

A. 20％　B. 40％　C. 60％　D. 80％

6. 总贸易体系是指进出口的统计标准为货物通过(　　)。

A. 关境　B. 国境　C. 质量检验　D. 检疫

7. 某年，中国的出口额为 1.89 万亿美元，平均汇率是 1 美元＝6.5 元人民币，中国当年的 GDP 为 53.20 万亿元人民币，中国的出口系数约为(　　)。

A. 10％　B. 20％　C. 30％　D. 50％

8. 我国内地某公司出口一批货物给香港某公司，该香港公司又将这批货物卖给美国

某公司，这个贸易现象可称为中国对美国的（　　）。

A. 间接进口　　B. 间接出口　　C. 转口贸易　　D. 直接出口

9. 对外贸易量是指（　　）。

A. 以公吨计量的对外贸易数量　　B. 以美吨计量的对外贸易数量

C. 以当前美元计量的对外贸易额　　D. 以不变价格计量的对外贸易额

10. 货物消费国、生产国直接买卖货物的行为是（　　）。

A. 直接贸易　　B. 转口贸易　　C. 过境贸易　　D. 间接贸易

11. 国际分工形成和发展的决定性因素是（　　）。

A. 自然条件　　B. 资本流动　　C. 上层建筑　　D. 社会生产力

12. 下列属于世界"自由市场"价格的是（　　）。

A. 调拨价格　　B. 交易所价格　　C. 垄断价格　　D. 贸易集团内价格

三、判断题

1. 通常所说的国际贸易额是指各个国家对外贸易额之和。（　　）

2. 复出口是指外国商品经过结关进入国内后，未经加工改制又向外国出口。（　　）

3. 贸易量就是剔除了价格变动影响之后的贸易额，贸易量使得不同时期的贸易规模可以进行比较。（　　）

4. 当进口总额大于出口总额时，出现贸易盈余，称"贸易顺差"或"出超"。（　　）

5. 如果一国的贸易条件指数小于100，说明出口价格比进口价格相对上涨，出口同量商品能换回比原来更多的进口商品，该国的该年度贸易条件比基期有利，即得到改善。（　　）

6. 一国的对外贸易系数越大越好。（　　）

7. 国际分工按参加国际分工经济体的生产技术水平和工业发展情况的差异，可分为垂直型分工、水平型分工和混合型分工。（　　）

四、计算题

1. 2018年，中国的出口额是2.49万亿美元，进口额是2.13万亿美元，中国的GDP是91.93万亿元人民币，全年的平均汇率是1美元＝0.617 4元人民币，试计算2018年中国的对外贸易系数（对外贸易依存度）。

2. 2018年，中国的货物贸易额是4.62万亿美元，中国的服务贸易额是0.79万亿美元，试计算2018年在中国对外贸易中，货物贸易与服务贸易的结构（百分比重）。

3. 2018年，中国进出口商品总额为4.62万亿美元，其中农产品、矿产品等初级产品为8 367.37亿美元，工业制品为37 856.79亿美元，试计算2018年在中国对外贸易中，初级产品和工业制品的结构（各自的百分比重）。（计算结果保留整数）

4. 某国某年的国内生产总值为19 948亿美元，出口额为5 933亿美元，进口额为5 612亿美元，计算该国的对外贸易依存度。（计算结果用百分数表示并且保留整数）

5. 以2005年为基期，2013年中国的出口商品价格指数为105，进口商品价格指数为110，中国的出口商品数量指数为130，试计算2013年中国的收入贸易条件，并指出与基期比较，2013年中国的收入贸易条件是改善了，还是恶化了。（计算结果保留整数）

6. 以 2005 年为基期，2012 年中国出口商品价格指数为 102，进口商品价格指数为 105，中国出口商品的劳动生产率指数为 135，试计算 2012 年中国的单因素贸易条件，并指出与基期比较，2012 年中国的单因素贸易条件是改善了，还是恶化了。（计算结果保留整数）

7. 假定某国以 2010 年为基期，2020 年的出口商品价格指数为 103，进口商品价格指数为 124，出口商品的数量指数为 200，计算该国 2020 年的净贸易条件并说明其含义。（计算结果保留整数）

8. 假定某国以 2010 年为基期，2020 年的出口商品价格指数为 103，进口商品价格指数为 124，出口商品的数量指数为 200，出口商品的劳动生产率指数为 125，进口商品的劳动生产率指数为 105，试计算 2020 年该国的双因素贸易条件，并指出与基期比较，2020 年该国的双因素贸易条件是改善了，还是恶化了。

五、简答题

1. 简述进口替代战略的含义及其提出者。
2. 简述国际分工对国际贸易的影响。
3. 简述第二次世界大战后国际分工的主要特征。

模块二

主要国际贸易理论

•学习目标

【知识目标】

- 了解绝对优势理论及比较优势理论的基本假设
- 掌握绝对优势理论及比较优势理论的提出者、主要内容
- 理解对于绝对优势理论及比较优势理论的评价
- 了解相互需求理论的主要内容
- 掌握赫克歇尔-俄林理论的主要内容
- 理解对于新古典贸易理论的评价
- 了解保护贸易理论，掌握幼稚产业保护理论及超保护贸易理论
- 了解新国际贸易理论

【技能目标】

- 能够区分不同贸易理论的假设条件
- 能够根据相关案例辨别各个国家的绝对优势产品和比较优势产品
- 能够根据相关资料及案例辨别某国采用的贸易保护主义理论的依据

单元一　古典贸易理论

任务导入

国际贸易的作用

近10年来全球水果贸易总体呈稳步上升状态。与2010年相比，2019年水果贸易额增长约60%，是全球农产品贸易额增速的两倍。从全球视角来看，世界各国对水果贸易的需求在不断增长。

2019年水果贸易总额排名前五位的国家分别是美国、中国、荷兰、西班牙和德国，五国水果贸易额合计约占全球的三分之一。进口额排名前五位的国家分别是美国、中国、德国、荷兰和英国；出口额排名前五位的国家分别是西班牙、美国、墨西哥、荷兰和智利。

任务：

各国进口水果对本国、本国水果种植者和本国消费者来说是一件好事还是坏事？为什么？

基本知识

任何贸易理论均需解决这样的问题：

——国家间为什么要进行贸易？国际贸易是否存在经济、政治的合理性？

——怎样进行贸易才能使贸易各国获得最大的贸易利益？

一、绝对优势理论

亚当·斯密（Adam Smith，1723—1790），英国古典经济学家，国际贸易分工理论的创始人，生活在英国工业革命前夕的工场手工业时期。1776年出版了代表作《国民财富的性质和原因的研究》，简称《国富论》，被誉为经济学的“圣经”，本人被誉为经济学界的“牛顿”。

亚当·斯密认为，分工可以极大地提高劳动生产率。如果每个人都专门从事其具有最大优势的产品的生产，然后彼此交换，那么这对每个人都有利。在亚当·斯密看来，这个道理也适用于每个国家。

亚当·斯密进一步认为，国际贸易和国际分工的原因及基础是各国间存在的劳动生产率和生产成本的绝对差异。一国如果在某种产品上具有比别国高的劳动生产率，该国在这一产品上就具有绝对优势；相反，劳动生产率低的产品，就不具有绝对优势，即具有绝对劣势。绝对优势也可以间接地由生产成本来衡量：如果一国生产某种产品所需的单位劳动比别国生产同样产品所需的单位劳动要少，该国就具有生产这种产品的绝对优势；反之，则具有绝对劣势。各国应该集中生产并出口其具有绝对优势的产品，进口其不具有绝对优势的产品，这就是绝对优势理论。

绝对优势理论模型的具体内容如下：

（一）基本假设

1）两个国家和两种可贸易的产品。

2）两种产品的生产都只有一种要素投入——劳动。

3）两国在不同产品上的生产技术不同，存在劳动生产率上的绝对差异。

4）给定生产要素（劳动）供给。

5）规模报酬不变。

6）完全竞争市场。

7）无运输成本。

8）两国之间的贸易是平衡的。

（二）主要内容

1. 分工可以提高劳动生产率，增加国民财富

亚当·斯密认为，交换是出于利己心并为达到利己目的而进行的活动，是人类的一种天然倾向。人类的交换倾向产生分工，社会劳动生产率的巨大进步是分工的结果。他以制针业为例说明其观点。根据亚当·斯密所举的例子，分工前，一个粗工每天至多能制造 20 枚针；分工后，平均每人每天可制造 4 800 枚针，每个工人的劳动生产率提高了几百倍。由此可见，分工可以提高劳动生产率，增加国民财富。

2. 分工的原则是成本的绝对优势或绝对利益

亚当·斯密进而分析，分工既然可以极大地提高劳动生产率，那么每个人专门从事他最有优势的产品的生产，然后彼此交换，则对每个人都是有利的。即分工的原则是成本的绝对优势或绝对利益。他以家庭之间的分工为例说明了这个道理。他说，如果一件东西购买所花的费用比在家内生产的少，就应该去购买而不要在家内生产，这是每一个精明的家长都知道的格言。裁缝不为自己做鞋子，鞋匠不为自己裁衣服，农场主既不打算自己做鞋子，也不打算缝衣服。他们都认识到，应当把自己的全部精力集中用于比别人更具有优势的职业，用自己的产品去交换其他物品，会比自己生产一切物品得到更多的利益。

3. 国际分工是各种形式分工中的最高阶段

在国际分工基础上开展国际贸易，对各国都会产生良好效果。亚当·斯密由家庭推及国家，论证了国际分工和国际贸易的必要性。他认为，适用于一国内部不同个人或家庭之间的分工原则，也适用于各国之间。国际分工是各种形式分工中的最高阶段。他主张，如果外国的产品比自己国内生产的要便宜，那么最好是输出在本国有利的生产条件下生产的产品，去交换国外更具有优势的产品，而不要自己去生产。他举例说，在苏格兰可以利用温室种植葡萄，并酿造出同国外一样好的葡萄酒，但要付出比国外高 30 倍的代价。他认为，如果真的这样做，显然是愚蠢的。每一个国家都有其适宜于生产某些特定产品的绝对有利的生产条件，如果每一个国家都按照其绝对有利的生产条件（即生产成本绝对低）去

进行专业化生产，然后彼此交换，则对所有国家都是有利的，世界的财富也会因此而增加。

为了说明观点，亚当·斯密举例如下（见表2-1）：

表2-1 单位商品的生产成本（需投入的劳动量） 单位：人/年

国别	毛呢	葡萄酒	分工前	分工后	节省
英国	100	120	220	200	20
葡萄牙	110	80	190	160	30

根据表2-1，很显然英国在生产毛呢上具有绝对成本优势，葡萄牙在生产葡萄酒上具有绝对成本优势，两国施行完全的国际分工，英国应生产毛呢，葡萄牙应集中力量生产葡萄酒，然后相互交换，大家都可以得到好处。

总之，亚当·斯密认为：生产成本绝对差异的存在是国际分工产生的基础和原因，按绝对成本差异进行国际分工和国际贸易，将使各国的资源、劳动力和资本得到最有效的利用，将会大大提高劳动生产率，增加社会财富。

（三）理论评价

亚当·斯密的国际分工理论对社会经济现象的研究从流通领域转到生产领域，从而对国际贸易问题采取了新的观点，这与重商主义相比是一大进步。另外，他关于分工能够提高劳动生产率，以及参与国际分工、开展国际贸易对各国都有利的见解，虽然距今已有200多年的历史，仍具有重大的现实意义。但是，亚当·斯密的理论有其局限性，如果一个国家在产品生产方面相对于其他国家的同种产品都处于绝对劣势地位，那么这个国家又拿什么来同别国交换？该国还能不能从国际贸易中获得利益呢？

二、比较优势理论

大卫·李嘉图（David Ricardo，1772—1823）是英国著名的经济学家，是资产阶级古典经济学的完成者。他没有像亚当·斯密那样接受过高等教育，出身于交易所经纪人家庭，14岁便做证券经纪人，25岁成为百万富翁，因处女作《黄金的价格》一举成名，后当选为国会议员。李嘉图是第一位集经商、从政与治学经历于一身的经济学家，1817年出版了巨著《政治经济学及赋税原理》。

（一）产生背景

大卫·李嘉图与亚当·斯密都是英国工业革命深入发展时期的经济学家。1815年，英国政府颁布了《谷物法》，导致粮价上涨、地租猛增，严重地损害了工业资产阶级的利益。英国工业资产阶级和土地贵族阶级围绕《谷物法》的存废展开了激烈的斗争。工业资产阶级迫切需要从理论上论证废止《谷物法》，实行谷物自由贸易。李嘉图在这场斗争中站在工业资产阶级一边，继承和发展了亚当·斯密的绝对成本理论，在《政治经济学及赋税原理》一书中系统地提出了比较优势理论。

（二）基本假设

1）只考虑两个国家、两种商品。

时事链接

中央提出中国式现代化究竟有何深意？

党的二十大报告指出："中国式现代化，是中国共产党领导的社会主义现代化，既有各国现代化的共同特征，更有基于自己国情的中国特色。"报告还概括了中国式现代化的五大特色和推进的实质要求。这是报告提出的重大论断，中国式现代化也因此成为"热词"。那么提出中国式现代化究竟有何深意？大量研究表明，各国现代化的"共同特征"并不都是正面的，那些负面特征构成了现代化道路上的种种"陷阱"。在新征程上如何跨越"陷阱"，是中国式现代化必须面对的问题。党的二十大报告阐明了中国式现代化的"中国特色"，为跨越种种"陷阱"指明了方向。

跨越"人口规模巨大"带来的"李嘉图陷阱"

"李嘉图陷阱"，又被称为比较利益陷阱：一个国家根据比较成本进行资源配置，可能出现结构性缺陷。从国际分工结构看，比较利益陷阱会导致后发现代化国家产业结构滞后。改革开放以来，我国利用"人口规模巨大"的劳动力成本优势，积极参与全球分工体系，有效释放了"人口红利"，实现了经济快速发展；但长此下去，我国会被"锁定在产业分工格局的低端"。在日趋激烈的全球综合国力竞争中，我们没有更多选择，非走自主创新道路不可。因此党的二十大报告指明："必须坚持科技是第一生产力、人才是第一资源、创新是第一动力，深入实施科教兴国战略、人才强国战略、创新驱动发展战略，开辟发展新领域新赛道，不断塑造发展新动能新优势。"从国内产业结构看，工业化进程会导致资源从农业等传统部门过量流出，从而损害农业部门的根基；同时，全球人口快速增长，目前已达 80 亿，对粮食供给提出了更高要求。因此二十大报告强调"全方位夯实粮食安全根基"，14 多亿中国人要把饭碗端在自己手里。

跨越"恩格斯停滞"带来的收入差距加大

"恩格斯停滞"，源自恩格斯 1844 年的著作《英国工人阶级状况》：英国首先开启了产业革命，尽管当时英国 GDP 高速增长，但工人的"实际工资"处于停滞状态。这种现象被西方学者称为"恩格斯停滞"，它意味着收入差距扩大，现代化成果被少数人占有。"恩格斯停滞"是各个国家在现代化进程中普遍面临的难题。当前，人类正迎来第四次产业革命，2020 年 12 月 15 日，习近平总书记在《共担时代责任，共促全球发展》一文中指出："第四次工业革命将产生极其广泛而深远的影响，包括会加剧不平等，特别是有可能扩大资本回报和劳动力回报的差距。"针对收入差距扩大问题，十八大以来，我国打赢了人类历史上规模最大的脱贫攻坚战，历史性地解决了绝对贫困问题，为全球减贫事业做出了重大贡献。我国"十三五"规划纲要中明确提出：到 2035 年，我国坚持居民收入增长和经济增长基本同步、劳动报酬提高和劳动生产率提高基本同步，持续提高低收入群体收入，扩大中等收入群体，更加积极有为地促进共同富裕。总之，中国式现代化是全体人民共同富裕的现代化。

跨越“人文理性缺失”带来的精神虚无

自人类开启现代化进程以来，人类所确立的对理性的信仰包括互相补充的两个方面：以科学技术为主要内容的工具理性，和以人的自由解放为核心的人文理性。但是，在现代化进程中，工具理性高歌猛进，给人类带来了巨大的物质财富。工具理性全面侵占了人文理性的地盘，陷入“人文理性缺失”局面，造成了精神虚无和道德败落。自改革开放以来，我国始终强调物质文明和精神文明“两手抓”；尤其是十八大以来，我国进一步加强文化自信，取得了精神文明的丰硕成果。党的二十大报告强调：“中国式现代化是物质文明和精神文明相协调的现代化。物质富足、精神富有是社会主义现代化的根本要求。物质贫困不是社会主义，精神贫乏也不是社会主义。”

跨越工业化带来的生态环境破坏

纵观人类历史，农业文明的可持续性强，但发展性不够；工业文明的发展性强，但可持续性很差。工业文明持续了不到300年，全球性生态危机说明工业文明已经难以为继。中国式现代化是人与自然和谐共生的现代化。党的十八大以来，我国以前所未有的力度推进生态文明及美丽中国建设，生态环境发生转折性变化，绿色低碳转型取得巨大成就。

跨越大国崛起带来的“修昔底德陷阱”

“修昔底德陷阱”，源自古希腊历史学家修昔底德对伯罗奔尼撒战争的研究。美国哈佛大学教授格雷厄姆·艾利森，用这个概念说明：一个新兴大国必然会挑战守成大国的地位，而守成大国也必然会采取措施进行遏制和打压，两者的冲突甚至战争在所难免。艾利森等西方学者的研究，关照的是一些西方国家及日本的现代化进程。这是一条“通过战争、殖民、掠夺等方式实现现代化的老路”。这条“损人利己、充满血腥罪恶的老路”给广大发展中国家人民带来深重苦难，并不符合中国的历史，也不能用这套逻辑来判断中国式现代化的未来。党的二十大报告指出：“我们坚定站在历史正确的一边、站在人类文明进步的一边，高举和平、发展、合作、共赢旗帜，在坚定维护世界和平与发展中谋求自身发展，又以自身发展更好维护世界和平与发展。”中国式现代化是走和平发展道路的现代化。

2）坚持劳动价值论，以英、葡两国的真实劳动成本的差异建立比较成本论，并假定所有劳动是同质的（单位劳动价值相同）。

3）生产是在成本不变的情况下进行的，即单位产品生产成本不因产量的增加而变化（否则，劳动生产率就变了）。

4）没有运输费用。

5）包括劳动在内的生产要素是充分就业的（否则，分工后产量扩大，就业增多，成本下降），它们在国内完全流动，在国际不能流动（保证交易对象是最终产品，而非生产要素）。

6）生产要素市场和商品市场是完全竞争的市场（即从不占优势的行业自由进入具有优势的行业）。

7）收入分配不因分工和自由贸易而有变化（否则，影响社会分工）。

8）贸易是物物交换，而不是以货币为媒介（否则，涉及工资率）。

9）不存在技术进步和经济发展，国际经济是静态的。

（三）主要内容——两优取重，两劣取轻

李嘉图在《政治经济学及赋税原理》的“论对外贸易”一章中举例，若两个人都能制造鞋和帽，其中一个人在两种职业上都比另一人强些，不过制帽只强20%，而制鞋则强33%，那么这个较强的人专门制鞋，而那个较差的人专门制帽，岂不是对双方都有利？

李嘉图由个人推及国家，认为国家间也应按“两优取重，两劣取轻”的比较优势原则进行分工。

为了说明这个理论，李嘉图沿用了亚当·斯密的例子并稍做修改（见表2-2）：

表2-2　单位商品的生产成本（需投入的劳动量）　　单位：人/年

国别	毛呢	葡萄酒	分工前	分工后	节省
英国	100	120	220	200	20
葡萄牙	90	80	170	160	10

从表2-2可以看出，葡萄牙无论生产毛呢还是葡萄酒，其成本都低于英国，即在毛呢和葡萄酒上都具有绝对优势，按绝对优势理论，这两个国家似乎没有发生贸易的机会了。但是李嘉图指出，即使在这样的情况下，两国仍然存在国际分工和贸易的基础。虽然葡萄牙无论生产毛呢还是葡萄酒的成本都低于英国，具有明显的优势，但是葡萄牙生产葡萄酒的成本比生产毛呢的成本更低，这就是“优势中的优势”（“比较优势”）；从英国方面看，尽管无论是生产毛呢还是葡萄酒，英国的生产成本都要高于葡萄牙，但是英国生产毛呢的劣势比生产葡萄酒的劣势要小些，这就是“劣势中的优势”（“比较优势”）。因此两国应在优势中择其最优，在劣势中避其最劣，葡萄牙应集中力量生产葡萄酒，而英国应集中力量生产毛呢，然后相互交换，这样双方都能获得利益。

（四）理论评价

1. *积极意义*

比较优势理论的问世，标志着国际贸易学说总体系的建立，其作为反映国际贸易领域客观存在的经济运行的一般原则和规律的学说，具有很高的科学价值和现实意义。

1）比较优势理论比绝对优势理论更全面、更深刻地揭示了国际贸易的基础，指出了任何国家都有参与国际分工和国际贸易的可能性。国际贸易不仅产生于绝对成本的差异，而且产生于比较成本的差异，一国只要按比较优势原则即“两优取重，两劣取轻”参与国际分工和国际贸易，就可获利。这一理论为世界各国参与国际分工和国际贸易提供了理论依据，成为国际贸易的一大基石。

2）比较优势理论在历史上起过进步作用。它为自由贸易政策提供了有力的理论武器，而自由贸易又促进了当时英国的资本积累和生产力的发展，因此，该理论在推动自由贸易和促进社会经济发展方面所起的作用是不容置疑的。

2. 局限性

1）比较优势理论只是提出国际分工的一个依据，未能揭示国际分工形成和发展的主要原因。自然条件、成本等因素对国际分工的形成有一定的影响，但不是唯一和根本的，实际上生产力、科学技术、社会条件等都对国际分工有重要的影响。

2）比较优势理论虽然以劳动价值论为基础，但它不彻底，未能揭示价值规律的实际内容，这是李嘉图未能正确区分价值与交换价值的结果。

3）比较优势理论在泛泛地论证了按照比较优势原则参与国际分工和国际贸易对各国都有利之后，对于复杂的问题，如引起各国劳动成本差异的原因、互利贸易的条件范围、贸易所得到的分配等都没有涉及。

4）李嘉图为了论证比较优势理论，把多变的经济情况抽象成静态凝固的状态，因而所揭示的贸易各国获得的利益是静态的短期利益，这种利益是否符合一国经济发展的长远利益则不得而知。并且，与亚当·斯密一样，李嘉图研究的出发点是一个永恒的世界，是一个静态均衡的世界，在方法论上是形而上学的。

三、相互需求理论

20 世纪 30 年代前，廉价学派提出了相互需求论，英国经济学家约翰·穆勒（John Mill，1806—1873）承上启下，对李嘉图的比较优势理论进行了重要的补充，提出了相互需求理论，用以解释国际商品交换比率。他使用“比较利益”的概念来解释贸易双方在利益分配中各占多少的问题。

英国经济学家马歇尔（A. Marshall）在约翰·穆勒理论的基础上，提出了供应条件（或提供条件）曲线，用几何方法来证明供给和需求如何决定国际商品交换比率。

穆勒和马歇尔的理论共同构成了相互需求理论，论述了贸易条件，即国际贸易中两国商品交换形成的国际商品交换比率是如何决定和达到均衡的。

（一）约翰·穆勒的相互需求理论

约翰·穆勒于 1848 年在其代表作《政治经济学原理》中提出了相互需求理论。

1. 主要内容

穆勒认为，两国进行交换，其商品交换比率取决于对方对本国产品的需求。两国对两种商品的进口需求决定了商品的（相对）价格。在国际贸易中，可以把出口视为对对方的供给，把进口视为本国的需求。穆勒将这种情况称为相互需求。商品的市场价格是由供求双方的力量共同决定的，市场价格也会自行调整，以使供求相等。因此，商品的国际交换比率是由两国的相互需求决定的，并确定在双方各自对对方产品的需求相等的水平上。这就是相互需求理论。

穆勒指出，用各国国内的商品交换比率作为国际交换比率的上下限以确定互惠贸易的范围，用贸易条件说明贸易利益的分配，用相互需求强度解释贸易条件的变动。

例如：以同一劳动量，英国可生产呢绒 10 码或亚麻布 15 码，德国可生产呢绒 10 码或亚麻布 20 码。在此情况下，英国可专门生产呢绒，德国可专门生产亚麻布，然后进行贸易，英国以 10 码呢绒换取德国的 17 码亚麻布，这样对两国都有利。但若英国对亚麻布的需求减少或德国对呢绒的需求增加，国际交换比率变为 10 码呢绒对 18 码亚麻布时，贸易条件对英国较有利；若国际交换比率变为 10 码呢绒对 16 码亚麻布时，贸易条件对德国较有利。这两种情况下，贸易都不易展开。只有在两国相互需求的商品价值相等时，贸易才能实现稳定的均衡。

从上例可以看出，国际商品交换比率介于两国两种商品的国内交换比率之间，且不等于两国的国内交换比率。均衡贸易条件对哪一方更有利，要看两国相互需求的强度。即外国对本国商品的需求程度越是大于本国对外国商品的需求程度，贸易条件就越是对本国有利；反之，则越是对本国不利。

2. 理论评价

(1) 积极意义。

该理论是对李嘉图理论的重大发展。主要有两点补充：一是补充了国际贸易为双方带来利益的范围；二是补充了贸易利益如何进行分配的问题。

李嘉图的比较（相对）优势理论只是证明了国际分工和国际贸易能给参与国带来好处，但带来的好处有多大，贸易双方各占了多少，这些问题李嘉图并没有解决。穆勒第一次用商品的国内交换比率解释了贸易双方获得利益的范围；用相互需求理论解释了贸易条件的决定因素，并利用贸易条件说明了贸易利益在贸易双方的分配问题。

(2) 局限性。

该理论存在循环论证的嫌疑，只适用于经济规模相当、相互需求对市场价格有显著影响的两个国家。如果两国经济规模相差悬殊，小国的需求相对于大国来说微不足道，那么，大国的国内交换比率也就是两国间的贸易条件。此外，其局限性还在于它抛弃了劳动价值论，庸俗化了李嘉图的理论，集中表现在他用交换价值代替价值上。

（二）马歇尔的相互需求理论

马歇尔研究了约翰·穆勒的国际贸易理论，并最早用数学工具阐释了约翰·穆勒的相互需求理论。在 1878 年出版的《对外贸易的纯理论》一书中，他提出了供给曲线，用来进一步分析和说明约翰·穆勒的相互需求理论。

1. 主要内容

供给曲线（Offer Curve）是指在不同的价格条件下，一国愿意出口和进口的数量之交点的轨迹。

供给曲线的实质即相互需求曲线（Reciprocal Demand Curve），表明一个国家为了进口一定量的商品，必须向其他国家出口一定量的商品。该曲线本身是由一个国家的供给（出口）、需求（进口）曲线合成的，即对应某一进口量愿意提供的出口量的轨迹。两个国家供给曲线的均衡交汇点，即为国际商品交换比率（国际价格）。

2. 理论评价

供给曲线就均衡贸易条件所得出的结论与穆勒的相互需求理论是一致的，即均衡贸易条件取决于参与贸易的两个国家各自对对方商品的相对需求强度。供给曲线的分析方法比起穆勒有关相互需求理论的文字叙述要精确一些。且马歇尔的供给曲线对贸易条件的分析开创了把几何方法作为国际贸易理论的分析工具的历史，为西方国际贸易理论增添了新的表达手段。但是，马歇尔用边际效用论和生产费用论对供给曲线所做的解释有欠科学。

行 业 观 察

乘风破浪“克”疫而上——“一带一路”建设走向可持续发展

2020年，尽管受到了新冠肺炎疫情的不利影响，但中国对“一带一路”沿线国家的非金融类直接投资不仅没有减少，反而是倡议提出以来最多的一年，比2019年增长了18.3%，与几年来的年平均投资额相比，更是增长了18.9%。相应地，中国对“一带一路”沿线国家的投资占对外投资总额的比重也由2019年的13.6%上升到了2020年的16.2%。

实际上，自“一带一路”倡议于2013年秋季提出后，2014年中国对“一带一路”沿线国家的非金融类直接投资就迅速地从上一年的100亿美元左右增加到了125.4亿美元；2015年继续增加到148.2亿美元，同比增长18.2%；在2016年和2017年稍有回落后，2018年超过了150亿美元，达到156.4亿美元；2020年更是高达177.9亿美元。“一带一路”倡议提出7年多来，中国对“一带一路”沿线国家非金融类直接投资总额已经超过了1 000亿美元，达到1 047.2亿美元，年平均投资额149.6亿美元。

从项目层面来看，在新冠肺炎疫情全球大流行最严重的一段时期，确实有一些“一带一路”建设项目短暂停工，但绝大多数项目都很快复工。不仅如此，中国与相关国家还于2020年启动了一批新的建设项目，如匈塞铁路匈牙利段、巴基斯坦科哈拉水电站等。2020年，中国与日本、法国签署了在卡塔尔建设首个非化石燃料充电站的协议，还与乌干达签署了建设光伏发电站的协议。

总之，中国与沿线国家共建“一带一路”的决心是坚定的，不会因疫情或其他因素的影响而有任何改变。随着中国与相关国家如沙特阿拉伯、埃及、匈牙利、柬埔寨、菲律宾等国家联合成立多边金融合作中心，并积极拓展第三方市场合作的更大空间，中国和相关国家对“一带一路”建设项目的投资将继续表现出总体不断增长的势头。

操 作 示 范

运用比较优势理论分析这一问题：站在国家的角度这不是一件坏事，根据比较优势理论，各国应出口其具有比较优势的产品，而进口其具有比较劣势的产品，因此应在淡季选择从国外进口水果；站在水果种植者的角度这可能是一件坏事，因为从国外进口水果，有可能导致本国相对昂贵的水果卖不出去；站在消费者的角度这也不是一件坏事，因为从国外进口水果，增加了消费者的可选择性，满足了消费者需求的多样性。

实训演练

1. 有A、B两个国家，生产X和Y两种产品，单位产品的生产成本（劳动力/小时）如表2-3所示。

表2-3 A、B两国单位产品的生产成本

国家	X产品成本	Y产品成本
A	20	50
B	40	20

假设分工前后两国对产品投入的劳动总量不变，分工后各自集中生产绝对优势产品，按1∶1的比例交换，其他条件符合绝对成本理论的假设条件，请分析和计算：

(1) 各国的优势产品是什么？分工后各自生产哪些产品？

(2) 分析两国分工前后的生产和贸易状况，并将计算结果填入表2-4和表2-5。

表2-4 A、B两国分工前后的生产量对比表

国家	分工前产量			分工后产量		
	X	Y	总量	X	Y	总量
A	1	1	2	3.5		
B	1	1	2		3	

表2-5 开展贸易后A、B两国可供消费的商品数量

国家	产品X	产品Y	比分工前多消费
A	2.5	1	
B	1	2	

2. 假设世界由本国和外国组成。本国劳动为1 200单位，生产1单位食品需要3劳动单位，生产1单位衣服需要2单位劳动。外国的数据依次为：800，2，1。在封闭条件下，两国各用一半资源分别生产两种商品。请分析和计算：

(1) 封闭条件下两国两种产品的产出分别是多少？

(2) 开放后根据比较优势理论进行分工，世界两种产品的总产出会增加多少？

单元二 新古典贸易理论

任务导入

立足资源禀赋优势，聚焦主业精准施策

我国黔南高新区拥有丰富的磷矿资源和较好的磷化工产业绿色协同发展基础。2020年以来，黔南高新区立足优势，聚焦主业，成功打造了磷化工产业基于供应链协同的融通

发展模式，已形成“磷矿—肥料级—工业级—饲料级—食品级—医药级—电子级磷酸（磷酸盐）”的磷加工全产业链条，是全国功能最齐全、配套最完善的磷及磷化工产业集群。先后获得国家磷煤化工高新技术产业化基地、国家产业集群区域品牌建设试点（磷化工产业）、国家外贸转型升级基地（新型肥料）、国家资源综合利用基地等称号。

任务：

我国黔南高新区立足优势，聚焦主业精准施策可以用哪个贸易理论进行解释？

基本知识

一、赫克歇尔-俄林要素禀赋理论

要素禀赋理论产生于20世纪二三十年代，是由两位瑞典经济学家赫克歇尔（Eli F. Heckscher，1879—1959）和俄林（Bertil Gotthard Ohlin，1899—1979）共同提出的。该理论又称赫克歇尔-俄林理论，简称赫俄理论（H-O理论）。

1919年，赫克歇尔发表了一篇著名的论文——《对外贸易对国民收入之影响》。就李嘉图的比较优势理论中两国间的比较成本差异用什么来解释的问题，他认为，两国间产生比较成本差异必须有两个前提：1）两国的要素禀赋程度不同；2）不同产品生产过程中所使用的要素比例不一样。这两点是国际贸易产生的前提条件。

俄林是赫克歇尔的学生，他继承和发展了老师的观点，于1933年出版了《区际贸易和国际贸易》，这部著作系统阐述了各国资源禀赋差异同国际贸易的关系，他因在该著作中的开创性研究而获得了1977年诺贝尔经济学奖。

该理论继承和发展了李嘉图的比较优势理论，用生产要素的丰缺来解释国际贸易产生的原因和贸易的流向。这一理论与李嘉图的比较优势理论并列为国际贸易的两大基石。

（一）基本假设

1）两种生产要素（劳动和资本）。

2）两种可贸易产品。

3）两个国家。

4）每个国家的生产要素都是给定的。

5）生产技术假定相同。

6）生产规模报酬不变。

7）两国的消费偏好相同。

8）完全竞争的商品市场和要素市场。

9）无运输成本、关税或其他阻碍国际贸易自由的因素。

（二）基本内容

1. 贸易的基础

李嘉图认为比较成本差异是国际贸易产生的原因，那么为什么会产生比较成本差异呢？要素禀赋理论认为，各国生产要素禀赋的差异决定的比较成本差异是国际贸易产生的原因。

俄林说：“贸易的首要条件是有些商品在某一地区生产比在其他地区生产更便宜。一个地区应出口包含相对大量的比其他地区更便宜的生产要素的商品，而进口在别的地区能够更便宜生产的商品。总之，进口那些含有昂贵生产要素比例大的商品，出口那些含有低廉生产要素比例大的商品。”

也就是说，各国的生产要素禀赋状况不同，导致生产要素价格比例不同，进而使得商品比较成本不同。具体来说：各国的生产要素禀赋状况不同，有的土地丰富，有的资本丰富，有的劳动力丰富，按照价格的相互依存原理，在一国（地区）范围内，某种生产要素的供给丰富，这种生产要素的报酬就低，密集使用这种生产要素的商品也相应便宜，即成本低。

该理论认为，一国应该出口丰裕要素密集型产品，即在出口商品生产中密集使用丰裕生产要素；进口稀缺要素密集型产品，即进口密集使用稀缺生产要素的商品。

2. 要素价格均等学说

资源禀赋不同的国家开展贸易之后，它们的资源禀赋状况将会发生怎样的变化呢？赫克歇尔、俄林认为，国际贸易将使各国生产要素的价格趋向均等。

就具体的例子来看：假设有甲、乙两国，甲国劳动力相对丰富，劳动报酬也相对低，因此甲国以劳动密集型产品作为本国的出口产品；乙国的资本丰富，资本报酬即利息较低，因此乙国以资本密集型产品作为自己的出口产品。这样，甲国向乙国出口劳动密集型产品，同时从乙国进口资本密集型产品。随着贸易的发展，甲国将更多的劳动力投放于出口行业，使原来丰富的生产要素——劳动，逐渐变得稀缺了；甲国不断地从乙国进口资本密集型产品，使得甲国对资本的需求逐渐得到缓和，而原来稀缺的生产要素——资本，逐渐变得相对丰富。甲国国内劳动和资本的这种反向变化的直接结果是要素价格发生变化，劳动报酬逐渐上升，资本报酬逐渐下降。而在乙国，要素价格的变化正好相反，劳动报酬逐渐下降，资本报酬逐渐上升。甲、乙两国国内要素价格的变化，缩小了劳动报酬和资本报酬的国际差异，使其价格趋向均等。

（三）理论评价

1. 积极意义

该理论被西方经济学家誉为现代国际贸易理论中最重要的基础理论之一，主张根据生产要素禀赋和商品的要素密集性在各国进行专业分工，使各国通过贸易相互获得利益。该理论在反映比较优势理论基本思想的基础上，更为深入和全面地指出了土地、劳动力、资本、技术等生产要素在各国的对外贸易中的重要作用，这对于一个国家利用本国的资源优势参与国际分工以获得贸易利益无疑具有积极意义。

2. 主要缺陷

该理论是建立在一系列假定条件的基础上的，而这些假定条件都是静态的，它们的动态变化被忽视了；它把各国要素禀赋的差异和产品技术条件的差异作为国际分工和国际贸易发生的真正原因，掩盖了资本主义生产关系对国际分工和国际贸易的影响，并且它还忽视了科学技术在国际分工和国际贸易中的重要作用。

二、里昂惕夫之谜

瓦西里·里昂惕夫（Wassily Leontief，1906—1999），著名的俄裔美国经济学家，哈佛大学教授。由于他的投入-产出分析法对经济学做出了杰出贡献，因此他获得了1973年的诺贝尔经济学奖。他的主要著作有《投入-产出经济学》《生产要素比例和美国的贸易结构进一步的理论和经济分析》等。

（一）主要内容

里昂惕夫利用投入-产出模型对1947年和1951年美国200个行业的对外贸易商品结构进行了分析，计算结果如表2-6和表2-7所示。

表2-6　美国出口品和进口替代品对国内资本和劳动力的需求量（1947年）

	出口品	进口替代品
资本K（美元）	2 550 780	3 091 339
劳动力L（人/年）	182.313	170.004
资本/劳动力（K/L）	13 991	18 184

表2-7　美国出口品和进口替代品对国内资本和劳动力的需求量（1951年）

	出口品	进口替代品
资本K（美元）	2 256 800	2 303 400
劳动力L（人/年）	173.91	167.81
资本/劳动力（K/L）	12 977	13 726

两次实证检验都表明：美国进口的是资本密集型产品，出口的是劳动密集型产品。而根据H-O理论，美国作为资本丰富的国家，应该出口资本密集型产品，进口劳动密集型产品。这一推论与实证结果之间的矛盾称为里昂惕夫之谜，又称里昂惕夫悖论。

（二）理论评价

里昂惕夫的结论是第二次世界大战以后首次对传统的国际贸易理论提出的严峻挑战。这对经验性与理论性研究起了巨大的促进作用。它促使经济学家们更加积极地去寻求能正确解释国际贸易产生的相关基础理论，从而有力地推动了国际贸易理论的发展。

（三）对里昂惕夫之谜的解释

1. 人力资本说

人力资本说（Human Capital Theory）是美国经济学家凯南（P. B. Kenen）等人提出的。他们以人力资本投入的差异来解释美国对外贸易商品结构。人力资本是指资本与劳动结合而形成的一种新的生产要素，包括所有在能够提高劳动生产率的教育投资、技术培训等方面投入的资本。

国际贸易商品生产所需的资本应包括有形资本与无形资本两部分，里昂惕夫计算的资本只包括有形资本，而忽略了无形资本。如果在计算资本密度时把人力资本的价值加在有形资本的价值上，那么美国出口的便是资本密集型产品，进口的是劳动密集型产品。

2. 需求偏好差异说

赫克歇尔-俄林理论成立的一个前提假定是贸易国双方的需求偏好是无差异的，因此消费结构也是相同的。

实际上，贸易各国国民需求偏好是不相同的，而且这种偏好会强烈地影响国际贸易方式。

消费偏好的力量使美国违背了其在生产成本上的比较优势，将劳动密集型产品出口国外，把资本密集型产品留在国内消费。

3. 要素密集度逆转说

要素密集度逆转（Factor Intensity Reversal）是指一种给定的商品在劳动丰裕的国家生产就是劳动密集型产品，在资本丰裕的国家生产就是资本密集型产品。

由于每一个国家生产要素价格不同，因此有可能出现这样的情况：资本丰裕而劳动稀缺的国家，如美国，由于劳动力价格昂贵而资本便宜，往往会在劳动密集型产品，如玩具的生产中使用更多的资本而非劳动，如此一来，玩具在美国就变成了资本密集型产品。一旦要素密集型发生逆转，一种商品究竟是劳动密集型产品还是资本密集型产品就没有一个绝对的标准。

又如，同样是生产小麦或大豆，在美国是更多地使用化肥、农药、农业机械的生产过程，因而可能是资本密集型产品；但在大多数发展中国家，其生产过程主要是靠人力耕作、除草、施肥、晾晒等，因而是典型的劳动密集型产品。

4. 自然资源说

赫克歇尔-俄林理论只考虑了两种生产要素即资本和劳动，而忽略了自然资源要素，如土地、矿藏、森林、水资源等，自然资源要素与资本要素之间存在相互替代关系。

美国学者凡涅克（J. Vanek）在1959年指出，里昂惕夫进行研究时，只局限于劳动和资本两种投入，没有考虑自然资源的影响。实际上，美国进口的资本密集型产品中包含大量资源密集型产品。换言之，美国实际上进口的是其稀缺的自然资源，而不是资本。

5. 贸易保护说

赫克歇尔-俄林理论是建立在完全自由竞争的假设之上的，而现实的国际贸易中存在大量的关税和非关税壁垒，是一个不完全竞争市场。

一些经济学家认为，里昂惕夫的结论受到关税和贸易壁垒的影响。由于国际的商品流动受贸易参与国关税及非关税的限制，这就使建立在完全竞争市场假设前提下的赫克歇尔-俄林理论不能成立。

行业观察

立足优势，培育产业，打赢脱贫攻坚战

福建政和以生态扶贫、绿色发展为核心，立足当地特色优势白茶产业，进行了以“白茶＋”生态银行为代表的创新性探索。“白茶＋”生态银行借鉴商业银行“分散化输入、集中式输出”的模式，将零散的茶山通过转让、租赁、托管等形式收储集中，通过项目建设、生态修复、规范管理等进行整合提升，引入社会资本和市场化融资，实现自然资产提质增效。依托“白茶十”生态银行，政和还同步开发了耕地、林地、古厝等资源，融合了旅游、文化、电商等产业协同发展，通过灵活机制、产业融合、打响品牌等措施，实现生态增绿、产业融合发展、农民脱贫致富的“多赢”。

培育产业是脱贫攻坚的根本出路。因地制宜的产业扶贫是增强贫困地区造血功能、帮助群众就地就业的长远之计。加强产业扶贫项目规划，引导和推动更多产业项目落户贫困地区至关重要，而产业扶贫如何落地，扶贫车间是重要抓手之一。

宁夏泾源共建设扶贫车间37个，涵盖草畜、苗木、中蜂、旅游等当地重要特色产业，吸纳贫困劳动力就业1 000人以上，人均月工资收入1 800元，最高达到6 000元（数据截至2020年8月底）。这些设在乡、村，有订单、轻资产、技术门槛低的扶贫车间帮助贫困户就近就业，达到了扶贫的目的。当地开展的劳动力素质提升工程，更成为培养新型农民的“试验田”。

江西乐安在发展旅游产业方面，跳出了为旅游而旅游的狭隘观念束缚，旅游开发主动向贫困村倾斜，以“景村一体”为扶贫思路，注重挖掘贫困村的旅游资源，将旅游与相关行业融合发展、跨界整合，有效激活了乐安县的旅游要素，打造出一条完整的旅游扶贫产业链。一方面，村民通过民宿、特色产品在旅游中获取收入；另一方面，景区建设也为村民提供了大量就业岗位，同时拉动了当地建材、建筑业的发展。

操作示范

我国黔南高新区立足优势，聚焦主业精准施策可以用赫克歇尔-俄林的要素禀赋理论进行解释。

2020年以来，我国黔南高新区立足优势，聚焦主业，成功打造了磷化工产业基于供应链协同的融通发展模式，一是支持鼓励瓮福集团等龙头企业细化延伸产业链条，将非核心业务剥离，通过劳务外包、资源保障、管理能力下沉等途径延伸并加速供应链上下游企业融通程度，推动形成供应链协同发展的融通发展格局。二是积极与大企业、科研院所合作共建分级分类技术创新平台，加速创新资源在区内集聚，共同攻关行业发展关键和共性问题，并不断创新技术成果，扩散共享机制，提升中小企业技术水平和创新能力。三是围绕精细化工及新材料、节能环保等主导产业，配套发展了基础化工、装备制造、轻工、生物医药、大宗物流等上下游产业，形成了以磷煤化工为主、上下游配套、伴生资源回收及资源综合利用、产业链延伸及精深加工、节能环保五大板块的全产业链循环发展格局。同时，积极发展生产性服务业，初步形成了以重点产业园区和产业群为载体，主导产业与配套产业协同发展、大企业和中小企业融通发展的产业生态体系。

实训演练

1. 有人说："世界上一些最贫穷的国家找不到什么产品出口。它们的资本和土地都不丰裕，甚至劳动也不丰裕。"如何评价这种言论？

2. 分小组分析里昂惕夫之谜出现的原因，并在班级中交流。

单元三　贸易保护理论

任务导入

石油输出国组织的贸易保护政策

第二次世界大战后取得政治独立的石油生产国，在20世纪60年代成立了石油输出国组织（Organization of the Petroleum Exporting Countries，OPEC），通过控制石油的供给来控制石油的价格，从而导致石油价格大幅上升。1973年10月，阿拉伯产油国更是拿起石油武器，对以美国为首的西方国家实行石油禁运，致使国际原油市场价格飙升，导致发达国家国内生产成本大幅度提高，产品竞争力下降并大量过剩，失业增加，国际收支严重失衡。2020年4月10日，石油输出国组织（欧佩克）与非欧佩克产油国达成一致，将在两年内逐步减少原油产量。美国承诺替墨西哥完成部分减产额度，最终促成协议。

任务：

根据本段文字分析上述产油国采取贸易保护政策的原因。

基本知识

贸易保护是指一国政府为实现本国贸易利益最大化，通过某些保护性的贸易措施，而使本国的生产者在其国内的市场上获得足以同外来进口商品竞争的优势。

按照时间的先后，有重商主义理论、幼稚产业保护理论、现代贸易保护理论。其中，现代贸易保护理论又具体分为超保护贸易理论、"中心-外围"理论和战略贸易政策。

一、重商主义理论

（一）产生背景

14世纪的文艺复兴使人们开始重视自身的物质利益和精神需求，关注对财富的积累，进而演化为"拜金主义"的社会思潮。随着商人经济实力的加强，人们开始用商人的价值尺度而非牧师的宗教标准来衡量价值观念，这一切为重商主义的产生奠定了思想文化基础。

15—17世纪地理大发现，开辟了海上新航线。新航线的开辟使欧洲商业资产阶级对美洲、欧洲殖民地的掠夺成为可能，大量金银流入，对欧洲商人的资本积累起到了巨大的促进作用。这一切为重商主义的产生奠定了物质基础。

（二）发展阶段

重商主义的发展经历了早期重商主义和晚期重商主义两个阶段。

早期重商主义产生于15世纪至16世纪中叶，以货币差额论为中心（即重金主义），强调少买。该时期代表人物为英国的威廉・斯塔福（W. Stafford，1554—1612）。早期重商主义者主张采取行政手段，禁止货币输出，反对商品输入，以贮藏尽量多的货币。一些国家还要求外国人来本国进行交易时，将其销售货物的全部款项用于购买本国货物或在本国花费掉。

16世纪下半叶到17世纪是重商主义的第二阶段，即晚期重商主义，其中心思想是贸易差额论，强调多卖，代表人物为托马斯・孟（Thomas Mun，1571—1641）。他认为对外贸易必须做到商品的输出总值大于输入总值（即卖给外国人的商品总值应大于购买他们商品的总值），以增加货币流入量。16世纪下半叶，西欧各国力图通过实施奖励出口、限制进口，即奖出限入的政策措施，保证对外贸易出超，以达到金银流入的目的。

早、晚期重商主义的差别反映了商业资本不同历史阶段的不同要求。重商主义促进了商品货币关系和资本主义工场手工业的发展，为资本主义生产方式的成长与确立创造了必要的条件。重商主义政策及理论在历史上曾促进过资本的原始积累，推动过资本主义产生方式的建立与发展。

（三）主要观点和经济思想

重商主义认为贵金属（货币）是衡量财富的唯一标准。一切经济活动的目的就是获取金银。除了开采金银矿以外，对外贸易是货币财富的真正来源。因此，要使国家变得富强，就应尽量使出口大于进口，只有贸易出超才会带来贵金属的净流入。一国拥有的贵金属越多，就会越富有、越强大。因此，政府应该竭力鼓励出口，不应主张甚至限制商品（尤其是奢侈品）进口。

由于不可能所有贸易参与国同时出超，而且任一时点上的金银总量是固定的，因此一国的获利总是基于其他国家的损失，即国际贸易是一种“零和博弈”。

（四）重商主义的局限性

1）重商主义政策及理论仅在某些情况下站得住脚，并非在一般意义上能站得住脚。

2）重商主义把国际贸易看作一种零和博弈的观点显然是错误的。

3）重商主义把货币与真实财富等同起来也是错误的。正是基于这样一种错误的认识，重商主义才轻率地把高水平的货币积累与供给等同于经济繁荣，并把贸易顺差与金银等贵金属的流入作为其唯一的政策目标。

二、幼稚产业保护理论

19世纪资本主义自由竞争时期，工业革命在英、法等国得到深入发展。而起步较晚的德国、美国等国家为了减少进口，保护本国成长中的资本主义工业，先后推行了贸易保护政策。

在贸易保护理论方面，李斯特的幼稚产业保护理论具有代表性。李斯特（Friedrich List，1789—1846）是德国经济学家，他在1841年出版的《政治经济学的国民体系》一书中，系统地提出了幼稚产业保护学说。

（一）主要观点

李斯特指责古典自由贸易理论忽视了经济发展的民族特点，反对不加区别的自由竞争，主张在一定条件下的保护制度（历史发展阶段论），国际贸易的自由或限制对国家富强有利有弊，应根据具体的历史情况而采取不同的对外贸易政策，不应笼统地谈论自由贸易与保护贸易孰优孰劣，应结合具体的国情认真分析。

1. 生产力论

李斯特强调发展生产力，认为“比较成本说”不利于德国生产力的发展，他指出“财富的生产力比之财富本身，不晓得要重要多少倍”。他强调一国采取什么样的对外贸易政策，应首先着眼于生产力的发展，而不能局限于目前从贸易中获得了多少利益。

2. 经济发展阶段论

李斯特认为，各国经济发展一般要经历五个时期，即原始未开化时期、畜牧时期、农业时期、农工业时期、农工商时期。各国在不同的经济发展阶段，应采取适合本国经济特点的对外贸易政策。处于农业阶段的国家应实行自由贸易政策，以利于农产品的自由输出，以便促进本国农业的发展，培育本国工业化的基础。处于农工业阶段的国家，由于本国的工业刚刚起步，为避免国外竞争对本国工业造成猛烈冲击，必须坚决实行贸易保护政策。一旦进入经济发展的最后一个阶段，即农工商时期，足以同先进国家进行商品竞争时，贸易保护政策就应取消。

3. 主张国家干预经济

李斯特指出，要想发展生产力，必须借助国家力量，而不能听任经济自发地实现转变和增长。他承认当时英国工商业的发展，但认为英国工商业的发展也是当初政府的扶植政策造成的。德国正处于类似英国发展初期的状况，应实行在国家干预下的贸易保护政策。

（二）政策主张

1）保护的对象：主要是那些对国家经济有重要意义的并且具有潜在发展优势的幼稚工业。

2）保护的手段：通过禁止输入与征收高关税来保护幼稚工业，以免税或征收轻微进口税的方式鼓励复杂机器的进口。

3）保护的程度：对不同的行业给予不同程度的保护。对于国内急需发展的产品，可用高税率禁止或大量限制同类产品的进口，而对于那些比较贵重和精细的、国内生产又比较困难的和比较易于引起走私的物品，税率应适当调低一些。

4）保护的期限：保护时间也不宜太长，最长为30年。

（三）理论拓展

李斯特幼稚产业保护理论的拓展，主要体现在后续学者对其幼稚产业的选择标准上，包括穆勒-巴斯塔布尔-肯普标准和小岛清标准。

1. 穆勒-巴斯塔布尔-肯普标准

穆勒：受保护的国内产业在保护结束后必须具有成本优势，成为本国的比较优势产业。

巴斯塔布尔：受保护的产业除了在一定时期后能够成长自立，其将来所能产生的利益必须超过现有因实行保护而遭受的损失。

肯普：只有先行产业在被保护期间所获得的学习经验具有外部经济效应，保护才是正当的。

2. 小岛清标准

所保护的幼稚产业，要有利于对潜在资源的利用，要创造出利用潜在资源的国内外市场，从而带动经济增长。

对幼稚产业的保护要有利于国民经济的动态变化。一国的要素禀赋比率是动态的、变化的。如果资本积累率超过劳动力增加率，资本与劳动的比率就会转变。如果资本密集型产业是幼稚产业，那对资本密集型产业的保护就有利于国民结构的动态转变。保护幼稚产业，要有利于要素利用率的提高。

如果一种幼稚产业经过保护后，能迅速实现技术进步，使单位产品对要素的利用率大大提高，或者获得显著的规模经济优势，从而在既定的资源下维持其产量的增长，该产业就能实现自给甚至出口。

（四）理论评价

1. 积极意义

1）其贸易保护理论发展了重商主义的贸易保护理论，以经济发展阶段论和生产力论为基础，充分论证了落后国家实行贸易保护的必要性、阶段性、动态性，并提出了具体的政策建议，从而建立了贸易保护的完整体系，确立了贸易保护理论在国际贸易理论中的牢固地位。

2）其贸易保护理论反映了经济发展水平落后的国家独立自主地发展民族工业的正当要求和愿望。

3）在保护政策的扶植下，经过1843年、1846年两次提高关税，德国经济确实在短期内有了迅速的发展，终于赶上了英国、法国等。同时，该理论也给当今发展中国家在不合理的国际经济秩序中发展自己提供了有益的借鉴。

2. 主要缺陷

1）李斯特把政治经济学归结为国家经济学，过分强调国家对经济发展的决定性作用。

2）李斯特的生产力论可谓泛生产力论，包括政体、公共管理、自由程度、政治保障和法律的稳定性等各种社会制度，将可供利用的物质资源以及劳动力的素质和科学技术水平都放进生产力的定义中去。

3）李斯特的经济发展阶段论是按一定部门在经济发展中的地位和作用来划分的，把社会历史的发展归结为国民经济部门的变迁，而撇开了生产关系这个根本因素。

三、超保护贸易理论

约翰·梅纳德·凯恩斯（John M. Keyens，1883—1946）是 20 世纪英国最著名的经济学家，他是凯恩斯主义的创始人，也是超保护贸易理论（Super-protective Theory）的代表人物。

凯恩斯是颇具实干家才能的经济学家，他早年在皇家学院当过教员，任过财务主管，并历任过英国内阁财政经济顾问委员会主席。1944 年他率领英国代表团参加了在美国布雷顿森林城召开的国际货币金融会议。

其著作甚丰，其中影响最大的著作是 1936 年出版的《就业、利息和货币通论》。该著作用总量分析法分析了资本主义经济发展状况，主张以国家干预代替自由竞争，阐述了凯恩斯主义经济思想。凯恩斯主义的主要内容是就业理论，其核心是有效需求学说，而他的国际贸易理论就是从该学说中引申出来的。

（一）产生背景

在 1929—1933 年的经济大危机以前，凯恩斯是一个自由贸易论者，当时，他否认贸易保护政策有利于国内的经济繁荣与就业。科学技术的进步促进了国际分工和世界市场的迅速发展，垄断资本已远远不满足于在国内市场上的发展，迫切需要进行经济扩张。尤其是 20 世纪 30 年代的经济大危机，使资本主义国家陷入长期萧条中，市场问题非常尖锐，国外市场的争夺日益激烈。面对这一局面，资本主义国家过去所实行的自由放任政策显得无能为力。

1929—1933 年的经济大危机使得凯恩斯改变了立场，他开始批评自由贸易理论，主张政府直接干预经济。资本主义国家开始运用政权力量直接干预对外经济活动，力求通过人为措施，扩大出口、限制进口。这些政策和举措缓和了国内危机，保护了本国在国外市场上的竞争能力，凯恩斯主义受到推崇。

（二）基本内容

凯恩斯认为自由贸易理论“充分就业”的前提已不存在，指导经济发展需要一种新的贸易对策。他认为总收入取决于总就业量，总就业量取决于有效需求（社会商品的总需求价格和总供给价格相等时的社会总需求），危机和失业是有效需求不足引起的。解决失业问题的最好办法是国家积极干预经济生活，制定一系列的政策来刺激有效需求，只要社会能提供足以保证充分就业水平的有效需求量，危机就可以避免，失业问题也就迎刃而解。

凯恩斯批评“国际收支自动调节说”，认为传统理论忽略了在调节过程中对一国国民收入和就业问题所造成的影响；认为重商主义主张追求贸易顺差就是其最高智慧的结晶；主张政府干预对外贸易，奖出限入，实行超保护贸易政策；主张采取各种手段和保护措施，减少进口、扩大出口，造成对外贸易顺差，促进国内经济发展。

（三）理论拓展

1. 就业理论

一国的就业水平是由有效需求决定的，要实现充分就业就必须从增加有效需求这方面着手。为保护国内就业，国家应对对外贸易进行干预，采用财政政策，增加公共投资和政府开支，保持贸易顺差，以促进就业和产出的增加。

2. 乘数理论

增加一笔投资所引起的收入增加量，并不限于增加的投资量。只要社会存在闲置的生产资料和失业的劳动者，投资变动就会使收入和产出的变动产生乘数效应。对外贸易乘数理论认为一国的出口和进口波动会对国民收入产生倍数效应。凯恩斯认为，对外贸易乘数一般取决于边际消费倾向。

（四）理论应用

1）国家干预对外贸易，重新实施重商主义的各项措施。

2）运用政府对财政与货币两大部门的宏观控制，进一步有效地推行贸易保护政策。

3）在进口方面，用提高海关税率、增加课税种类、设置各项非关税壁垒等保护措施，禁止或限制外国货物进口。

4）在出口方面，采用退税、补贴、低息贷款、出口担保等刺激手段予以鼓励和支持。

正是在凯恩斯贸易理论的影响下，美国在第二次世界大战后的国际贸易中长期处于顺差地位，从中获取了巨大的利益。

（五）理论评价

1. 积极意义

1）以凯恩斯革命为标志的西方宏观经济学理论，把国际贸易作为影响整个经济运行的一个重要因素，认为其既影响总供给水平，又影响总需求水平，是决定宏观经济均衡的一个不可忽视的变量，利用对外贸易可以促进国内经济发展进入良性循环。尤其是对外贸易乘数理论，在一定程度上反映了对外贸易与国民经济发展之间的内在规律性。

2）该理论主要是从政策入手，认为实行超保护贸易政策的根本宗旨是保护国内先进的和发达的工业以增强其在国际市场上的垄断地位。

3）该理论与传统的贸易保护理论是有区别的，其中最本质的区别是保护对象的不同。传统的贸易保护政策的保护对象是国内幼稚产业，而超保护贸易理论更多地保护高度发展的资本主义工业，保护其在国际竞争中的垄断地位，从而维护资产阶级利益。

2. 主要缺陷

1）由于它产生于20世纪30年代这一资本主义经济大危机和大萧条的特定环境中，只注重有效需求而忽视解决供给方面的重要性，因此它只停留在强调刺激需求以缓和资本主义生产过剩的经济危机上。

2）各个国家从本国利益出发实行贸易保护政策，而一国的限制进口必然会遭到其他国家的报复，各国之间的相互限制进口及互相报复的贸易战，会使各个国家都无法扩大出口，进而使世界贸易量减少或停滞不前，对各个国家都有害无益。

3）该理论是为发达国家转嫁经济危机服务的，因而会使发展中国家的贸易条件恶化。

四、“中心-外围”理论

劳尔·普雷维什（Raúl Prebisch，1901—1986）是阿根廷经济学家，曾任联合国贸易和发展会议秘书长。

为了实现民族经济的独立，发展中国家渴望脱离旧的国际经济秩序，尤其是旧的国际分工和贸易体系，代表发展中国家民族经济利益的经济学家普雷维什和“法国学派”的代表人物萨米尔·阿明（Samir Amin，1931—2018）等，以不平等交换理论为基础，从不同角度提出并论证了“中心-外围”结构的存在，批判传统自由贸易理论会使发展中国家通过自由贸易表现出来的相对优势和加速经济发展之间存在冲突，并会使发展中国家的贸易条件恶化。

（一）主要内容

第一，普雷维什将世界经济体系划分为中心国家和外围国家两大类。

中心国家：由以西方七国集团为代表的高度工业化的少数发达国家组成，它们能够独立自主地发展本国的经济，出口工业品或高附加值产品而进口原材料或初级产品，是绝大多数技术知识的创造者和传播者，因此能够占有几乎全部利益。

外围国家：由发达国家之外的绝大多数发展中国家组成，它们在经济和技术发展上依附于发达国家，难以获得技术进步带来的利益，因为技术进步压低了其主要出口商品——初级产品的价格，导致其与中心国家之间进行着不平等的经济贸易往来。

第二，由于外围的发展中国家与中心的发达国家技术结构不同、技术水平差距过大、技术利益分配不均，如果按传统贸易理论进行自由贸易，就没有互利性。

普雷维什考察了1876—1938年英国进出口产品的平均价格指数，得出中心国家的贸易条件日益改善，而外围国家的贸易条件在以下三方面因素的综合作用下日益恶化：

1）技术进步引致利益分配不均。

2）进口的制成品市场结构具有垄断性，需求收入弹性较大。

3）中心国家的周期性经济危机对它们出口初级产品的需求极不稳定。

第三，外围的发展中国家应通过实行工业化和独立自主地发展自己的民族经济来彻底摆脱不合理的国际分工体系，打破旧的国际经济秩序。

采取贸易保护政策，通过关税、非关税及外汇管制等手段限制进口以减少外汇支出，削弱外国商品的出口能力和竞争能力，扩大国内工业产品的国内需求，从而保证外围国家工业化的顺利实施。

工业化的实现并非一蹴而就，应分阶段发展，即通过发展出口替代工业、建立和发展国内进口替代工业及建立和发展制成品的出口替代工业这三步，逐步产生独立的、体系完整合理的国民经济。

（二）理论评价

1. 积极意义

“中心-外围”理论的提出是以发展中国家的利益为基础的，对当代国际分工体系和国际贸易体系中存在的发达国家控制和剥削发展中国家的实质进行了深刻的剖析，从理论和实践上揭示了发达国家与发展中国家之间的不平等交换关系，指责了发达国家自由贸易政策的虚伪性。

发展中国家贸易条件不断恶化的论点得到了普遍的证实。其倡导发展中国家应实施贸易保护政策和走工业化道路的主张与政策建议，对经济落后的广大发展中国家有积极的指导意义。在进口替代战略下，拉丁美洲国家一直是发展中国家经济发展的模范，其经济一直保持较高的增长速度。

2. 主要缺陷

"中心-外围"理论从发达国家工会组织对产品价格的影响、技术进步利益分配不均及需求收入弹性对收入转移的分析等方面出发来解释发展中国家贸易条件日趋恶化的原因，这就使它具有理论上的局限性。实际上，发达国家长期以来对本国初级产品实行贸易保护政策也是发展中国家初级产品贸易条件逐渐恶化的主要原因之一。

并未对以比较优势理论为核心的传统自由贸易理论造成发达国家与发展中国家贸易利益分配不均的原因做出根本性的揭示，使得该理论在分析上存在不全面性。

五、战略贸易政策

现实世界对自由贸易理论前提的背离和经济学家对国际贸易实践的反思，催生了建立在规模收益递增和不完全竞争基础上的新贸易理论，它改变了国际经济学家的思维方式。

加拿大不列颠哥伦比亚大学的教授布兰德（J. A. Brander）及其美国合作者斯宾塞（B. J. Spencer）根据产业组织理论和博弈论的研究成果，创造性地探讨了规模经济及不完全竞争条件下政府的补贴政策对出口生产和贸易的影响，提出了战略贸易政策的构想。保罗·克鲁格曼（Paul R. Krugman）用航空业（欧洲空中客车公司和美国波音公司）的例子对此进行了实证分析。

（一）前提条件

1）规模经济。贸易的基础不再主要是资源禀赋、技术等方面的差异，规模经济已经成为国际贸易的重要基础。

2）不完全竞争。在国际市场上，自由竞争的理想状态并不存在，企业垄断和政府干预使得市场竞争不完全。

3）其他。接受补贴的产业确实能在一个较长的时期内保持自己的垄断优势；被保护的目标市场存在新厂商进入障碍；产品市场需求旺盛，能够保证企业的规模收益递增；政府掌握齐全且可靠的信息并对实行补贴可能带来的利润做到心中有数；不会招致别国政府采取相应的报复措施。

（二）主要内容

一国政府在不完全竞争和规模经济条件下，可以凭借生产补贴、出口补贴或保护国内市场等政策手段，扶持本国战略性工业的成长，增强其在国际市场上的竞争能力，从而谋取规模经济之类的额外收益，并借机劫掠他国市场份额和工业利润。实施这一贸易政策的国家非但无损于其经济福利，反而有可能提高自身的福利水平。

（三）战略贸易政策的特点

1. 政府大力支持战略产业的发展

技术、知识密集型产业，如计算机和信息产业等，产业关联极强，外部经济效益明显，一旦成为主导产业，就能对社会经济发展起到巨大的推动作用。

2. 政府协助企业争夺出口市场

在不完全竞争的条件下，政府对本国出口企业的鼓励，能够增强企业的国际竞争优势，扩大市场份额，获得规模经济效益和更多的出口利润。

3. 政府限制进口以培育本国进口竞争产业的竞争能力

由于垄断和规模经济的存在，贸易保护可以促使本国的进口竞争产业成为出口产业。

（四）战略贸易政策的种类

1. 战略进口政策

该政策是当外国出口寡头垄断厂商和本国厂商在本国市场竞争的情况下，政府应采用进口关税政策以抽取外国垄断厂商的垄断租金以提高本国福利。其政策目的是抽取外国厂商利润令外国垄断厂商利润下降，进而提高本国福利、限制外国产品进口，其实质是新幼稚产业保护理论。

2. 战略出口政策

政府可以通过出口补贴或研发补贴本国厂商等政策工具达到把外国生产者的垄断利润转移到国内生产者手中，从而增加本国福利的目的。该政策的实质是实现国外厂商垄断利润向国内厂商的转移，容易引起对方的报复而陷入“囚徒困境”。为避免“囚徒困境”，最优的贸易政策是两国都征收出口税，从而形成一个利润最大化的卡特尔结构。

3. 保护进口市场、扩大出口市场政策

保罗·克鲁格曼认为，政府通过贸易保护，全部或局部地封闭本国市场，阻止国外产品进入本国市场，可使国外竞争者由于市场份额的缩小而增加边际成本，达不到规模经济；与此同时，使得本国原本处于追随地位的厂商快速扩大市场份额，达到规模经济而降低边际成本，从而增强进军国际市场的竞争力，达到“保护进口市场、扩大出口市场”的目的。

（五）战略贸易政策的评价

1. 积极意义

该政策是国际贸易新理论在国际贸易政策领域的反映和体现；试图设计出适宜于产业内贸易的干预政策，以改善受到扭曲的竞争环境，使市场运行处于次优境地；从方法论上看，广泛借鉴和运用了产业组织理论与博弈论的分析方法和研究成果。其现实作用与意义体现在以下几个方面：

1）战略贸易政策的成功实施是在那些具有成熟市场经济体制、干预有效的政府、国内产品市场需求旺盛的发达国家。

2）对发展中国家与发达国家之间的贸易以及对广大发展中国家之间的贸易也有借鉴意义。

3）发展中国家应该从中看到知识和技术对经济增长的重要作用，积极创造条件进行产业结构升级，建立大企业集团，充分利用规模经济效应，以新的姿态参与国际竞争和国际经济合作。

2. 主要缺陷

战略贸易政策的实现依赖于一系列严格的限制条件，往往成为贸易保护主义者加以曲解和滥用的口实，恶化全球贸易环境。缺乏有力的政策干预效应的统计分析、定量分析和实证研究。

行业观察

国产航空“利剑”C919开始量产

2021年3月1日，中国东方航空集团有限公司与中国商用飞机有限责任公司在上海正式签署了C919大型客机购机合同，这也是国产大飞机C919在全球的首个正式购机合同，东航将成为全球首家运营C919大型客机的航空公司。

我国在2008年11月正式启动C919的研制，计划2016年取得适航证并交付用户使用。为了突破国产大飞机的制造，根据统计，国内22个省份、200多家企业、36所高校、数十万产业人员参与了C919中型客机的研制。经过长达12年的努力，C919凝聚了数十万研发人员的心血。

我国拥有C919客机整机产权归属和研发整机的核心团队，整机研制的关键环节，从设计、计算、试验、制造都是由我们自己的研发团队完成的，还突破了反推装置设计、主动控制技术等102项关键技术，是我国航空科技的“智慧结晶”。在核心技术上坚持走自主研发的道路，国产大飞机从之前自主化10%，经过不断努力已达到60%以上，随着深入落实坚持自研、坚持走独立自主的路线，自主化会进一步提高。

操作示范

第二次世界大战后贸易自由化进程在20世纪70年代初被两次石油危机以及接踵而至的西方国家经济的深重危机强行打断，以美国为首的西方国家为了应付国际收支严重失衡的局面，寻求走出经济困境的“新”路子，开始摒弃自由贸易政策，重新抬起贸易保护主义，新贸易保护主义正是在这样的背景下产生的。

实训演练

案例分析：温室里的花朵。

韩国农产品生产力低，缺乏国际竞争力，又要在国内市场上维持高价，其必然的结果就是对外实行严格的农产品贸易保护。韩国曾在农产品贸易上实行许可制和高关税制：只有当国内农产品不能满足需要时，农业部才发放进口许可证；而在韩国的进口农产品中，100%以上高关税的农产品多达142个。以韩国的主要农产品——水稻为例，韩国对水稻进口实行国家垄断，通过严格限制（几乎是禁止）水稻进口来维持国内的零售高价。同在亚洲，韩国大米的价格是泰国大米的5～6倍，如果完全开放市场，韩国水稻生产将面临破产。

当然，在经济全球化进程中，韩国也不得不逐步开放市场。韩国1995年大米进口总量仅相当于国内消费量的1%，到2004年增加到4%。目前，韩国对大麦、小麦、大豆、玉米的进口已基本上放开，因而相应的国内生产大幅度减少。1999年韩国的大麦、大豆、玉米的播种面积分别比1975年减少了90%、68%和38%，小麦则基本上停止了生产。

由于农业在韩国处于相对弱势的地位，韩国农民不断采取激烈的措施反对农产品市场的对外开放。在国内，农民组织游行示威，冲击政府和政党机构，反对开放农产品市场。在国外，最近几年在中国香港、墨西哥等全球化会议上，韩国农民向国际社会陈情，要求维持农产品贸易壁垒，甚至采取过包括自杀在内的极端方式。此外，韩国农民还宣扬“身土不二”的理念，其寓意就是劝诫韩国人不吃外国米、不吃外国水果、不吃外国肉等，以抵制外国农产品。

除了实行严格的贸易保护，韩国政府还通过各种途径对农业实施补贴。早在1971年启动新村运动时，韩国政府就首先拨款20亿美元主要用于修建农村用水、供电系统和交通通信设施。在1970年至1980年的10年间，韩国政府财政累计向新村运动投入2.8万亿韩元，相当于财政支出的1%。而在1979年至1982年，韩国政府收购稻米的价格平均每年提高19.1%。1982—1984年，政府每购买80千克稻米所补贴的钱由9 064韩元增至19 652韩元。

思考：

1. 为什么韩国对农业实施补贴？试用学过的理论来解释。

2. 以小组为单位，搜集有关资料，运用幼稚产业保护理论，以PPT的形式分析我国汽车产业的保护及发展状况。

单元四　新国际贸易理论

任务导入

三次国际产业转移

第二次世界大战后发生了三次国际产业转移：第一次发生在20世纪五六十年代，第三次科技革命的爆发，使得美国对其国内产业结构进行了深度调整，将钢铁、纺织的传统产业转移到日本和德国；第二次发生在20世纪七八十年代，日本经济快速发展，产业结构不断升级，推动了东亚地区的产业转移，引领了东亚地区的“雁阵飞翔”，催生了亚洲“四小龙”的经济发展奇迹；第三次发生在20世纪90年代至今，美、日、德等国大力发展新材料、新能源等高新技术产业，进一步把劳动、资本密集型产业和部分低附加值的技术密集型产业转移到海外。亚洲新兴经济体承接了美、日、德等国转移出来的重化工业和微电子等高科技产业，并把部分失去比较优势的劳动密集型产业和一部分资本、技术密集型产业转移到中国和东南亚国家，带动了这些国家经济发展和产业结构的升级，促进了其工业化进程。

任务：

这三次国际产业转移符合哪种贸易理论的阐述范畴？

基本知识

除了按照目的划分的自由贸易和保护贸易理论之外，经济学家根据现实，对不断出现的新的贸易情况如发达经济体之间的相互大规模贸易进行解释，促使贸易理论不断丰富，较为典型的如产品生命周期理论、技术差距理论、需求相似理论、规模经济理论等。但随着经济全球化的深入发展、国际分工的不断细化，产品内分工成为主流，相应地出现了新新贸易理论。

一、产品生命周期理论

产品生命周期理论是美国哈佛大学教授雷蒙德·弗农（Raymond Vernon）1966年在其《产品周期中的国际投资与国际贸易》一文中首次提出的。

产品生命周期（Product Life Cycle，PLC）是指产品的市场寿命，即一种新产品从开始进入市场到被市场淘汰的整个过程。弗农认为，产品生命是指市场上的营销生命，产品和人的生命一样，要经历引入、成长、成熟、衰退这样的周期。就产品而言，也就是要经历引入→成长→成熟→衰退的周期。而这个周期在不同的技术水平的国家，发生的时间和过程是不一样的，其间存在较大的差距和时差，正是这一时差，表现为不同国家在技术上的差距，反映了同一产品在不同国家市场上竞争地位的差异，从而决定了国际贸易和国际投资的变化。

（一）引入期

引入期是指产品从设计投产直到投入市场进入测试的阶段。新产品投入市场，便进入了引入期。此时产品品种少，顾客对产品还不了解，除少数追求新奇的顾客外，几乎无人实际购买该产品。生产者为了扩大销路，不得不投入大量的促销费用，对产品进行宣传推广。该阶段由于生产技术方面的限制，产品生产批量少，制造成本高，广告费用大，产品销售价格偏高，销售量极为有限，企业通常不能获利，反而可能亏损。

（二）成长期

当产品销售初步取得成功之后，便进入成长期。成长期是指产品试销效果良好，购买者逐渐接受该产品，产品在市场上站住脚并且打开了销路。这是需求增长的阶段，需求量和销售额迅速上升，生产成本大幅度下降，利润迅速增长。与此同时，竞争者看到有利可图，纷纷进入市场参与竞争，从而使同类产品供给量增加，价格随之下降，企业利润增长速度逐步减慢，最后达到生命周期利润的最高点。

（三）成熟期

成熟期是指产品大批量生产并稳定地进入市场销售的阶段。经过成长期之后，随着购买产品的人数增多，市场需求趋于饱和。此时，产品普及并日趋标准化，成本低而产量大。销售增长速度缓慢直至转而下降，加之竞争加剧，导致同类产品生产企业不得不在产品质量、花色、规格、包装、服务等方面加大投入，这在一定程度上增加了成本。

（四）衰退期

衰退期是指产品进入淘汰阶段。随着科技的发展以及大众消费习惯的改变，产品的销售量和利润持续下降，产品在市场上已经老化，无法适应市场需求，市场上已经有其他性能更好、价格更低的新产品，足以满足消费者的需求。此时，成本较高的企业就会因无利可图而陆续停止生产，该类产品的生命周期也就陆续结束，以致最后完全撤出市场。

产品生命周期是一个很重要的概念，它和企业制定产品策略以及营销策略有着直接的联系。管理者要想使其产品有一个较长的销售周期，以便赚取足够的利润来补偿在推出该产品时所做的一切努力和经受的一切风险，就必须认真研究和运用产品生命周期理论。此外，产品生命周期理论也是营销人员用来描述产品和市场运作方法的有力工具。但是，在开发市场营销战略的过程中，产品生命周期理论却显得有点力不从心，因为战略既是产品生命周期的原因又是其结果，产品现状可以使人想到最好的营销战略。此外，在预测产品性能时产品生命周期的运用也会受到限制。

二、技术差距理论

技术差距理论产生于1961年，代表人物为美国学者迈克尔·波斯纳（Michael V. Posner）。他在《国际贸易与技术变化》一文中，提出了国际贸易的技术差距模型。该理论认为，技术实际上是一种生产要素，虽然实际的科技水平一直在提高，但是各个国家的科技发展水平不一样，这种技术上的差距可以使技术领先的国家具有技术上的比较优势，从而出口技术密集型产品。随着技术被进口国模仿，这种比较优势会逐渐消失，由此引起的贸易也就结束了。

技术差距理论认为，工业化国家之间的工业品贸易，有很大一部分实际上是以技术差距的存在为基础进行的。通过引入“模仿时滞”（Imitation Lag）的概念来解释国家之间发生贸易的可能性。在创新国（Innovation Country）和模仿国（Imitation Country）的两国模型中，创新国的一种新产品取得成功后，在模仿国掌握这种技术之前，具有技术领先优势，可以向模仿国出口这种技术领先的产品。随着专利权的转让、技术合作、对外投资或国际贸易的发展，创新国的领先技术流传到国外，模仿国开始利用自己的低劳动成本优势，自行生产这种商品并减少进口。创新国逐渐失去该产品的出口市场，因技术差距而产生的国际贸易量逐渐缩小，原本领先的技术最终被模仿国掌握，技术差距消失，以技术差距为基础的贸易也随之消失。

该理论的意义体现在以下几个方面：

1）由于技术成果本身是获得巨额利润的源泉，因此在完成某项技术创新以后，技术创新国必然采取技术垄断和技术封锁等多种措施，先充分地享受该项技术创新的创利效益，直到该项技术创新从某种意义上说来已经成为一种相对成熟的技术以后，技术创新国才有可能愿意考虑该项技术成果的转让问题。

2）技术成果本身同时是耗费巨大的现实资源投入（包括人力、物力和财力）的产物，并且技术创新投资从本质意义上看是一种高风险投资。因此，在国际进行技术转让的过程中，技术成果作为一种特殊的商品，也体现着使用价值与价值的统一。其使用价值表现为该项技术成果创造利润的能力，其价值表现为研究完成该项技术成果的过程中的全部投入和所承担风险的价值总和，以及该项技术的创利能力。因此，技术成果的价格既要包括研制过程中的全部现实投入和风险投资及其回报，又要包括该项技术成果转让后在剩余的使用年限内继续为其所有者创造利润的一定比例。所以，以“专利转让费”或“生产特许权转让费”的形式出现的技术成果的转让价格一般相当昂贵。这就从需求的方面制约着技术成果的迅速转让。

3）与上述两方面因素相联系，非技术创新国也可能通过自身的研究与开发取得某项技术成果，实现变相的技术转移。但极有可能受到该国自身的诸多制度性内生变量的制约，遇到多方面的困难和障碍，使其在短期内难以实现掌握某项技术成果并将之用于现实生产的目的。

三、需求相似理论

需求相似理论（Theory of Demand Similarity）又称偏好相似理论（Preference Similarity Theory）或重叠需求理论（Overlapping Demand Theory），是瑞典经济学家斯戴芬·伯伦斯坦·林德（Staffan B. Linder）于1961年在其论文《论贸易和转变》中提出的。

该理论认为，两国之间的需求结构越接近，两国进行贸易的基础就越雄厚。当两国的人均收入水平越接近时，重叠需求的范围就越大，两国重复需要的商品就都有可能成为贸易品。如果两国的国民收入不断提高，则由于收入水平的提高，新的重复需要的商品便不断地出现，贸易也将相应地不断扩大，贸易中的新品种就会不断地出现。因此，收入水平越接近的国家，互相间的贸易关系就可能越密切；反之，如果收入水平相差悬殊，则两国之间重复需要的商品就可能很少，贸易的密切程度也就很小。

国家间国内需求的构成和层次上的差异对国际贸易格局有着重要影响。林德认为国内需求的动态对一国的贸易结构而言是十分重要的；如果该行业具有动态或外在规模经济特征，那么该行业厂商会获得长期的竞争优势。国内消费者之间的竞争与效仿为国内供应厂商提供了刺激创新的丰富土壤。

但是，现实经济是一个复杂的系统，各国收入水平不一定能真实反映需求偏好，决定需求偏好的因素多种多样；即使贸易伙伴国具有相同的收入水平和需求偏好，在开放市场的经济条件下，由于要素、技术禀赋和生产工艺不同而导致的商品与服务的相对价格差异，以及政府对贸易的管制和区域贸易协定，都会导致贸易结构偏离需求相似理论。

四、规模经济理论

规模经济理论由著名的经济学家克鲁格曼提出，其论点为：规模报酬递增也是国际贸易的基础，当某一产品的生产发生规模报酬递增时，随着生产规模的扩大，单位产品成本因递减而取得成本优势，进而导致专业化生产并出口这一产品。

（一）规模经济的主要类型

1. 内部规模经济

内部规模经济是指一经济实体在规模变化时由自己内部所引起的收益增加。这种规模经济是从设备、生产线及工艺过程等角度提出的。

2. 外部规模经济

外部规模经济是指整个行业（生产部门）规模变化而使个别经济实体的收益增加。其经济效益主要来自行业规模扩大后，相关行业厂商的聚集或产业的扩大导致的中间专业供货商的出现、技术劳工的汇集及专业知识与技术的扩散，从而降低了整个行业内各企业的生产成本，使之获得相应收益。

（二）规模经济贸易理论对国际贸易的作用

1. 解释了当代国际贸易越来越普遍的产业内贸易现象

自 20 世纪 60 年代以来，约一半甚至更多的国际贸易属于发达国家间的产业内贸易或水平贸易，发达国家与发展中国家间、产业间贸易或垂直贸易的比重在下降，用规模经济贸易学说可以很好地解释这一现象。

通过国际贸易，厂商可以面对更为广阔的市场，生产规模可以扩大，规模经济使扩大生产规模后的厂商的生产成本、产品价格下降，生产相同产品而规模不变的其他国内厂商就会被淘汰。因此，在存在规模经济的某一产业部门内，各国将致力于该产业部门的某些差异产品的发展，再相互交换（即开展产业内贸易）以满足彼此的多样化需要。国家间的要素禀赋越相似，就越可能生产更多相同类型的产品，它们之间的产业内贸易量就越大。正是有了越来越多的产业内贸易现象，规模经济因素在国际贸易中的作用越来越重要。

2. 解释了当代国际贸易格局形成的根本原因

传统贸易理论认为，两国相对要素禀赋的差异决定了两国相对要素报酬的差异，这又直接导致了两国相对商品价格的差异，从而形成国际贸易，相对要素禀赋的差异是贸易形成的根本原因。如果两国不存在相对要素禀赋差异，两国间的贸易就不会发生。但从当代贸易的发展来看，发达工业化国家之间的贸易，特别是资本、技术密集型产品贸易，并不是以要素禀赋差异为基础的。

规模经济贸易学说可以解释国际贸易形成的另一个根本原因，只要有规模经济的因素存在，即使是两个技术水平和资源条件完全相同的国家，也同样可以发生专业化分工和贸易。规模经济的存在，使得两国相对商品价格的差异不能由要素价格差异直接得出。在其他条件相同的情况下，两国规模经济的不同会导致生产成本的差异，进而影响商品的价格。商品相对价格差异的决定机制是：相对要素禀赋差异决定了相对要素价格差异，相对要素价格差异和国家间的规模经济差异（具体来说是产出水平的差异）共同决定了商品相对价格差异。所以，相对要素禀赋差异与相对要素价格差异是等价的，但两者与相对商品价格差异不再是等价的。相对要素禀赋差异与国家间规模经济差异的共同作用才是贸易形成的根本原因。也可以这样说，即使两国间没有要素禀赋差异，由于规模经济的不同也会出现贸易。这就解释了传统贸易理论面临的发达国家间存在大量贸易这一难题。

一国一旦以获取规模经济为目的开始在一个行业进行大规模生产，哪怕启动之初的规模优势很微弱，这种优势也会随着生产扩张而滚雪球式地增大，最终达到专业化生产和相互贸易。许多贸易（尤其是资源、技术相似的国家之间的贸易）就是这种以规模经济为基础的专业化分工的产物，而不是以比较利益为依据的专业化分工的结果。例如：飞机制造业的最低限度的规模经济是很大的。据估算，美国波音公司在销售1架777喷气式飞机前须投资30亿美元，销售300架才能拉平成本与收益，这样高昂的固定成本需要巨大的规模经济，而世界需求或世界市场容量只能支持三家这样的寡头垄断公司。可见，世界市场只能容纳下屈指可数的达到有效规模的生产厂家，由此而形成的少数几个厂家便能完全满足世界市场的需要，为了使这些厂家为世界市场服务，国际贸易势在必行。

五、新新贸易理论

新新贸易理论是有关异质性企业模型（Heterogeneity of New Trade Theory）和企业内生边界模型（Endogenous Boundary Model）的理论，该理论将国际贸易的研究范畴从传统贸易理论研究的产业间贸易转变为同一产业内部有差异的企业在国际贸易中所做的选择。新新贸易理论更多是从企业的层面来解释国际贸易和国际投资现象。以梅里兹模型为核心的新新贸易理论开启了国际贸易研究的新领域，其贡献主要表现在以下方面：

1）新新贸易理论是对传统贸易理论的补充，尤其是对新贸易理论的补充；新新贸易理论在垄断竞争模型的基础上放松了企业同质的假定，从异质企业角度提出了贸易的新观点，从而在方法上取得了突破。

2）新新贸易理论确立了新的研究视角。传统贸易理论从国家和产业层面研究贸易的产生及其影响，而新新贸易理论是从企业这个微观层面来研究贸易的基本问题，使得国际贸易理论获得了新的微观基础和新的视角。

3）新新贸易理论有可能对其他经济学科，特别是空间经济学产生新影响。空间经济学的基础来自国际贸易理论。赫尔普曼和克鲁格曼的新贸易理论通过引入区位因素，从而产生了新经济地理理论，我们可以大胆预计，如果在新新贸易理论中引入空间因素，将会产生新新经济地理理论。

该理论具有以下意义：

1）落后的国家（地区）应积极参与国际、国内分工，提高对外开放水平，这有利于提高行业生产率水平，充分发挥优胜劣汰效应。因此，无论是中央政府，还是地方政府，推动出口导向和对外开放政策都非常重要，将有利于本国（地区）的经济发展。

2）新新贸易理论找到了一条提高生产率的新路径，在不提高单个企业生产率水平的情况下，一国仍然可以通过贸易和开放来提高一个产业甚至全国的生产率水平。

但是，新新贸易理论也表明，自由贸易可能给落后地区造成负面冲击和影响：

1）市场开放可能对落后地区某些产业的发展产生不利影响。例如：一些技术含量高但对地区未来经济发展却颇为关键的产业，可能由于外部高效率企业的进入而衰退，因此在引进外部企业的同时，应考虑这些企业对本地区相关产业的带动效应。

2）自由贸易导致了资源的重新配置，使利润和市场份额向高生产率企业转移，这可能导致资源过度垄断而造成整体市场效率的降低。

3）如果贸易仅发生在部分地区，这可能会拉大地区间的差距，固化地区分工。例如：我国的沿海地区和内陆地区，受区位等因素的影响，沿海地区企业更容易获得国际贸易带来的好处，而内陆地区企业则更倾向于满足国内市场，这也是地区差距形成的重要原因。

行业观察

中国高铁如今已能出海披荆斩棘，成为一张闪闪发光的中国名片

2020年11月28日，一根50米长的钢轨被缓缓吊上油轮。中远海运特运大富轮装载着中国高铁“整体出口”的第一单——印度尼西亚雅万高铁出海的第一批钢轨，从广西防城港启航。雅万高铁项目是中国高铁全系统、全要素、全生产链走出国门的“第一单”，也是“一带一路”倡议的标志性工程和印度尼西亚国家战略项目，预计2021年建成。2020年11月24日，印度尼西亚雅万高铁1号隧道顺利贯通，比既定计划提前了40天，这标志着雅万高铁建设取得了又一重大阶段性进展。

操作示范

前文所述的比较优势理论和要素禀赋学说无法解释为什么曾经给一个国家带来极大福利的优势产业在若干年后会向外转移，并最终失去这种优势。产品生命周期理论可以比较完美地解释国际产业转移的原因。在不同技术水平的国家，产品生命周期发生的时间和过程是不一样的，其间存在较大的差距和时差，正是这一时差，表现为不同国家在技术上的差距，它反映了同一产品在不同国家市场上的竞争地位的差异，从而决定了国际贸易和国际投资的变化，以及国际产业转移的形成。

实训演练

20世纪70年代，许多运动鞋的生产从美国转移到韩国；90年代，又从韩国转移到中国。请按小组搜集资料，并以PPT的形式解释这种变化。

拓展阅读

国际贸易理论的发展及新趋向

一、国际贸易理论发展的背景

第二次世界大战以后，随着科学技术的进步和国际分工的日益深化，国际贸易发展迅猛。然而，与经典贸易模型所预测的不同，第二次世界大战后的贸易模式并没有完全遵循传统国际贸易理论。首先发现这一问题的是美籍学者瓦西里·里昂惕夫。他运用经验资料对模型进行检验，结果发现美国的贸易有悖于H-O理论。这就是著名的“里昂惕夫之谜”。“里昂惕夫之谜”的出现构成了对传统国际贸易理论的挑战，也促使第二次世界大战后一系列重要的国际贸易理论的诞生。包括新要素贸易理论、产品生命周期理论、产业内贸易理论等。这些理论针对第二次世界大战后国际贸易中出现的新现象寻求解释，促使战后国际贸易理论不断完善和发展。

当代国际贸易中相继出现的如下新现象构成对贸易理论的挑战：

1. 发达国家之间的水平贸易发展

按照传统的比较优势和要素禀赋理论，国际贸易更应该在不同发展水平的国家之间进行，即应该以垂直贸易为主。然而，第二次世界大战后，发达国家之间的水平贸易却占主导地位，而且这种主导地位仍没有显著改变。

2. 制造业内部贸易发展

由于制造业存在规模经济的特点，第二次世界大战后制造业内部的国际分工更加精细化，一些发达国家开始将制造业向发展中国家转移。因此，制造业内部贸易呈不断上升趋势。基于规模报酬不变的传统贸易理论无法解释同一产业内部贸易增长的现象。

3. 跨国公司内部贸易增长

伴随着经济全球化，制造业的国际分工正由垂直分工向水平分工乃至网络化分工转变。以跨国公司为主导、以产业链细分为特征的制造业国际转移成为新趋势，公司内贸易不断增长。偏重于从国家利益视角进行宏观研究的传统贸易理论难以很好地解释跨国公司内部贸易增长的现象。

4. 区域集团内部贸易发展

区域经济一体化经历了20世纪50年代至70年代初的第一次浪潮之后，在20世纪80年代中期重新高涨。全球贸易一半以上发生在各个区域集团内部。适用于全球范围自由贸易的古典贸易理论无法解释当今区域范围内贸易量增长的现象。

5. 加工贸易和软件外包等新的贸易方式出现

20世纪80年代，在产业内贸易发展的不断推动下，加工贸易成为国际贸易的主要形式之一。90年代中期以来，加工贸易升级的步伐明显加快；同时，全球外包和转包等垂直专业化现象成为一种全新的生产经营方式，产品内贸易进一步引起经济学家的关注，对整合和创新国际贸易理论研究提出新的要求。

为了解释上述国际贸易新现象，以基辛（D. B. Keesing）、凯南（P. B. Kenen）、格鲁伯（W. Gruber）、弗农（R. Vernon）为代表，提出了新要素贸易理论，扩展生产要素的范围，将人力资本、技术、信息等作为一种新的要素投入，考察资本和劳动以外要素的作用，进而建立和阐述各自的假说和理论，出现了所谓的熟练劳动理论、人力资本理论、技术差距理论，以及将比较优势动态化的产品生命周期理论。林德第一次从需求方面寻找贸易的原因，提出了需求相似理论，指出收入水平是影响需求结构的最主要因素。这些理论很好地解释了发达国家之间的水平贸易。

针对国际贸易大量发生在同类产业内部这一现象，20 世纪 70 年代末，保罗·克鲁格曼提出了规模经济理论。他推翻了传统国际贸易理论中完全竞争和规模经济不变的假设，建立了一个不完全竞争市场、存在规模经济和产品异质性的产业内贸易模型，阐述了规模经济、不完全竞争市场结构与国际贸易的关系，很好地解释了战后国际贸易的新格局。由于产业内贸易规模的不断扩大，20 世纪 80 年代以来许多经济学家陆续建立了各种模型，从不同角度对这一问题进行了探讨。

20 世纪 90 年代，跨国公司的进一步发展和区域经济一体化浪潮以及加工贸易、外包业务的出现，推动了包括跨国公司内贸易理论、一体化贸易理论以及产品内贸易理论的进一步发展。

二、国际贸易理论的微观发展

1. 研究内容向微观拓展

传统国际贸易理论是以国家作为主体进行宏观研究，主要探讨：一国为什么参与国际分工和贸易，如何参与，以及如何分配贸易利益。而当代国际贸易理论研究表现为在现有国际贸易理论框架下，研究微观领域的国际贸易现象，涉及的主体既包括国家，也包括区域集团、跨国公司等。研究的内容从第二次世界大战后初期的产业间贸易延伸到 20 世纪 70 年代末以后的产业内贸易，并进一步向微观延伸。

20 世纪 90 年代中期以来，经济学家对产品内贸易现象的关注代表着贸易理论进一步微观化的趋势。产品内贸易是由垂直专业化引起的中间投入品贸易，加工贸易是产品内贸易的主要表现形式。经济学家从垂直专业化的角度对国际贸易内容进行了新的划分，并且在古典贸易理论、新古典贸易理论、新贸易理论以及产业组织与契约理论等不同理论框架下对产品内贸易进行研究。在以产品内贸易为对象的理论框架下对标准国际贸易理论体系进行了新的理论整合和补充，将国际贸易理论的分析框架延伸到了产品生产的工序和区段层面。

2. 研究方法的微观化

从研究方法上看，传统的贸易理论都假定比较利益产生的前提是各国的供给、生产条件不可改变，资源和生产要素不能在国家间流动，市场完全竞争，规模报酬不变以及边际成本固定等，这种研究方法具有传统的静态特征。新贸易理论中的产品生命周期理论将比较优势理论动态化。克鲁格曼的产业内贸易理论首次突破了传统国际贸易理论的假设条件，引入不完全竞争、规模报酬递增等假设前提。从动态角度出发考虑需求情况，使理论更符合实际。20世纪80年代以来，以杨小凯为代表的一批经济学家用超边际分析法将古典经济学中关于分工和专业化的经济思想形式化，将消费者和生产者合二为一，力图将外生的比较利益因素引入基于规模报酬递增的新兴古典经济学贸易理论模型，把传统贸易理论和新贸易理论统一在新兴古典贸易理论框架之内。运用非线性规划（即超边际分析法）和其他非古典数学规划方法，将被新古典经济学遗弃的古典经济学中关于分工和专业化的高深经济思想形式化，其中，亚当·斯密用分工来解释国际贸易的论述，被杨小凯等人以个人专业化水平的决策以及均衡分工水平的演进为基础，发展成新兴古典贸易理论，又称内生贸易理论。至此，国际贸易理论的研究实现了从静态到动态、从外生到内生、从宏观到微观的演变。

三、国际贸易理论与其他领域理论的融合

当代国际贸易发展表现出以跨国公司为主体、全球化与集团化并存、管理贸易盛行等特点，贸易理论开始注重与其他领域理论之间的融合。

1. 贸易理论与企业理论的融合

1966年美国哈佛大学教授弗农在其《产品周期中的国际投资与国际贸易》一文中首次提出产品生命周期理论。该理论认为，由于技术的创新和扩散，产品从进入市场到退出市场具有一个生命周期。典型的产品生命周期一般可以分成四个阶段，即引入期、成长期、成熟期和衰退期。在产品生命周期的不同阶段，各国在国际贸易中的地位不同，产品的比较优势也在不断变化，因此国际市场上贸易商品的生命周期得以延长。产品的生命周期和企业制定产品策略与营销策略有着直接的联系，可以说这一理论第一次将国际贸易理论延伸到生产和管理领域，将比较优势理论动态化，是贸易理论和企业理论的一次融合。

1990年，美国著名管理学家、哈佛大学商学院教授迈克尔·波特（Michael E. Porter）在《国家竞争优势》一书中指出，李嘉图和俄林的比较利益分工理论脱离了当代国际贸易的实际，进而将当代竞争理论从比较优势理论提升到国家竞争优势理论上，其认为：一国竞争优势取决于生产因素、需求条件、企业策略、企业结构和同业竞争、相关支持产业的环境。另外，在国家环境和企业竞争力的关系上，还有“机会”和“政府”两个变数。这种将贸易理论和企业理论结合起来进行考察研究的思路，很可能成为今后一段时间内国际贸易理论发展的一个重要方向。

2. 贸易理论与投资理论的融合

在传统贸易理论中，对外直接投资更多地被视为企业绕过贸易壁垒的被动选择。早在1957年，诺贝尔经济学奖获得者罗伯特·蒙代尔（Robert A. Mundell）就对贸易与投资的替代关系进行了研究。蒙代尔利用标准的两个国家、两种产品、两种生产要素的模型，分析了两国在技术水平相同、生产函数一致的情况下，国际贸易与国际投资的关系。蒙代尔的结论是，在两国产出效率相同的情况下，国际投资与国际贸易之间存在相互替代关系。贸易壁垒的存在会导致资本的流动，而资本流动的障碍则会产生贸易。

然而，随着经济全球化的发展，国际贸易与国际投资的互动关系越来越密切。越来越多的学者研究和探索有关国际贸易和国际直接投资两种理论在新形势下的融合，并试图建立起一个融国际贸易和国际直接投资于一体的理论分析框架。小岛清的边际产业扩张理论是这方面的代表之一。

20 世纪 70 年代，日本学者小岛清通过对日本对外直接投资的研究发现，对外直接投资对贸易不仅会产生替代效应，而且会导致贸易创造效应。他将国际直接投资理论建立在与国际贸易理论相同的比较优势的基础上，提出边际产业扩张理论。其认为：外商直接投资是一种将资本、技术、经营、知识等一起转移的活动，是投资国将特定产业中特定企业的要素向东道国同一产业中特定企业的转移。投资国的对外投资应从处于或即将处于比较劣势的边际产业依次进行，提高东道国具有潜在比较优势产业的生产函数，并使之成为显在的比较优势产业。对外直接投资与东道国的技术差距越小，技术就越容易为东道国所吸收，东道国潜在的比较优势就越容易被挖掘出来。这样，投资国和东道国双方的产业结构都将高级化，两国的比较优势会更加明显，相互之间的贸易会进一步扩大。小岛清模式以比较优势原理为基础，研究结果是：对外直接投资并不是代替贸易，而是补充、创造和扩大贸易。

3. 贸易理论与空间经济理论的融合

空间经济学是一门区域科学、城市经济学、国际贸易学等众多学科融合和交叉的学科。空间经济学的发展使国际贸易理论的内容更加丰富，与贸易理论的融合使国际贸易理论对现实的解释能力更强。在 20 世纪 70 年代末，包括克鲁格曼、迪克西特、诺曼和兰卡斯特在内的一些学者都形成了相对一致的结论，认为即使不存在比较优势，垄断竞争和规模经济依然能够促使贸易的发生。克鲁格曼基于规模报酬递增与不完全竞争市场创建了国际贸易新理论模型，将外部经济及区域产业聚集和贸易联系起来。

1980 年，克鲁格曼在论文《规模经济、产品差异和贸易模式》中引入了“运输成本”这一因素，他把运输产品看作“冰山”，即每一单位运往外地的产品中仅有一部分到达目的地，而其余的在途中被消耗了。此后，克鲁格曼更加关注市场的中心效应，因为在存在收益递增和运输成本的情况下，企业倾向于关注或选址于市场份额较大的区域。在这样的区域中可以使规模经济效应得到更充分的发挥，并降低运输成本。1991 年，克鲁格曼在《报酬递增和经济地理》一文中建立了“中心-外围”模型，假设农业部门是完全竞争的，生产单一的同质产品，而制造业部门是垄断竞争的，供给大量的差异化产品，具有收益递增的特征。两个部门分别使用劳动力这一资源：农业雇佣劳动力要素不可流动，而制造业工人可以自由流动；农产品无运输成本，而制成品则存在“冰山成本”。在满足运输成本足够低、制造业的差异产品种类足够多、制造业份额足够大这三个条件的前提下，经济的演化就有可能导致制造业“中心”和农业“外围”这样的格局。

这些观点对解释当代产业内贸易现象，以及理解和分析中心及外围国家的国际贸易特点提供了很好的理论支持。

4. 贸易理论与制度经济理论的融合

20世纪90年代以来，一些西方学者运用新制度经济学的分析方法，将制度因素和交易成本引入国际贸易理论之中，对制度在国际贸易中的作用进行了深入研究。这种引入制度因素和交易成本的新研究范式，体现了国际贸易理论的新突破，使国际贸易理论更加接近现实。

制度分为正式制度和非正式制度。正式制度主要是由一个或多个国家政府制定，表现为明确的、成文的规范性文件，如法律、法规、规章、政策、决策等。非正式制度则是指并非由国家制定并强制实施的规则、程序，通常表现为文化传统和约定俗成的习惯、惯例、常规等行为规范和交往规则，包括以跨国公司为代表的所有权制度、具有一定垄断势力的中介组织行为、对等贸易制度安排等。政府的干预使贸易与制度联系起来。诺斯从历史演进的角度考察了制度对贸易的影响，提出了“制度启动国际贸易”的命题，对比较优势理论不能解释的一些理论问题做了重要补充。

杨小凯则在用新古典经济学的超边际分析方法研究分工与贸易问题时，引入了交易成本，并试图将制度因素形式化。杨小凯认为，国际贸易活动中交易成本属于沉淀成本，对于一个理性贸易方来说，只有当他预期的贸易利得大于这些沉淀成本时，贸易才有可能发生，而当交易成本大到足以抵消潜在的比较优势时，国际分工与贸易就可能不会发生。杨小凯的研究成果为国际贸易理论提供了新的视角。

新研究范式特别强调，在国际贸易中，制度常常会为许多以自利为目的的机会主义行为提供方便，从而增加贸易的额外交易成本。因为国际贸易的双方属于不同主权国家，所以国家制度规则的强制执行止于国界。各国的利益不同，因而各国制度规则的背后都可能设置着潜在的贸易壁垒。

模块小结

国际贸易理论按照目的划分为自由贸易理论和保护贸易理论，其中自由贸易理论主要有绝对优势理论、比较优势理论、要素禀赋理论等；保护贸易理论主要有重商主义理论、幼稚产业保护理论、超保护贸易理论、“中心-外围”理论等。随着经济全球化的深入发展，不断出现新的贸易情况，促使贸易理论不断丰富，出现了产品生命周期理论、技术差距理论、需求相似理论、规模经济理论等多种新型贸易理论。

模块练习

一、名词解释

绝对优势理论　比较优势理论　相互需求理论　要素禀赋理论　里昂惕夫之谜　重商主义

理论　幼稚产业保护理论　战略贸易政策　超保护贸易理论　规模经济理论　产品生命周期理论　“中心-外围”理论

二、单项选择题

1. 根据要素禀赋理论，一国应该生产和出口(　　)。

A. 丰裕要素密集型产品　　B. 稀缺要素密集型产品

C. 生产成本低的产品　　D. 绝对成本低的产品

2. 主张在国际贸易中按照“两优取重，两劣取轻”原则分工的学者是(　　)。

A. 马歇尔　　B. 俄林　　C. 亚当·斯密　　D. 大卫·李嘉图

3. 按照产品生命周期理论，创新时期的产品属于(　　)。

A. 技术密集型产品　　B. 资本密集型产品

C. 劳动密集型产品　　D. 资源密集型产品

4. 按照 H-O 理论，一国应该进口(　　)。

A. 丰裕要素密集的商品　　B. 稀缺要素密集的商品

C. 绝对成本低的商品　　D. 比较成本低的商品

5. 按照产品的生命周期理论，成熟产品通常是(　　)。

A. 劳动密集型产品　　B. 资源密集型产品

C. 技术密集型产品　　D. 资本密集型产品

6. 绝对成本理论的提出者是(　　)。

A. 亚当·斯密　　B. 大卫·李嘉图　　C. 赫克歇尔　　D. 俄林

7. 要素禀赋理论的提出者是(　　)。

A. 赫克歇尔　　B. 大卫·李嘉图　　C. 亚当·斯密　　D. 凯恩斯

8. 按照要素禀赋理论，在中国与西方发达国家的贸易中，中国的工资水平将会(　　)。

A. 趋于上升　　B. 趋于下降　　C. 保持不变　　D. 升降不定

9. 里昂惕夫之谜是指美国出口商品的资本密集度(　　)。

A. 高于其进口商品　　B. 低于其进口商品

C. 低于其进口替代商品　　D. 高于其进口替代商品

10. 认为对外贸易应该遵循“卖给外国人的商品总值应大于购买他们的商品总值”的理论是(　　)。

A. 货币差额论　　B. 贸易差额论

C. 幼稚产业保护理论　　D. 对外贸易乘数理论

11. 普雷维什认为，发展中国家实施贸易保护政策的理论依据之一是(　　)。

A. 幼稚产业保护理论　　B. “中心-外围”理论

C. 对外贸易乘数理论　　D. 比较优势理论

12. 主张尽可能多输出、少输入，禁止货币出口的理论是(　　)。

A. 贸易差额论　　B. 货币差额论

C. 幼稚产业保护理论　　D. 对外贸易乘数理论

13. 李斯特的幼稚产业保护理论认为，保护的最高期限是（　　）。

A. 10 年　　B. 20 年　　C. 30 年　　D. 40 年

14. 主张通过增加出口、减少进口来刺激就业和经济增长的政策是（　　）。

A. 幼稚产业保护政策　　B. 战略贸易政策

C. 自由贸易政策　　D. 超保护贸易政策

15. 主张限制进口、奖励出口，以有利于本国生产厂商发展的政策是（　　）。

A. 重商主义政策　　B. 贸易自由政策

C. 进口导向政策　　D. 保护贸易政策

16. 首先提出自由贸易论点的是（　　）。

A. 英国古典学派　　B. 法国重农学派

C. 德国历史学派　　D. 亚当・斯密

17. 早期重商主义者认为财富就是（　　）。

A. 货币　　B. 生产力

C. 消费的商品　　D. 对外贸易

18. 超保护贸易政策的理论依据是（　　）。

A. 亚当・斯密的绝对成本理论　　B. 李斯特的幼稚产业保护理论

C. 凯恩斯的保护就业理论　　D. 博弈论

三、判断题

1. 亚当・斯密的国际分工理论对社会经济现象的研究从流通领域转到生产领域。（　　）

2. 绝对优势理论的核心思想是“两优取重，两劣取轻”。该理论为世界各国参与国际分工和国际贸易提供了理论依据，成为国际贸易的一大基石。（　　）

3. 提供曲线是指在不同价格条件下，一国愿意出口和进口的数量之交点的轨迹。（　　）

4. 大卫・李嘉图认为比较成本差异是国际贸易产生的原因。（　　）

5. 晚期重商主义者主张采取行政手段，禁止货币输出，反对商品输入，以贮藏尽量多的货币。（　　）

6. 赫克歇尔、俄林认为，国际贸易将使各国生产要素的价格趋向均等。（　　）

7. 重商主义理论认为国际贸易是一种“零和博弈”。（　　）

8. 幼稚产业保护理论的提出者是凯恩斯，其认为对一国幼稚产业实施保护的最高期限为 30 年。（　　）

9. “中心-外围”理论的提出是以发展中国家的利益为基础的。该理论为第二次世界大战后发展中国家独立自主地发展民族经济提供了理论依据。（　　）

10. 需求相似理论认为两国之间的需求结构越是接近，两国之间进行贸易的基础就越雄厚。两国的人均收入水平越接近，重叠需求的范围也就越大，两国重复需要的商品都有可能成为贸易品。（　　）

四、分析题

1. 下列情况更适合用哪些国际贸易理论来解释?

(1) 法国和意大利相互出口汽车。

(2) 中东国家的石油占据了世界石油市场的巨大份额。

(3) 中国已经成为电视机和其他家电的主要出口国。

(4) 东南亚国家大量出口运动服装。

2. 在下述例子中,决定贸易模式的主要是比较优势还是规模经济?

(1) 加拿大是主要的新闻纸出口国。

(2) 英特尔生产了世界上半数以上的 CPU。

(3) 美国和日本相互出口复印机。

(4) 中国是主要的电视机出口国。

(5) 东南亚国家大量出口运动服装。

模块三

国际贸易政策与措施

• 学习目标

【知识目标】

- 了解国际贸易政策的含义及构成
- 掌握关税的含义、性质、作用及种类
- 理解各种关税的作用及异同
- 掌握从价税、从量税、复合税、选择税与滑准税
- 掌握非关税措施的含义及内容
- 了解出口信贷国家担保制和出口补贴，掌握出口信贷、商品倾销和外汇倾销
- 掌握经济特区的含义以及主要形式
- 了解出口管制的对象，掌握出口管制的含义以及形式

【技能目标】

- 能够区别普通关税与优惠关税
- 能够运用公式计算关税税额
- 能够运用公式计算名义保护率和有效保护率
- 能够区别进口配额与自动出口限制
- 能够区分各种形式的经济特区
- 能够对我国的出口管制措施进行分析

单元一　国际贸易政策

任务导入

从广交会到进博会——中国对外开放再谱新乐章

2018 年 11 月 5 日至 10 日，世界上首个以进口为主题的大型国家级展会在上海举行。进博会开幕前一天，恰逢第 124 届广交会闭幕。

时光接续，历史交汇。从广交会到进博会，从侧重扩大出口到更加注重进口，两个国际性展会见证了中国外贸发展的历史变迁，谱写着中国改革开放的精彩乐章。

创办于 1957 年的广交会，原名“中国出口商品交易会”，2007 年正式改为“中国进出口商品交易会”，被认为是中国对外开放的窗口、缩影和标志。

“那时国内很多代工企业，只要搭上出口的‘快车’就不愁发展，广交会就给了我们这样一个平台。”浙江余姚西摩电器有限公司总裁董越君回忆起 1995 年第一次参展经历，感触颇深。

作为首批拥有自营进出口权参加广交会的私营企业，23 年后的今天，西摩电器成了广交会的“常客”，但从其身上已找不到当年“代工企业”的影子。这家力推自主品牌的企业，如今在国际市场上已小有名气。

从最初的单向出口交易平台到进出口双向平台，从“走出去”到“引进来”，从“卖全球”到“买全球”，被称为中国对外贸易“晴雨表”和“风向标”的广交会，见证了中国外贸的跨越式发展：

从 1978 年进出口总额只有 206 亿美元，到 2013 年达到 4.16 万亿美元，我国成为世界第一大货物贸易国；

从 1978 年到 2017 年，初级产品占出口比重从 53%下降到 5.2%，工业制成品占出口比重由 47%上升到 94.8%；

从深耕美、欧、日等传统市场，到加大对拉美、非洲、亚洲等新兴市场的开拓，贸易朋友圈不断扩大……

2017 年，“一带一路”国际合作高峰论坛上，中国向世界宣布：将于 2018 年在上海举办首届中国国际进口博览会。未来 5 年，中国商品进口规模预计达 8 万亿美元。

商务部研究院国际市场研究所副所长白明说，从广交会的侧重出口到进博会的更加注重进口，既是我国高质量发展和产业升级的内在需要，也是我国在新一轮对外开放中推进贸易更加平衡发展的必然要求。

任务：

(1) 什么是国际贸易政策？基本类型有哪些？

(2) 影响一国或地区制定贸易政策的因素有哪些？

基本知识

一、国际贸易政策的含义及构成

国际贸易政策是指各国在一定时期内对进出口贸易所制定和实行的政策。它是一国总的经济政策的组成部分，是为该国经济基础和对外政策服务的。一般而言，国际贸易政策主要包括三个方面的内容。

（一）对外贸易总政策

一国根据本国国民经济的整体状况及发展战略，结合本国在世界经济格局中所处地位而制定的政策，通常会在一个较长的时期内加以贯彻实行。它是一国对外经济关系的基本政策，是整个对外贸易政策的立足点。

（二）进出口商品政策

在对外贸易总政策的基础上，根据本国的经济结构和国内外市场的供求状况而制定的政策，主要表现为对不同的进出口商品实行不同的待遇。例如：对有关商品用关税或非关税壁垒来限制进口，或有意识地扶植某些出口部门等。

（三）对外贸易国别政策

一国分解对外贸易总政策，结合国际经济格局及社会政治关系等，对不同的国家（地区）制定不同的政策，如对不同国家实行差别关税率或差别优惠待遇等。

国际贸易政策三个方面的内容是相互交织、相互联系在一起的，如进出口的商品政策和国别政策都离不开对外贸易总政策的指导，而对外贸易总政策只有通过具体的进出口商品政策和国别政策才能体现出来。

各国经济体制、发展水平及产品竞争力等不同，其对外贸易政策也有所不同并随着经济实力的变化而不断变化，然而其制定对外贸易政策的基本目的是大体一致的，主要有：1）保护本国市场；2）扩大本国产品的出口市场；3）提高本国产品的竞争能力；4）促进本国经济发展；5）维护本国对外的政治经济关系等。

二、对外贸易政策的类型

从对外贸易的产生与发展来看，对外贸易政策可分为自由贸易政策、保护贸易政策和管理贸易政策。

（一）自由贸易政策

自由贸易政策是指国家对商品和服务的进出口不加干预，取消对进出口贸易的限制和障碍，取消对本国进出口商的各种特权和优待，使商品和服务能够自由输出、输入，在国内外市场上自由竞争，从而使资源得到最有效的配置。

（二）贸易保护政策

贸易保护政策是指国家积极干预商品和服务的进出口，广泛采取各种措施限制国外商品和服务的进口，以保护本国的商品和服务在本国市场上免受竞争，同时对本国商品和服务的出口给予优待和补贴，以鼓励出口。

（三）管理贸易政策

管理贸易政策又称协调贸易政策，是指国家对内制定一系列的贸易政策、法规，加强对对外贸易的管理，实现一国对外贸易的有序、健康的发展；对外通过谈判签订双边、区域及多边贸易条约或协定，协调与其他贸易伙伴在经济贸易方面的权利与义务。管理贸易政策是20世纪80年代以来，在国际经济联系日益加强而新贸易保护主义重新抬头的双重背景下逐步形成的。在这种背景下，为了既保护本国市场，又不伤害国际贸易秩序，保证世界经济的正常发展，各国政府纷纷加强了对对外贸易的管理和协调，从而逐步形成了管理贸易政策。管理贸易政策是介于自由贸易政策和贸易保护政策之间的对外贸易政策，是一种协调和管理兼顾的国际贸易体制，是各国对外贸易政策发展的方向。

三、制定对外贸易政策应考虑的因素

不同的贸易政策在各国经济发展的历史过程中曾有不同的作用，同一国家在不同的历史阶段曾选择了不同的贸易政策。一个国家在一定时期采取何种贸易政策，主要取决于以下三个因素。

（一）经济发展水平及其在世界市场上的地位和力量对比

这一点包含两个方面的含义。一方面是指一个国家在经济发展的不同阶段，其国内的生产力水平和发展目标制约着对外贸易政策。一般而言，处于工业经济发展初级阶段的国家，采取贸易保护政策；而处于工业经济发达阶段的国家，采取自由贸易政策。另一方面是指一个国家在世界市场上的地位和力量对比制约着对外贸易政策。一般而言，处于劣势地位、商品竞争力弱的国家，采取贸易保护政策；而处于优势地位、商品竞争力强的国家，采取自由贸易政策。

上述两个方面虽相互联系，但不完全一致。第一方面仅从自身发展所处的阶段考察，第二方面强调的是国与国之间的实力对比。由于经济发展不平衡规律的作用，各国的对外贸易政策会随着各国的经济实力、地位和力量对比的变化而调整。20世纪70年代，美国经济虽然处于发达阶段且其仍为世界头号经济强国，但其面临日本和欧共体国家日益赶上的强有力的竞争，转而采取的贸易保护政策就是证明。

（二）国内经济状况和经济政策

从资本主义经济发展的规律来看，资本主义各国的经济发展总是呈周期性和波浪式变化。在不同阶段，资本主义各国国内经济状况不同，总经济政策不同，必然引起对外贸易政策的调整。一般而言，在资本主义经济发展的繁荣阶段，各国经济普遍高涨，如19世纪中叶和20世纪中叶，贸易自由化倾向就占上风；在资本主义经济发展的危机、萧条阶段，如20世纪30年代和20世纪70年代，贸易保护倾向就会蔓延和加强。

（三）统治集团内部的矛盾和斗争

一个国家的对外贸易政策代表的是统治阶级中占上风的利益集团的利益。因此，统治集团内部的矛盾和斗争、政权的更迭，也会带来对外贸易政策的变化。一般而言，商品市场主要在国外的一些资产阶级利益集团主张贸易自由化；相反，商品市场主要在国内并受到进口商品激烈竞争的资产阶级利益集团，则主张限制进口，实行贸易保护政策。

四、对外贸易政策的选择

自由贸易政策和贸易保护政策各有利弊，如何取舍关键取决于本国的经济发展需要，以及国际经济环境的要求。

从理论上说，自由贸易政策更利于资源在世界范围内的有效配置，总体上来说更符合经济发展的内在规律。但自由贸易并非完美无缺。一是自由贸易理论是在完美的市场经济条件下得出的结论；二是自由贸易论的严密理论过于抽象，在很多时候与现实社会相去甚远；三是自由贸易给各国带来的利益分配有较大差距，以至完全遵循自由贸易理论，发展中国家总是面临贸易利益与长期发展之间的矛盾。

代表性贸易保护理论的主张可以总结为三类：其一，赞成贸易保护的传统观点；其二，赞成贸易保护的新观点；其三，赞成贸易保护的政治经济学观点。

五、贸易政策的国际协调

（一）贸易纷争与贸易政策国际协调

由于贸易利益的差异和冲突及各国经济目标的要求，运用政策调节经济贸易的行为成为政府的主要职能。这种各自以本国经济利益为出发点的贸易政策必然导致国与国之间的利益冲突和政策的不协调，从而影响贸易的正常发展，各国的贸易利益也将因此而减少甚至消失。因此，国际贸易要真正体现互惠互利，促进世界经济的发展，就必须达成国与国之间的贸易政策的协调。

（二）贸易政策国际协调的形式

1. 贸易条约和协定

贸易条约和协定是指有关主权国家为确定彼此间的贸易关系，规定各自的权利和义务，协调各自对外的贸易政策，经过协商或谈判缔结的书面协议。这是贸易政策国际协调的最初形式，贸易条约和协定有许多不同的类型。

（1）贸易条约。

贸易条约是指全面规定缔约方之间经济和贸易关系的书面协议。其内容广泛，涉及缔约方之间在经济和贸易关系方面的权利和义务。贸易条约通常是以国家或国家首脑的名义签订，并经缔约方各自的立法机关讨论通过，只有报请国家最高权力机关批准后才能正式生效。贸易条约通常以通商航海条约（Treaty of Commerce and Navigation）的形式表现，又称通商条约、友好通商条约等。贸易条约的内容几乎包括经济贸易关系的全部领域，主要有：1）进出口商品的关税和海关手续；2）双方公民和企业在对方享有的经济权利；3）船舶航行和港口使用；4）铁路运输和过境及转口；5）知识产权保护；6）进口商品国内捐税；7）进出口数量限制；8）仲裁裁决等。

（2）贸易协定和贸易议定书。

贸易协定是指缔约方为调整和发展相互间的贸易关系而签订的书面协议。贸易协定的签订程序比贸易条约简单，有效期也较短，一般只需经签字方的行政首脑或其代表签署即可生效。贸易协定的内容不如贸易条约那么广泛，但更具体，通常包括：1）最惠国待遇条款；2）进出口商品签单和进出口贸易额；3）作价原则和使用货币的规定；4）支付和清偿的方式；5）关税优惠及其他事项。

贸易议定书是就缔约方发展贸易关系中具体项目达成的书面协议，通常是作为贸易协定的补充。例如：签订长期贸易协定时，以议定书的方式规定年度贸易的具体事宜。贸易议定书签订程序简单，内容具体，一般由签字方的有关行政部门的代表签署即可生效。

（3）支付协定。

支付协定是指规定各缔约方之间在贸易和其他方面的债权债务结算的书面协议。以相互抵账的方式结算彼此的债权债务关系，有助于克服外汇短缺的困难，从而有利于双方贸易的发展。支付协定的内容一般包括：1）确定清算机构并设立清算账户以及账户的支付范围，一般都以双方的中央银行为清算的负责机构；2）确定清算货币及清算办法；3）债权债务抵偿后余额的结算办法，一般以黄金、第三国可兑换货币或下年度出口商品来抵付；4）确定信用摆动额（Swing Credit），即双方根据协定相互提供信用的限额，在规定的额度内的债务无须支付利息。

（4）国际商品协定。

国际商品协定是指商品的主要出口国（生产国）与进口国（消费国）就该项商品的购销、价格等问题，通过协商而达成的政府间的多边协定。国际商品协定的主要对象是发展中国家所生产的初级产品，发展中国家希望通过维持合理的价格，保证这些产品的生产和销售。而作为初级产品主要消费国的发达国家则希望通过商品协定，在维持正常供给的条件下，保证价格水平不至于过高。因此，在谈判和签订协定的过程中，发展中国家和发达国家存在利益矛盾。经过长期斗争，先后签订了小麦、糖、锡、橄榄油、可可、牛肉、天然橡胶、乳制品、热带木材、黄麻及其制品等商品协定。

2. 双边协调与多边协调

贸易政策的国际协调是指国与国之间的政策协调。它表现为三个不同层次：双边（国与国之间）的协调；集团性、区域性贸易政策的诸边协调；致力于全球贸易体制的多边贸易政策协调。

（1）双边的贸易政策协调。

双边的贸易政策旨在协调贸易伙伴间的关系，通过双方签订贸易条约或协定等形式进行。

（2）经济区域化、集团化与贸易政策协调。

经济区域化、集团化与贸易政策是贸易政策在国与国之间协调的重要形式，体现了经济集团或区域经济为了共同利益而实施的共同对外贸易政策措施，如贸易集团、共同市场、关税同盟、自由贸易区等。目前参加世界上各种区域性的国际经济合作组织的国家（地区）多达140个。这些规模不等的组织或特殊优惠的安排，将歧视性的贸易壁垒变成一组国家共同的对外贸易壁垒，成为各国贸易政策的主要内容。

(3) 全球贸易体制和贸易政策多边协调。

全球贸易体制和贸易政策多边协调是指从符合世界贸易总体利益的角度，协调和约束各国的对外贸易政策，促进世界贸易的规范化、有序化。1947 年以来的关税与贸易总协定（General Agreement on Tariff and Trade，GATT）引导的多边贸易规则，是第一个全球性的多边贸易体系，1995 年它结束了历史使命，由世界贸易组织（World Trade Organization，WTO）取而代之。关贸总协定曾富有成效地调节了国与国之间的经济贸易关系，通过制定原则和规则，以期使贸易政策趋于统一，成为贸易政策国际协调的典范。

贸易政策的区域或集团之间的协调与国际协调既有互补的一面，也存在冲突的一面。发达资本主义国家更强调集团之间和经济区域之间的贸易政策协调，通过集团或区域内部的贸易自由化以增强抵御外部竞争的能力，这就与世界贸易组织所倡导的贸易政策的国际协调形成了冲突。特别值得注意的是，由于发展中国家加强了相互之间的合作，因此发达国家也越来越重视与发展中国家经济联盟的关系协调，这一趋势将成为贸易政策国际协调的一种补充。

行业观察

中美贸易战无碍美国资本涌入中国

从美国挑起贸易战的 2018 年到 2020 年，中国对美贸易受到暂时影响，2020 年双边进出口额为 5 867.21 亿美元，比 2018 年的 6 335.19 亿美元低 7.4%。占中国全球贸易比重从 14.2%降至 12.6%，下降了 1.6 个百分点。但这个缺口被对欧盟和东盟贸易的增长绰绰有余地抵消了。同期，东盟比重上升了 2.2 个百分点，欧盟也上升了 1.0 个百分点。在中国对全球出口分布中，美国比重也下降了 1.6 个百分点，欧盟（2020 年为欧盟 27 国加英国）则上升了 1.5 个百分点，正好抵消；东盟更上升了 2.5 个百分点。同期美国在中国进口市场的比重减少了 1.8 个百分点，东盟则增加了 1.8 个百分点，也恰好抵消；欧盟也微增了 0.3 个百分点。因此，美国发动对华贸易战，不过是把自己部分地逐出中国市场。

据中国央行统计，截至 2020 年底，共有 905 家境外机构主体入市，境外机构持有银行间市场债券 3.25 万亿元人民币。又据有关统计，2020 年，美国涌入中国债券市场的资金超过 2 100 亿美元。贝莱德、摩根大通等不断增持中国资产。据汇丰前海证券一项调查显示，2021 年，全球 900 多家机构投资者和大公司中，将近三分之二计划把在华投资平均增加 25%。埃克森美孚、特斯拉等纷纷追加在华投资。2020 年仅三季度，星巴克就在中国新开了 259 家门店，而在北美关闭了 600 余家门店。《华尔街日报》称，中国成了美国资本投资的“避风港”。据联合国贸发会议发布的《2020 年世界投资报告》，世界跨境直接投资比上年大幅下降 42%，为 8 590 亿美元，系 20 世纪 90 年代以来最低水平，其中流入美国的直接投资额减少 49%，为 1 340 亿美元。中国则逆势而上，比上年增加了 3.3%，达到 1 630 亿美元，历史上第一次超过美国，成为世界最大跨境直接投资目的国。

操作示范

1. 国际贸易政策是各国在一定时期内对进出口贸易所制定和实行的政策。它是一国总的经济政策的组成部分，是为该国经济基础和对外政策服务的。主要包括自由贸易政策、贸易保护政策和管理贸易政策三种。

2. 制定对外贸易政策考虑的因素主要有：经济发展水平及其在世界市场上的地位和力量对比、国内经济状况以及经济政策统治集团内部的矛盾与斗争。

实训演练

特朗普政府实施的贸易保护主义政策

按照美国《1974年贸易法》的要求，特朗普政府分别于2017年3月和2018年2月向国会递交了两次《贸易政策议程》。2017年发布的《贸易政策议程》以“美国优先”为贸易理念，把扭转贸易逆差、重振制造业和提升就业率作为优先目标，将维护美国国家主权、严格执行国内贸易法、拓展海外市场和商谈更有利于美国的贸易协定作为四大优先任务，这标志着特朗普贸易政策基本框架确定，美国贸易政策发生了深刻调整。2018年发布的《贸易政策议程》再次重申了坚持“美国优先”的贸易理念，把利用作为世界头号经济强国所拥有的一切手段来拓展国际市场并实现“公平贸易”的优先目标，将维护国家安全、增强美国经济、商谈有利于美国的贸易协定、进一步严格执行国内贸易法和改革多边贸易制度作为五大支柱任务。这标志着特朗普政府开启了贸易保护的新时代。

1. 强调双边谈判和单边主义，贸易保护尤为直接

同奥巴马政府倾向于采用《跨太平洋伙伴关系协定》式的区域集团贸易体的做法不同，特朗普政府更青睐以“双边谈判”来最大化美国利益，主要原因在于特朗普政府认为多边贸易规则让美国遭受了太多的“不公平待遇”，并由此导致了美国高额贸易逆差，而采用更为严格的双边贸易协定既能有效地约束彼此，又能推进双方贸易平衡。与此同时，特朗普政府还表现出明显的单边主义倾向。2017年3月，美国贸易代表办公室向国会提交的《贸易政策议程》中，明确地指出要“维护美国贸易政策的国家主权”，如果外国政府或者以世界贸易组织为代表的国际组织做出了对美国不利的决议，基于“国内法高于国际法”的原则，美国政府将拒绝予以执行，这充分体现了美国的单边主义倾向。

2. 贸易保护措施更加全方位

特朗普政府频繁祭出贸易保护政策组合拳，不仅将关税保护措施和非关税保护措施相结合，而且将贸易保护同与贸易相关的投资保护相结合。

从历史看，自《1934年互惠贸易法》通过后，美国逐渐降低了对外贸易中的关税壁垒，高关税在贸易保护中的角色逐渐淡化，但特朗普在发表竞选演讲时曾扬言一旦当选就对中国商品征收45%的关税。2018年1月，特朗普援引国内法律中一项旨在防止国内制造商受到“严重伤害”的条款，宣布在未来三年内对进口洗衣机征收高达50%的关税，在未来四年内对太阳能电池征收最高达30%的关税；2018年3月初，特朗普签署了一项对进口钢材征收25%关税、对进口铝征收10%关税的命令。

除传统的关税保护以外，特朗普政府频繁使用各种非关税壁垒手段，“双反”调查最为常见。从特朗普就任到2017年4月中旬，美国商务部对进口木材、化学、钢铁、橡胶制品展开了24项“双反”调查，涉及金额高达23亿美元，并对34项“双反”调查做出初步或者最终裁定，涉案金额高达36亿美元，力度空前；2017年11月，特朗普政府针对中国铝箔的首起“双反”调查，涉案金额高达4亿美元，涉案企业高达230多家。特朗普的非关税贸易保护手段远不止“双反”措施，针对知识产权保护的“337调查”因为其更为严厉和高效而备受青睐，仅截至2017年5月美国对华发起“337调查”数量就高达11起，这与2014年全年调查数量相当。

除直接的贸易保护以外，特朗普政府还异常重视与贸易相关的投资保护手段的运用。一般来讲，一国为维护国家安全和保护国内产业而提高外资准入门槛或者对外资实行歧视性待遇，甚至为了提振经济或者增加就业而限制跨国资本流动，这都属于投资保护主义的形式。特朗普政府除对外商投资进行严格审查外，还人为干预和扭曲跨国公司的国际投资行为。上任伊始，特朗普政府就对美国电子和汽车等行业的重要跨国公司投资行为进行恫吓，比如抨击福特汽车的海外投资项目，以至于福特被迫取消在墨西哥高达16亿美元的新建工厂计划。2017年4月公布税改计划，通过征收离岸利润税（10%）和降低国内企业税（从35%降至15%）迫使跨国企业回迁。

3. 视中国为战略竞争对手，对华贸易保护态度更为强硬

自从中国逐渐融入世界经济体系以来，美国历届政府大多视中国为竞合的伙伴而非对手，然而特朗普政府却明确将中国视作美国的对手，在贸易问题上表现出“零和”思维。2017年12月发布的首份《国家安全战略报告》中，特朗普政府明确称中国是美国的战略竞争对手，强调经济安全就是国家安全。

竞选期间，特朗普多次声称中国是造成美国贸易逆差的“罪魁祸首”，并警告说如果中国不停止所谓的“不公平贸易”，他即任后将动用包括紧急关税在内的一切总统权力来遏制中国。就任后，特朗普政府对华贸易保护日趋激烈，一方面对中国出口的钢铝、太阳能电池板、洗衣机等商品课以高额关税，另一方面多次对华发起“双反”调查和与知识产权保护相关的“337调查”，并于2017年8月授权美国贸易代表办公室代表罗伯特发起针对中国的“301调查”。

思考： 特朗普政府时期采取上述政策的目的是什么？

单元二　关税措施

任务导入

中美贸易拉锯战：从“337调查”到“301调查”

2017年4月20日，美国华盛顿的国际贸易委员会，金诚同达律师事务所高级合伙人

杨晨作为代理律师出现在一场“337调查”听证会的现场——那是一场在他看来略显异样的调查，因为向来应用于知识产权调查的“337调查”第一次将矛头指向了产品技术早已成熟的钢铁领域。和他同在现场的，还有来自中国钢铁协会以及宝钢、河钢、鞍钢等中国主流钢铁企业的人士。上午10点，听证会刚开始不久，他们接到了另外一个消息：特朗普宣布了对进口钢铁产品展开“232调查”——根据美国《1962年贸易扩展法》第232条款，一旦发现钢铁进口有损美国的国家安全，总统有权对外国进口实施紧急贸易制裁。2017年4月27日，应美国总统要求，美国商务部又对进口铝产品启动了“232调查”。

那只是“337调查”过程中的一个片段，杨晨参与并见证了“337调查”的整个过程：从2016年4月26日中方被提起诉讼到2018年3月19日美国国际贸易委员会裁定终止该“337调查”，历经23个月，中国参与应诉的7家钢铁集团最终全部胜诉。

然而，四天之后，他们连同整个中国钢铁出口企业又不得不面临一个现实：从2018年3月23日起，所有出口至美国的钢铁产品将被征收15%的关税，这一关税措施正是基于上述听证会当日开启的“232调查”。

很快，“301调查”接踵而至。北京时间4月4日（美东时间4月3日），美贸易代表按照此前的“预告”，公布了对华“301调查”征税建议清单，并公开征求意见。该征税产品建议清单将涉及中国约500亿美元出口，建议税率为25%，涵盖约1 300个税号的产品，涉及多种高新技术产业。

当天，中国商务部新闻发言人表示：“美方此次公布的清单，罔顾40年来中美经贸合作互利共赢的本质，罔顾两国业界的呼声和消费者的利益，不利于美国国家利益，不利于中国国家利益，也不利于全球经济利益。美方做法严重违反了世贸组织的基本原则和精神，中方拟立即将美方有关做法诉诸世贸组织争端解决机制。”

任务：

（1）什么是关税？关税有什么特点？

（2）实施关税措施对一国经济有哪些作用？

知识窗

301贸易调查、232国家安全调查及337知识产权侵权调查

“301调查”是美国依据“301条款”进行的调查，美国“301条款”有狭义和广义之分。狭义的“301条款”仅指美国《1974年贸易法》的第301节，又被称为“一般301条款”，主要应用对象是具体的商品贸易；而广义的“301条款”除了包括“一般301条款”之外，还包括“保护”美国知识产权的“特别301条款”和关于贸易自由化的“超级301条款”及其配套措施。

“232调查”是指美国商务部根据《1962年贸易扩展法》第232条款授权，对特定产品进口是否威胁美国国家安全进行立案调查，并在立案之后270天内向总统提交报告，美国总统在90天内做出是否对相关产品进口采取最终措施的决定。

"337调查"是指美国国际贸易委员会（简称ITC）根据美国《1930年关税法》第337节（简称"337条款"）及相关修正案进行的调查，禁止的是向美国出口产品中的任何不公平贸易行为或一切不公平竞争行为。"337调查"中，95%以上是专利权案件，其他主要是音像版权、商标权等案件。一般情况下，ITC的调查、取证直至裁决结案期限一般不超过18个月。

基本知识

一、关税的含义

关税（Tariff）是指进出口商品经过一国关境时，由政府所设置的海关代表国家向其征收的一种税。

海关是一个国家设在关境的国家行政管理机构，是贯彻执行本国有关进出口政策、法令和规章的重要工具。海关的主要任务是：1）进出境监管。海关依据国家政策、法令和规章对进出境的货物、运输工具、行李物品以及其他物品进行监督管理。2）征收关税和其他税。海关除了承担征收关税的任务以外，还负责对进口货物征收进口环节增值税和消费税等。3）查缉走私。海关严格查缉走私货物。4）编制海关统计。海关对进出口商品等进行统计。海关还有权对不符合国家规定的进出口货物不予放行、罚款，甚至没收和销毁。

二、关税的性质与特点

（一）关税的性质

关税是国家财政收入的一个重要组成部分，因而它同其他税收一样，具有强制性、无偿性和固定性。

1. 强制性

税收是凭借法律规定强制征收的，不是自愿贡献的。凡法律规定要缴税的，纳税人都要履行纳税义务，否则就会受到法律制裁。

2. 无偿性

除有特殊规定外，国家征收的税收是向纳税人无偿取得的收入，不需要付出任何代价，也不会将税款直接归还给纳税人。

3. 固定性

税收必须按一定的比例和方法征收，不能随意变化和减免，对这一规定，国家和纳税人都要遵守和执行。

（二）关税的特点

1. 关税是一种间接税

关税主要是对进出口商品征收的，税款由进出口商垫付，然后将其作为成本的一部分加在货物价格上，在货物售出后收回垫款。也就是说，关税负担最后会转嫁给买方或消费者。

2. 关税的税收主体和税收客体有其特定范围

关税的税收主体是负担纳税的自然人或法人，税收客体是征税对象。关税的税收主体是本国的进出口商，在进出口商品时，进出口商根据法律规定向海关纳税，是纳税人。关税的税收客体是进出口货物，海关对进出口货物按不同的税目和税率征收不同的税款。

3. 关税是一国对外贸易政策的重要组成部分

一国的关税制度不仅直接影响本国经济和生产，还会影响世界经济和商品的流通，甚至会影响国家之间的政治关系。发达资本主义国家利用关税制度垄断国内市场、争夺国际市场。发展中国家利用关税制度保护本国经济发展，抵御发达资本主义国家的经济侵略。

时事链接

加快构建新发展格局　着力推动高质量发展

2023年1月1日起我国调整部分商品进出口关税

为贯彻落实党的二十大精神和党中央、国务院决策部署，充分发挥关税作为国内国际双循环联结点的作用，以高水平对外开放助力构建新发展格局、实现高质量发展，经国务院批准，国务院关税税则委员会发布公告，2023年将调整部分商品的进出口关税。

为增强国内国际两个市场、两种资源联动效应，2023年1月1日起，我国将对1 020项商品实施低于最惠国税率的进口暂定税率。一是保障人民健康，减轻患者经济负担，对部分抗癌药原料、抗新型冠状病毒药原料、镇癌痛药品实施零关税，降低假牙、血管支架用原料、造影剂等医疗用品进口关税。二是顺应消费升级趋势，以高质量供给满足居民消费需求，降低婴幼儿食用的均化混合食品、冻蓝鳕鱼、腰果等食品，咖啡机、榨汁器、电吹风等小家电的进口关税。三是加强资源供应能力，提升产业链供应链韧性，对钾肥、未锻轧钴等实施零关税，降低部分木材和纸制品、硼酸等商品进口关税。四是促进先进制造业创新发展，加快产业转型升级，降低铌酸锂、电子墨水屏、燃料电池用氧化铱、风力发电机用滚子轴承等商品进口关税。

2023年1月1日起，根据国内产业发展和供需情况变化，在我国加入世界贸易组织承诺范围内，提高部分商品进出口关税。其中，对栗子、甘草及其制品、大型轮胎、甘蔗收获机等取消进口暂定税率，恢复实施最惠国税率；为促进相关行业转型升级和高质量发展，提高铝和铝合金出口关税。

2023年7月1日起，我国还将对62项信息技术产品的最惠国税率实施第八步降税。调整后我国关税总水平将从7.4%降至7.3%。

为扩大面向全球的高标准自由贸易区网络，持续推进高水平对外开放，推动建设开放型世界经济，根据我国与有关国家或地区签署的自由贸易协定和优惠贸易安排，2023年将对19个协定项下、原产于29个国家或者地区的部分商品实施协定税率。其中，根据《区域全面经济伙伴关系协定》（RCEP）有关规定以及协定对印度尼西亚生效情况，自2023年1月2日起，将对原产于印度尼西亚的部分商品实施RCEP协定税率。

2023 年继续对与我国建交并完成换文手续的最不发达国家实施特惠税率，支持和帮助最不发达国家加快发展。

为适应产业发展和科技进步需要，2023 年将适当调整本国子目，增列白茶、蔬菜种子、手术机器人、激光雷达等税目。调整后，税则税目总数为 8 948 个。

上述调整措施坚持以人民为中心，完整、准确、全面贯彻新发展理念，统筹发展与安全，支持构建新发展格局，着力推动高质量发展，有利于增强国内大循环内生动力和可靠性，支持宏观政策跨周期设计和逆周期调节，促进经济运行整体好转；有利于加强资源供应保障，加快实现产业体系升级发展，满足人民群众对美好生活的向往；有利于推进高水平对外开放，形成国际合作和竞争新优势，提升国际循环质量和水平。

三、关税的作用

（一）关税可以增加财政收入

以增加财政收入为目的的关税称为财政关税，财政关税的税率根据国库的需要和对外贸易的变化来确定。财政关税的税率不宜太高，否则就会阻碍进口，达不到增加财政收入的目的。在经济不发达的时候，财政关税是国家财政收入的主要来源，随着国内经济的发展，关税在财政收入中的比重会不断下降。

（二）关税可以保护本国市场

关税的保护作用取决于关税税率的高低。价格优势是贸易增加的主要原因，关税的作用就是通过增加成本来削弱甚至完全抵消进口商品的价格优势，一旦关税税率超过进口商品与国内商品的价格差，贸易就被禁止了。

（三）关税可以调整本国的产业结构

对于本国有竞争优势的产业，可以通过降低关税，引进国际竞争，让本国企业在与外国同类企业的竞争中得到更大的发展。相反地，长期实行高关税政策，限制进口，则会使本国企业缺乏竞争意识，发展缓慢。

四、关税的分类

（一）按关税的征收标准不同分

按关税的征收标准不同，关税可分为从价税、从量税、混合税、选择税和滑准税。

1. 从价税

从价税（Ad Valorem Duty）是一种最常用的关税计税标准。它是以货物的价格或者价值为征税标准，以应征税额占货物价格或者价值的百分比为税率，价格越高，税额越高。从价税的特点是：相对进口商品价格的高低，其税额也相应存在高低。从价税的优点是：税负公平明确、易于实施。但是，从价税也存在一些不足，例如：不同品种、规格、质量的同一货物的价格有很大差异，海关估价有一定的难度，因此计征关税的手续也较繁杂。目前，我国对于进口货物征收进口关税主要采用从价税。从价税的计算公式是：

应征税额＝进口货物完税价格×进口货物从价税税率

2. 从量税

从量税（Specific Duty）是以货物的数量、重量、体积、容量等计量单位为计税标准，以每计量单位货物的应征税额为税率的一种关税计税标准。从量税的特点是：每一种货物的单位应税额固定，不受该货物价格的影响。在商品价格下跌的情况下，从量税加强了关税的保护作用；在商品价格上涨的情况下，进口税额不变，财政收入相对减少，关税的保护作用随之减弱。从量税的优点是：计算简便，通关手续快捷，并能起到抑制低廉商品或故意低瞒价格货物的进口。目前只有少数国家如瑞士，仍完全采用从量税计收关税。我国目前对原油、啤酒和胶卷等进口商品征收从量税。从量税的计算公式是：

从量税额＝每单位从量税×商品总量

3. 混合税

混合税（Mixed or Compound Duty）又称复合税，即订立从价、从量两种税率，随着完税价格和进口数量而变化，征收时两种税率合并计征。它是对某种进口货物混合使用从价税和从量税的一种关税计征标准。混合使用主要有两种情况。一种是以从量税为主加征从价税。例如：美国对男式羊绒衫（每磅价格在18美元以上者）征收混合税，每磅征收从量税37.5美分加征从价税15.5%。另一种是以从价税为主加征从量税。例如：日本对手表（每只价格在6 000日元以下者）征收混合税，每只征收从价税15%加征从量税150日元。我国目前实行的复合税都是先计征从量税，再计征从价税。复合税既可发挥从量税抑制低价进口货物的特点，又可发挥从价税税赋合理、稳定的特点。我国目前对录像机、摄像机、数码照相机和摄录一体机等进口商品征收混合税。混合税的计算公式是：

混合税额＝从量税额＋从价税额

4. 选择税

选择税（Alternative Duty）是指既规定了从量税的税率，又规定了从价税的税率，从中选择一种来征收的关税计税标准。一般是选择其中税额较高的一种征收，但也有选择其中税额较低的征收的。选择税的优点是：具有灵活性，可以根据不同时期经济条件的变化、政府征税目的以及国别政策进行选择。选择税的缺点是：征税标准经常变化，令出口国难以预知，容易引起争议。

5. 滑准税

滑准税（Sliding Duty）是指根据货物的不同价格适用不同税率的一类特殊的从价关税。它是一种关税税率随进口货物价格由高至低，而由低至高设置计征关税的方法。通俗地讲，进口货物的价格越高，其进口关税税率越低；进口商品的价格越低，其进口关税税率越高。滑准税的特点是可保持实行滑准税商品的国内市场价格的相对稳定，而不受国际市场价格波动的影响。我国目前仅对进口棉花实行滑准税。

（二）按商品流向不同分

按商品流向不同，关税可分为进口税、出口税和过境税。

1. 进口税

进口税（Import Duty）又称一般进口税，是关税中最主要的一种税，是指进口国的海关在外国商品输入时，对本国进口商所征收的关税。

进口税主要可分为最惠国税和普通税。最惠国税适用于与该国签有最惠国待遇原则贸易条约（协定）的国家（地区）的进口商品；普通税适用于与该国没有签订上述条约（协定）的国家（地区）的进口商品。最惠国税率比普通税率要低，且税率差幅往往很大。例如：美国对绸缎进口，最惠国税率为 11%，普通税率为 60%。第二次世界大战以后，大多数国家加入 GATT 或签订了双边贸易条约或贸易协定，相互提供最惠国待遇，享受最惠国税。因此，正常进口税通常就是指最惠国税。

世界各国对不同国家的进口商品制定不同的税率，税率的高低决定了本国的经济利益。一般而言，发达国家的进口税率往往随商品加工程度的提高而提高，工业制成品税率最高，半制成品次之，初级产品最低，甚至免税。

相关案例

2021 年 5 月 1 日起我国调整部分钢铁产品关税及出口退税率

为更好地保障钢铁资源供应，推动钢铁行业高质量发展，经国务院批准，国务院关税税则委员会近日发布公告，自 2021 年 5 月 1 日起，对部分钢铁产品关税及出口退税率做调整：

生铁、粗钢、再生钢铁原料、铬铁等产品实行零进口暂定税率；

适当提高硅铁、铬铁、高纯生铁等产品的出口关税，调整后分别实行 25%出口税率、20%出口暂定税率、15%出口暂定税率；

取消部分钢铁产品出口退税，以出口货物报关单上注明的出口日期界定。

上述调整措施，有利于降低进口成本，扩大钢铁资源进口，支持国内压减粗钢产量，引导钢铁行业降低能源消耗总量，促进钢铁行业转型升级和高质量发展。

2. 出口税

出口税（Export Duty）是指出口国海关在本国商品输出时对本国出口商所征收的关税。为了鼓励出口、追求贸易顺差和获取最大限度的外汇收入，许多国家，特别是西方发达国家已不再征收出口税。

3. 过境税

过境税（Transit Duty）又称通过税，是一国对于通过其领土（关境）运往另一国的外国货物所征收的关税。过境税作为一种制度在重商主义时期得以确定。征税方可以凭借得天独厚的条件获取一定的收入，既可以充足国库，又可以转嫁国内的某些经济负担。由于运输业的发展及运输竞争的加剧，加上各国财政来源收入增加，从 19 世纪后半期开始，各国相继废止了过境税，代之以签证费、准许费、登记费、统计费、印花税等形式，鼓励增加过境货物，增加运费收入、保税仓库内加工费和仓储收入等。

（三）按征税目的不同分

按征税目的不同，可分为财政关税和保护关税。

1. 财政关税

从关税设置的目的看，因为关税最初只是作为政府增加财政收入的渠道，所以又称财政关税（Revenue Tariff）。财政关税达到增加收入目的的条件是：1）关税负担全部转嫁于外国，进口商品价格不因此而提高；2）进口量及进口消费不减少；3）国内没有与进口商品相同的产品。

2. 保护关税

以保护国内产业为目的设置的关税称为保护关税（Protective Tariff）。资本主义生产方式建立以后，关税的保护作用被发现并受到重视，逐渐成为各国推行贸易保护主义的重要手段。关税达到保护目的的条件是：1）进口税必须高于国内的消费税，以提高进口商品价格，从而保护国内工业；2）进口量及进口消费下降，减少外国商品对本国生产的压力；3）国内存在进口竞争产业。

（四）按差别待遇和特定的实施情况分

按差别待遇和特定的实施情况分，关税可分为进口附加税、差价税、特惠税和普惠制关税。

1. 进口附加税

进口附加税（Import Surtax）又称特别关税，是进口国在对进口商品征收正常进口税后，出于某种目的再加征部分进口税，加征的进口税部分，就是进口附加税。进口附加税不同于进口税，不体现在海关税则中，因其为特殊目的而设置，故其税率往往视征收的具体目的而定。一般是临时性的或一次性的。例如：美国在1971年由于国际收支出现危机，为了限制进口，对进口商品一律征收10%的附加税；有些国家为了增加财政收入或限制高价奢侈品的进口，对其征收附加税；有些国家（如澳大利亚）曾因某种商品一时进口量过多使国内生产受到威胁而征收紧急进口税。我国从1985年开始，对一些国内已能生产但又大量进口的消费品，如汽车、机电产品等，以及一些国内幼稚工业或新兴工业产品和一些盲目引进的生产线，于进口关税之外另征收进口调节税。这些调节税已于1992年4月全部取消。

进口附加税主要包括反补贴税、反倾销税、紧急关税、惩罚性关税和报复性关税。

（1）反补贴税。

反补贴税（Counter-vailing Duty）又称抵销税或补偿税，是对直接或间接接受奖金或补贴的外国进口商品所征收的一种附加税。凡进口商品在生产、制造、加工、买卖、输出过程中所接受的直接或间接的奖金或补贴都构成征收反补贴税的条件，不论奖金或补贴来自政府还是同业公会等。反贴补税的税额一般按奖金或补贴数额征收。

国际贸易中，一般认为对出口商品采取补贴方式是不合适且不公平的，它与国际贸易体系的自由竞争原则相违背。因此，反补贴税被视作进口国抵御不公平贸易的正当措施。征收的目的在于抵销进口商品所享受的补贴金额，削弱其竞争能力，保护本国产业。

（2）反倾销税。

反倾销税（Anti-dumping Duty）是对实行商品倾销的进口货物所征收的一种进口附

加税。其目的在于抵制商品倾销，保护本国的市场与工业。倾销是指以低于本国国内市场价格或低于正常价格在其他国家进行商品销售的行为。它使进口国厂商处于不平等的竞争地位，对它们造成冲击。进口国政府为了保护本国产业免受外国商品倾销的冲击，就有可能考虑对实施倾销的商品征收反倾销税。

反倾销税的征收必须同时符合三项基本条件：

其一，倾销存在，即商品出口价格低于其正常价格（国内销售价格或对第三国出口价格或其生产成本）。

其二，损害存在，即进口国竞争产业受到严重损害或损害威胁，或者一项新产业的建立受到严重阻碍。

其三，损害与倾销之间存在因果关系，即进口竞争产业所受的损害是倾销造成的。

但是，对于倾销的认定、“正常价格”的含义、反倾销的实施方式等，各个国家之间存在一定的分歧；一些发达的国家则利用反倾销手段对来自低成本的发展中国家的进口商品加以限制，反倾销扩大化的趋势明显，成为非关税壁垒的手段之一。

一国遭受来自他国商品的倾销，一般都会对倾销商品征收反倾销税。但在征收反倾销税之前，必须对倾销行为进行调查。作为世界贸易组织一揽子文件之一的《关于执行1994年关贸总协定第六条的协议》对反倾销调查程序做出了详细的规定。根据世界贸易组织的有关原则，凡成员方制定反倾销法律或者采取反倾销调查行动，都必须与该文件保持一致。

反倾销调查程序包括申诉、立案、调查、初裁与终裁、行政复审等阶段。

1）申诉。反倾销调查的启动一般应由进口方受到损害的行业或其代表向有关当局提交书面申请，这是反倾销调查的必要条件。一般情况下，进口方当局不会主动发起反倾销调查。进口方受到损害的行业或其代表向有关当局提交的申诉书应包括以下内容：申请人的身份、产品产量与价值、被指控产品所属国家及相关企业名称、被指控产品在其所属国国内的价格等。

2）立案。进口方当局在确认申诉材料真实可靠并决定立案后，就要通知其产品遭到调查的成员方和调查当局所知道的有利害关系的各方并予以公告。向被调查方发出的通知应当列明应诉材料的送达地点及时限等。

3）调查。当局在一定的期限内，对被告方的产品倾销幅度、对国内行业的损害以及两者之间的因果关系进行调查核实。一般情况下，反倾销调查应在1年内结束，无论何种情况都不得超过从调查开始之后的18个月。在调查中，当事各方必须以书面形式提供证据，即使是听证会的口头辩论，事后也必须提交书面材料。给被诉方发出的调查表，至少要给予30天的期限（以发出之日起的7天为送达期）。在调查期间，各利害关系方有权举行听证会为其利益辩护。为证实所提供信息的准确性，进口方当局可以在其他成员方境内进行现场调查。如果有关利害方不提供资料或者阻碍调查的进行，进口方当局可依据提起反倾销调查申诉的一方提供的资料做出裁决。调查当局有义务听取被诉倾销产品的用户及消费者发表评论。

4）初裁与终裁。初裁是指在完全结束调查之前，调查当局如果初步肯定或否定有关倾销或损害的事实，可以对相关产品采取临时措施（临时措施只能在反倾销调查开始之日起60天后才能采取，实施期限一般不超过4个月，最长不超过9个月）。终裁是指调查当局最终确认进口产品倾销并造成损害，从而对其征收反倾销税。如果征收反倾销税，数额不得超过倾销幅度，可以征收反倾销税直至抵消倾销损害，但最长不超过5年。反倾销税一般不能追诉征收。但是，为了防止出口方在调查期间抢在进口方采取措施前大量出口倾销产品，反倾销守则也规定了在确实发生上述情况时，进口方当局可以对那些临时措施生效前90天内进入消费领域的产品追诉征收最终反倾销税。

5）行政复审。反倾销税实行一段时间后，进口方当局可以主动或应当事人的要求进行行政复审，以确定是否继续或中止征收反倾销税或价格承诺。在进口方当局初步确认存在倾销、损害及其因果关系后，如果出口商主动承诺提高有关商品的出口价格或者停止以倾销价格出口，并且得到进口方当局的同意，那么反倾销调查程序可以暂时中止或终止。

相关案例

中国商务部对原产于澳大利亚的进口相关葡萄酒“双反”调查的最终裁定

2021年3月26日，商务部发布2021年第6、7号公告，公布对原产于澳大利亚的相关葡萄酒反倾销和反补贴调查的最终裁定，裁定原产于澳大利亚的进口相关葡萄酒存在倾销和补贴，中国国内相关葡萄酒产业受到了实质损害，而且倾销和补贴与实质损害之间存在因果关系，最终裁定中认定的倾销幅度为116.2%～218.4%，补贴幅度为6.3%～6.4%。

商务部同时决定自2021年3月28日起对原产于澳大利亚的相关葡萄酒征收反倾销税，各公司反倾销税税率为116.2%～218.4%。根据相关规定，为避免双重征税，决定不征收反补贴税。

应国内相关葡萄酒产业申请，商务部分别于2020年8月18日和2020年8月31日发布公告，决定对原产于澳大利亚的进口相关葡萄酒发起反倾销和反补贴调查。立案后，商务部严格按照中国相关法律法规和世贸组织规则进行调查，做出上述最终裁定。

（3）紧急关税。

紧急关税（Emergency Tariff）又称紧急进口附加税，是指为应付某种紧急情况，对某些商品加征的进口税。在国际贸易中，外国某种商品大量涌入某国，进口量大大超过正常水平，对某国生产此种产品的行业构成威胁，甚至造成巨大损失，通过正常谈判渠道又难以解决时，该国往往以加征紧急关税的方式来限制该商品的大量涌入来保护本国工业生产。例如：美国汽车制造商曾因日本汽车大量涌入美国市场而要求政府加征此类关税。1972年5月澳大利亚曾对进口涤纶在征收正常关税外，加征紧急关税。2011年韩国企划财政部宣布对23个品种的农产品征收“特备紧急关税”，其中包括绿豆、红小豆、荞麦、水参、人参种子、带壳花生、花生米等。

（4）惩罚性关税。

惩罚性关税是指出口国某商品违反了与进口国之间的协议，或者未按进口国海关规定办理进口手续时，进口国海关对该进口商品征收的一种临时性的进口附加税。例如：1988年日本半导体元件出口商因违反了与美国达成的自动出口限制协定，被美国征收100％的惩罚性关税。又如：某进口商虚报成交价格，以低价报关，一经发现，进口国海关将对该进口商征收特别关税作为罚款。

相关案例

美国对中国轮胎进口征收惩罚性关税

2009年4月20日，美国钢铁工人联合会以中国对美轮胎出口扰乱美国市场为由，向美国国际贸易委员会提出申请，对中国产乘用车轮胎发起特保调查。6月29日，美国国际贸易委员会建议在现行进口关税（3.4％～4.0％）的基础上，对中国输美乘用车与轻型卡车轮胎连续3年分别加征55％、45％和35％的特别从价关税。9月11日，时任美国总统奥巴马决定对从中国进口轮胎实施的惩罚性关税，税率第一年为35％，第二年为30％，第三年为25％，该惩罚性关税一直征收至2012年9月26日。

（5）报复性关税。

报复性关税是一国为报复他国对本国商品、船舶、企业、投资或知识产权的不公正待遇而对从该国进口的商品所课征的进口附加税。通常这些不公平待遇包括：

1）对本国商品征收歧视性差别关税或采取贸易保护措施；

2）给予第三国比给予本国更优惠的待遇；

3）在与本国的贸易中，自由贸易方面做得不够；

4）对本国产品的知识产权没有提供足够的保护；

5）在与本国的原贸易协定期满时，对新协定提出不合理要求。

当他国取消上述不公正待遇时，报复性关税也随即取消。但报复性关税往往容易引起他国采取同样的手段，最终导致关税战。

相关案例

日本2005年开始首次对贸易伙伴征收报复性关税

由于美国拒绝废除被世界贸易组织裁决为非法的《伯德修正案》，日本政府于2005年8月1日正式决定，从9月1日开始对美国部分产品征收报复性关税。这是日本首次对贸易伙伴征收报复性关税。

日本政府已经决定从可以实施报复性关税的371种产品中，将轴承、钢铁及其制品等15种产品作为此次征收报复性关税的对象。日本企业在进口这些产品时，需在一般关税的基础上再追加15％的报复性关税。

2000年10月，美国国会通过《伯德修正案》。该修正案规定，美国政府将上一年度向外国公司征收的反倾销和反补贴税款，按比例直接分配给提起反倾销和反补贴诉讼的本国公司，而不是上缴财政部门。因此，欧盟、日本、加拿大等美国贸易伙伴认为，《伯德修正案》实际上对外国公司构成了双重惩罚，从而鼓励美国公司滥用发起反倾销和反补贴诉讼的权利。据日本媒体报道，美国自2001年实施了《伯德修正案》后，给日本企业造成了总额约为3.9亿美元的损失。

2000年12月，日本和欧盟等9个国家（地区）以美国违反有关协定为由，向世界贸易组织提起诉讼，要求美国立即废除《伯德修正案》。2003年1月，世界贸易组织裁定《伯德修正案》非法，并要求美国限期予以废除。然而，美国国会对此却一直置之不理。为此，日本和欧盟等国家（地区）于2004年1月向世界贸易组织申请对美国产品实施征收报复性关税的措施。同年11月，世界贸易组织认定《伯德修正案》使日本每年对美出口减少5 210万美元，并同意日本可在这一范围内通过实施报复性关税减少美国对日的出口。据报道，欧盟和加拿大从2004年5月已开始对美国的纤维、农产品等追加了15%的报复性关税。

2. 差价税

差价税（Variable Levy）又称差额税，是指当某种本国生产的产品国内价格高于同类进口商品的价格时，为了削弱进口商品的竞争能力，保护国内生产和国内市场，按国内价格与进口价格之间的差额征收的关税。

由于差价税是随着国内外价格差额的变动而变动的，因此它是一种滑动关税。对于征收差价税的商品，有的规定按价格差额征收，有的规定在征收一般关税以外另行征收，这种差价税实际上属于进口附加税。

相关案例

欧盟对非成员国进口农产品征收差价税

欧盟对从非成员国进口的农产品征收差价税。其税额是欧盟所规定的门槛价格与实际进口的货价加运保费（CIF）之间的差额。门槛价格是欧盟根据欧盟境内谷物最短缺地区公开市场上可能出售的价格（境内谷物最高价格）减去从进境地到达该地区市场的运费、保险费、杂费和销售费用后所规定的价格。门槛价格是计算差价税的基准价格，外国农产品抵达欧盟港口（地）的CIF价格低于此价时，即按其差额征税，使税后的外国农产品进入欧盟的市场价格不低于欧盟同类产品的价格。征收差价税是欧盟实施共同农业政策的一项主要措施，其主要目的是保护和促进欧盟内部的农业生产。所征差价税款作为农业发展资金，用于资助和扶持内部农业生产的发展。

3. 特惠税

特惠税（Preferential Duty）是特定优惠关税的简称，是指对从某个国家（地区）进口的全部商品或部分商品，给予特别优惠的低关税或免税待遇。使用特惠税的目的是增进与受惠国之间的友好贸易往来。特惠税有的是互惠的，有的是非互惠的。税率一般低于最惠国税率和协定税率。互惠的特惠关税主要是区域贸易协定或双边自由贸易协定成员间根据协定实行的特惠税。如欧盟成员之间、北美自由贸易协定成员之间、中国与东盟国家之间实行的特惠税。

相关案例

中国给予贝宁共和国特惠税

按照我国给予最不发达国家97%税目产品零关税待遇的有关承诺，根据我国与贝宁共和国换文情况，自2021年5月1日期，对原产于贝宁共和国的97%税目产品，适用税率为零的特惠税率。97%税目产品为《中华人民共和国进出口税则（2021）》（税委会公告〔2020〕11号）特惠税率栏中标示为“受惠国LD”的8 097个税目、“受惠国1LD1”的184个税目，共计8 281个税目。

4. 普惠制关税

普惠制是发展中国家经过长期的斗争后获得的胜利成果。1968年第二届联合国贸易和发展会议上通过了建立普惠制的决议。该决议规定，发达国家承诺对从发展中国家（地区）输入的商品，特别是制成品和半制成品给予普遍的、非歧视的和非互惠的关税优惠待遇，这种关税称为普惠制关税（Generalized System of Preference Duty）。

普惠制关税的主要原则是普遍的、非歧视的、非互惠的。所谓普遍的，是指发达国家对所有发展中国家出口的制成品和半制成品给予普遍的优惠待遇。所谓非歧视的，是指应使所有的发展中国家都无歧视地、无例外地享受普惠制待遇。所谓非互惠的，是指非对等的，发达国家应单方面给予发展中国家做出特别的关税减让，而不要求发展中国家对发达国家给予同等待遇。

普惠制的目的是扩大发展中国家对发达国家制成品和半制成品的出口，增加发展中国家的外汇收入；促进发展中国家的工业化，加速其经济增长。1971年7月欧洲共同体首先制定普惠制方案，随后，28个国家先后实行普惠制。享受普惠制待遇的发展中国家（地区）达170多个。

目前，给惠国包括欧盟27国（法国、爱尔兰、德国、丹麦、意大利、比利时、荷兰、卢森堡、希腊、西班牙、葡萄牙、奥地利、瑞典、芬兰、捷克、斯洛伐克、波兰、爱沙尼亚、拉脱维亚、斯洛文尼亚、塞浦路斯、立陶宛、马耳他、匈牙利、罗马尼亚、保加利亚、克罗地亚），以及英国、瑞士、挪威、日本、美国、加拿大、澳大利亚、新西兰、俄罗斯、乌克兰、白俄罗斯、哈萨克斯坦、土耳其、列支敦士登，共41个国家。除美国外，其余40国给予我国普惠制待遇。

根据海关总署2021年第84号公告，自2021年12月1日起，对输往欧盟成员国、英国、加拿大、土耳其、乌克兰和列支登士敦等32个国家已不再给予中国普惠制关税优惠待遇国家的货物，海关不再签发普惠制原产地证书。输往上述国家的货物发货人需要原产地证明文件的，可申请领取非优惠原产地证书。目前依旧对中国保留普惠制待遇的国家只剩澳大利亚、新西兰和挪威3个国家。

（五）按照关税保护程度和有效性的不同分

按照关税保护程度和有效性的不同，关税可分为名义关税和有效关税。

1. 名义关税

名义关税（Nominal Tariff）是指一国对某种进口商品，海关直接根据关税税率而征收的关税。在其他条件相同的情况下，进口税的税率越高，对本国同类产品部门的保护程度就越高，反之则越低。但是，直接用关税税率的高低所反映的保护程度的高低只是名义上的，并不能反映实际的或有效的保护程度。名义保护率（Nominal Rate of Protection，NRP）是指一国由于实现关税保护而引起的国内市场价格超过国际市场价格的部分占国际市场价格的百分比。即：

$$NRP=(P'-P)/P\times 100\%$$

P'——进口商品的国内市场价格。

P——进口商品的国际市场价格。

2. 有效关税

有效关税（Effective Tariff）是指对某个工业每单位产品“增值”部分的从价税。有效保护率（Effective Rate of Protection，ERP）代表着关税对本国同类产品真正的保护程度。即：

$$ERP=(V'-V)/V\times 100\%$$

V'——保护措施下生产过程的增值（国内增值）。

V——自由贸易条件下的加工增值。

有效保护不但注意关税对成品价格影响，而且注意投入品（原材料或中间产品）由于征收关税而增加的价格，因此有效保护率计算的是某项加工工业中受全部关税制度影响而产生的增值比，是一种产品的国内外增值差额占其国外增值的百分比。它可以在一国（地区）降低关税的条件下实现对自身产业的保护。即根据有效保护理论，关税的保护作用并不依赖于高的名义税率，它与降低关税水平并不矛盾。

知识窗

有效保护率的运用

假定在自由贸易情况下，一台吸尘器进口价格折合人民币300元，其零配件投入价格为210元，增值部分为90元。如果我国进口吸尘器零部件并在国内加工制成成品，且零配件投入比例不变，按照对吸尘器零配件和制成品征收关税的不同情况，引起的有效保护率如下：

1）若对制成品征收10%的进口关税，零配件免税，则国内吸尘器市场价格＝300×110%＝330元，其中零配件费用仍为210元，则国内加工增值额＝330－210＝120元。按照上述公式计算，吸尘器的有效保护率＝（120－90)/90×100%＝33.33%。

2）若对制成品征收10%的进口关税，对零配件也征收10%的进口关税，则国内吸尘器市场价格=300×110%=330元，但零配件费用增加了21元，则国内加工增值额=330−210−21=99元。按照上述公式计算，吸尘器的有效保护率=（99−90)/90×100%=10%。

3）若对制成品征收8%的进口关税，对零配件征收10%的进口关税，则国内吸尘器市场价格=300×108%=324元，但零配件费用增加了21元，则国内加工增值额=324−210−21=93元。按照上述公式计算，吸尘器的有效保护率=（93−90)/90×100%=3.33%。

4）若对制成品免税，对零配件征收10%的进口关税，则国内吸尘器市场价格仍为300元，但零配件费用增加了21元，则国内加工增值额=300−210−21=69元。按照上述公式计算，吸尘器的有效保护率=（69−90)/90×100%=−23.33%。

行业观察

进博会交出亮眼“成绩单”，超高回头率，“老朋友”越来越多

中国更主动向世界开放市场

第五届中国国际进口博览会2022年11月10日在上海落下帷幕，按一年计意向成交金额735.2亿美元。举办5年来，进博会已经成为全球新品的首发地、前沿技术的首选地、创新服务的首推地。通过进博会，中国更主动地向世界开放市场，推动建设开放型世界经济并支持经济全球化。据相关负责人介绍，本届进博会共有145个国家、地区和国际组织参展，来自127个国家和地区的2 800多家企业参加企业商业展。展示438项代表性首发新产品、新技术、新服务，超过上届水平。首次搭建的数字进博平台吸引了368家技术装备企业线上参展，组织直播或转播活动64场，浏览量达60万次。

“在各方共同努力下，第五届进博会实现了成功、精彩、富有成效的预期目标。”中国国际进口博览局副局长孙成海10日在新闻发布会上透露，本届进博会共有284家世界500强和行业龙头企业参展，数量超过上届，回头率近90%，展台特装比例达到96.1%，均高于上届水平。

中国国际经济交流中心副理事长魏建国对《环球时报》记者表示，本届进博会是党的二十大胜利闭幕后中国举办的首场重大国际展会，表明了中国高水平开放的决心不会改变、中国与全球共享开放机遇的决心不会改变。魏建国表示，第五届进博会释放出中国生产和消费市场持续升温的信号，提振了全球恢复经济的信心，中国表现出来的巨大的产业链韧性再一次受到全球瞩目。

多家跨国大型半导体企业亮相是本届进博会的焦点之一，这些企业涵盖半导体制造设备、晶圆制造、芯片设计、半导体材料等多个生产环节。三星在进博会上展示全球首个量产的3纳米芯片，英特尔展出今年早些时候发布的第13代英特尔酷睿处理器，荷兰光刻机企业ASML通过互动视频方式展示其光刻机产品的工作原理。AMD、高通、

泛林等业内企业也均设有展台。

本届进博会上，不少企业签下大单、收获满满。5日，浙江与拜耳作物科学、吉利德科学、费森尤斯等企业签约外资项目64个，总投资101亿美元，涉及生命健康、制造业、数字经济、生产性服务业等；6日，山东与格陵兰集团、美国米德集团等企业签约外资项目20个，合同外资额8.84亿美元，涉及高端装备、新一代信息技术、新材料、医养健康等。

阿根廷美洲通讯社网站称，今年有20多家阿根廷企业参展进博会，比上一届增加了一倍。阿根廷驻华大使牛望道说，进博会是世界上最大的进口博览会，展现了中国主动向世界开放市场的态度和决心。他正在努力帮助"扩大阿根廷技术企业在中国的参与和存在"，并强调了这一努力对于世界贸易的重要性。

"面对日益高涨的保护主义浪潮，中国为扩大国际贸易提供了市场和机遇，促进了不同国家之间的商业便利化，为全球共同繁荣作出真正的贡献"。巴西《论坛报》网站称，中国举行的进口博览会旨在促进开放合作，为中国和其他合作伙伴带来越来越大的经济效应，大量新技术和产品通过这个平台进入中国和国际市场，并迅速服务于消费者。

《俄罗斯报》9日报道称，中国进博会已成为中国促进投资、文化交流和对外开放合作的重要平台。作为中国进博会积极参与者的俄罗斯企业家清楚地认识到俄中贸易发展的巨大潜力。俄中贸易额逐年稳步增长，仅今年1月至9月就同比增长32.5%，达到1 360多亿美元。

"上海进博会百家韩国企业共享中国机遇"，韩国《亚洲日报》网站10日报道称，中国良好的营商环境与强大的消费者购买力，始终吸引着来自全世界的目光。此次进博会，韩国共有115家企业参展。现场中韩商贸互动频繁，光是中韩企业进行的一对一洽谈就超过500场。目前，中国已成为韩国的第一大贸易伙伴、第一大出口市场和第一大进口来源国，韩国是中国的第五大贸易伙伴。

进博会上演RCEP成员"全家福"

作为《区域全面经济伙伴关系协定》（RCEP）生效首年举办的国际性盛会，RCEP成为本届进博会与虹桥经济论坛的高频词、关键词。

本届进博会上，RCEP成员国均有企业参展，在进博会实现"全家福"。来自新加坡的OSIM傲胜公司将展台面积从去年的120平方米扩大到今年的180平方米，展示一系列按摩椅产品。OSIM首席执行官张查利对《环球时报》记者表示，全球经济重心正从西方转移到东方，RCEP将提高企业与成员国及商业伙伴间的合作水平。

新西兰也是RCEP的成员国之一，连续5年参展进博会的该国乳业巨头恒天然同样看重RCEP带来的效应。恒天然大中华区CEO周德汉对记者表示，RCEP作为一个以规则为基础的自贸协定，能够加强贸易的一致性，并带来效率的提升，这是相关企业乐于看到的。据周德汉介绍，对RCEP国家的出口已占恒天然出口业务的50%，随着RCEP的效果进一步展现，恒天然期待这一占比继续提升。

RCEP于2022年1月1日生效后，其释放的贸易活力令东盟国家企业印象深刻。2022年前三季度，东盟成为中国第一大贸易合作伙伴。记者在本届进博会上看到，“RCEP绿色农产品”有了专门的展台，越南的榴莲、马来西亚的菠萝蜜、菲律宾的芒果等纷纷在进博会亮相。值得一提的是，来自越南的榴莲今年获准进入中国市场，将与泰国、马来西亚等国的榴莲共同竞争中国的庞大市场。

汇丰银行在本届进博会期间特别发布的《海外企业看中国2022：共享RCEP新机遇》调查报告显示，得益于中国超大规模市场优势以及RCEP生效实施等积极因素的推动，海外企业持续看好中国市场。有93%的RCEP成员国受访企业预计，RCEP的生效实施将增加他们与中国的贸易往来。

“RCEP的充分落实可以促进资本和服务流通，解决长期困扰供应链的瓶颈，还将提高区域一体化水平、增进区域凝聚力。”东盟秘书长林玉辉表示，RCEP是一个开放的协定，不仅能促进区域内贸易投资，也有利于区域内小微企业加入全球产业链供应链，发展潜力巨大。

超高回头率，“老朋友”越来越多

随着进博会迎来“五周年”生日，每年准时“赴约”的“老朋友”越来越多。本届进博会世界500强和行业龙头回头率近90%，这源于对进博会、对投资中国的信心。全球企业展示出不断坚定深耕中国市场、共享中国发展机遇的决心。

“连续五年参展进博会，我们见证了它的发展和越来越大的影响力，也见证了中国如何为世界经济的持续发展注入强大能量。”爱茉莉太平洋中国总裁黄永憨对记者表示，进博会帮助爱茉莉太平洋更好地洞察中国市场和消费者的需求，在参展进博会后促成企业引入更多适合中国市场的新品牌和产品，本届进博会将为世界开拓巨大的市场消费空间。

中国斯里兰卡经贸合作商会主席晋兰加也是进博会的“五年老友”，见证了斯里兰卡企业从只展出锡兰红茶到今年带来珠宝、锡兰红茶、椰子油、金椰子水、棕榈蜜等一系列特色产品的过程。晋兰加还是斯里兰卡饼干制造商MALIBAN在华的代理商，他告诉记者，最初MALIBAN进入中国市场时，每隔几个月才发送两个集装箱的产品，如今每月都需要发送一个集装箱。

在本届进博会开幕的前两个月，来自法国的饲料添加剂生产企业安迪苏的南京工厂二期18万吨液态蛋氨酸项目正式投产，这也是全球规模最大的液态蛋氨酸生产平台之一。安迪苏董事长郝志刚告诉记者，进博会提供了接近中国市场的绝佳机会。安迪苏关注到中国农业农村部发布的“十四五”期间养殖业的一系列目标，包括着力打造生猪、家禽两个万亿级产业等。“这些规划为整个动物饲料和添加剂行业带来了非常广阔的市场需求”，郝志刚说，安迪苏计划将海外的产品和服务带到中国市场，并且随着市场的不断扩大，积极在中国寻找投资机会，真正实现本土化，与中国市场共同发展。

操作示范

1. 关税是指进出口商品经过一国关境时，由政府所设置的海关代表国家向其征收的一种税。关税的特点：关税是一种间接税，其税收主体和税收客体有其特定范围；关税是一国对外贸易政策的重要组成部分。

2. 关税措施的作用：（1）可以增加财政收入；（2）可以保护本国市场；（3）可以调整本国的产业结构。

实训演练

我国2023年关税调整方案

一、进口关税税率

（一）进口暂定税率

对1020项商品（不含关税配额商品）实施进口暂定税率；对7项煤炭产品的进口暂定税率，实施至2023年3月31日，自2023年4月1日起恢复实施最惠国税率；对1项信息技术协定扩围产品的进口暂定税率，实施至2023年6月30日，自2023年7月1日起实施最惠国税率，税率为零。

（二）最惠国税率

1. 自2023年7月1日起，对《中华人民共和国加入世界贸易组织关税减让表修正案》附表所列信息技术协定扩围产品最惠国税率实施第八步降税。

2. 调整部分冻鸡产品最惠国税率计征方式。

（三）关税配额税率

继续对小麦等8类商品实施关税配额管理，税率不变。其中，对尿素、复合肥、磷酸氢铵3种化肥的配额税率继续实施1%的暂定税率。继续对配额外进口的一定数量棉花实施滑准税。

表3-1　关税配额商品科目税率表

序号	商品类型	税则号列	普通税率（%）	2021年最惠国税率（%）	关税配额税率（%）	国别关税配额税率（%）		
						中国-新西兰自贸协定	中国-澳大利亚自贸协定	中国-毛里求斯自贸协定
1	小麦	10011100	180	65	1			
		10011900	180	65	1			
		10019100	180	65	1			
		10019900	180	65	1			
		11010000	130	65	6			
		11031100	130	65	9			
		11032010	180	65	10			
2	玉米	10051000	180	20	1			
		10059000	180	65	1			

续前表

序号	商品类型	税则号列	普通税率（%）	2021年最惠国税率（%）	关税配额税率（%）	国别关税配额税率（%）		
						中国-新西兰自贸协定	中国-澳大利亚自贸协定	中国-毛里求斯自贸协定
2	玉米	11022000	130	40	9			
		11031300	130	65	9			
		11042300	180	65	10			
3	稻谷和大米	10061021	180	65	1			
		10061029	180	65	1			
		10061081	180	65	1			
		10061089	180	65	1			
		10062020	180	65	1			
		10062080	180	65	1			
		10063020	180	65	1			
		10063080	180	65	1			
		10064020	180	10	1			
		10064080	180	10	1			
3	稻谷和大米	11029021	130	40	9			
		11029029	130	40	9			
		11031931	70	10	9			
		11031939	70	10	9			
4	糖	17011200	125	50	15			15
		17011300	125	50	15			15
		17011400	125	50	15			15
		17019100	125	50	15			15
		17019910	125	50	15			15
		17019920	125	50	15			15
		17019990	125	50	15			15
5	羊毛	51011100	50	38	1	0	0	
		51011900	50	38	1	0	0	
		51012100	50	38	1	0	0	
		51012900	50	38	1	0	0	
		51013000	50	38	1	0	0	
		51031010	50	38	1	0	0	
6	毛条	51051000	50	38	3	0		
		51052100	50	38	3	0		
		51052900	50	38	3	0		
7	棉花	52010000	125	40	1			
		52030000	125	40	1			
8	化肥	31021000	150	50	4			
		31052000	150	50	4			
		31053000	150	50	4			

（四）协定税率

1. 根据我国与有关国家或者地区已签署并生效的自由贸易协定和优惠贸易安排，对19个协定项下、原产于29个国家或者地区的部分进口货物实施协定税率：一是按照中国与新西兰、秘鲁、哥斯达黎加、瑞士、冰岛、韩国、澳大利亚、巴基斯坦、毛里求斯、柬埔寨的自由贸易协定和《区域全面经济伙伴关系协定》（RCEP）进一步降税；按照有关规定，中国—瑞士自由贸易协定自2023年7月1日起，就部分信息技术协定扩围产品降低协定税率。二是中国与东盟、智利、新加坡、格鲁吉亚自由贸易协定，以及内地与香港、澳门《关于建立更紧密经贸关系的安排》（CEPA）和《海峡两岸经济合作框架协议》（ECFA）已完成降税，继续实施协定税率。三是亚太贸易协定继续实施，自2023年7月1日起，就部分信息技术协定扩围产品降低协定税率（见附5）。

2. 根据RCEP有关规定以及协定对印度尼西亚生效情况，自2023年1月2日起，对原产于印度尼西亚的部分进口货物实施RCEP东盟成员国2023年所适用的协定税率。

3. 当最惠国税率低于或等于协定税率时，协定有规定的，按相关协定的规定执行；协定无规定的，二者从低适用。

（五）特惠税率

继续给予44个与我建交并完成换文手续的最不发达国家零关税待遇，实施特惠税率，适用商品范围和税率维持不变。

二、出口关税税率

继续对铬铁等106项商品征收出口关税，提高铝和部分铝合金的出口关税。

三、税则税目

根据国内需要，对部分税则税目、注释进行调整。调整后，2023年税则税目数共计8 948个。

四、有关实施时间

以上方案，除另有规定外，自2023年1月1日起实施。

思考：

（1）什么是最惠国税率、关税配额税率和协定税率？

（2）简述我国现行的关税配额税目税率表中涉及的商品范围和税率水平。

（3）我国目前对于哪些出口商品征收出口关税？

日本政府正式结束对中国产品的普惠制待遇

2019年4月1日开始，日本正式结束对中国的普惠制待遇。这一延续了39年的政策宣告落下帷幕。之前输日普惠制关税优惠幅度平均大概在3个百分点，普惠制待遇取消后，输日商品平均关税税率将上涨约3个百分点，部分商品甚至上浮超过10个百分点。

日本是中国重要的普惠制给惠国之一，自1980年4月1日起给予中国普惠制待遇。由于中国经济发展迅速，近年来欧盟、加拿大等国家（地区）相继对中国产品实施了普惠制“毕业”，而日本自2011年起实施的新一轮普惠制方案中也已取消了对中国462个税号产品的优惠资格。中国目前是日本的第一大进口国和逆差主要来源国。根据中国商务部发布的国别贸易报告，2018年日本自中国进口额为1 735.4亿美元，占日本进口总额的23.2%，其中主要进口商品是机电产品、纺织品及原料和家具玩具。中国产品若彻底不再享受日本普惠制待遇，将使对日出口受到一系列负面影响。机电产品作为对日出口的主导产品，在很大程度上依然由在华日资企业掌握着有利地位，众多日本企业从中国进口原材料，或将中国作为生产基地生产产品后返销日本，不能享受普惠制待遇将使这些在华日资企业的基地配置和产品价格受到影响。而纺织品等劳动密集型中国产品在日本进口市场的占有率虽均在60%以上，但也面临来自其他亚洲国家（如越南、泰国）以及意大利、美国等的激烈竞争，日本拟取消对中国普惠制待遇的同时却保留了对越南、印度尼西亚、印度等国家的普惠制待遇，将会导致中国原产纺织品及原料在日进口关税税率上比竞争对手高出1.06～14.2个百分点。同时，由于近年来中国劳动力成本及物价水平不断上涨，纺织等行业用工成本平均高出东南亚国家1～3倍，普惠制待遇的终结将会导致这种不利的竞争形势加剧。

思考：

（1）日本为什么要取消对中国产品的普惠制待遇？

（2）作为相关产品出口企业，你觉得会受到什么影响？应该如何应对？

单元三　非关税措施

任务导入

中国口罩出口的美国难题

2020年全球面临新冠疫情“大流行”，全球经济、社会、金融受到了严重的冲击，全球经济正面临衰退。全球化体系下，由于轻工制造业的外移，使得一项必需的基础防疫物资——口罩陷入了极度短缺之中。

美国全境，口罩短缺的新闻不断爆出，即便一线医护也无法得到满足。根据《今日美国》于当地时间4月7日发布的报道，肯塔基州一名患有肺炎、哮喘等基础病的49岁护士因为拒绝在无防护的情况下照料新冠肺炎患者，行医资格于3月31日遭到暂时吊销。一名身在纽约一线的华裔女医生亦直言：“N95口罩是很宝贵的，医生们在N95口罩外面套上外科口罩，这样就能重复使用了。”

上述争议事件在新泽西、伊利诺伊、加利福尼亚等地不断发生。为了缓解符合美国国家职业安全卫生研究所（NIOSH）标准的口罩——主要是N95型号口罩短缺的困境，当地时间3月

24日，美国卫生与公众服务部（HHS）签发了一系列防疫替代产品的紧急使用授权（EUA），并在其辖下美国食品药品监督管理局（FDA）官网上发布了该紧急授权的具体细则。

这则最初发布的报告中规定，对于不符合NIOSH标准的口罩，只要满足或拥有七个国家和地区，即澳大利亚、巴西、日本、韩国、墨西哥、加拿大和欧盟的标准或市场许可，可以申请紧急授权，获准售给美国的医院。

但值得注意的是，世界最大口罩生产国——中国的标准（GB）并不在此列。而且根据该项临时授权的限制，中国生产的口罩必须先通过上述七个国家或地区的标准认证后，才能获准在美销售。

任务：

（1）什么是非关税壁垒？什么是技术性贸易壁垒？

（2）非关税壁垒具有什么特点？

（3）非关税壁垒发展有哪些趋势？

基本知识

一、非关税措施的含义与特点

（一）含义

非关税措施（Non-tariff Measures，NTM）即非关税壁垒（Non-tariff Barriers，NTB），是指一国政府采取除关税以外的一切限制进口的措施，其目的是试图在一定程度上限制进口，以保护国内市场和国内产业的发展。

（二）特点

与关税措施相比，非关税措施主要具有下列三个明显的特点。

1. 非关税措施比关税措施具有更大的灵活性和针对性

关税的制定往往要经过一定的立法程序，其调整或更改税率也需要经过一定的法律程序和手续，因此关税具有一定的延续性。而非关税措施的制定与实施，则通常采用行政程序，制定起来比较迅速，程序也较简单，能随时针对某国和某种商品采取或更换相应的限制进口措施，从而较快地达到限制进口的目的。

2. 非关税措施的保护作用比关税措施的作用更为强烈和直接

关税措施是通过征收关税来提高商品成本和价格，进而削弱其竞争能力的，因而关税措施的保护作用具有间接性。而一些非关税措施如进口配额制，预先限定进口的数量和金额，超过限额就直接禁止进口，这样就能快速和直接地达到关税措施难以达到的目的。

3. 非关税措施比关税措施更具有隐蔽性和歧视性

关税税率的确定和征收办法都是透明的，出口商可以比较容易地获得有关信息。另外，关税措施的歧视性也较弱，它往往会受到双边关系和国际多边贸易协定的制约。但一些非关税措施则往往透明度差、隐蔽性强，而且有较强的针对性，容易对别的国家实施差别待遇。

二、非关税措施的产生与发展趋势

（一）产生

1929 年西方各主要国家爆发了严重的经济危机，国内经济衰退、产品滞销、各国间贸易摩擦不断，此时仅仅采用较高的关税壁垒措施已经不能有效限制商品的进口。因此，西方各主要国家纷纷采用进口配额制、进口许可证制等限定贸易品数量的非关税壁垒措施来限制商品进口。到了 20 世纪 70 年代，关税及贸易总协定约束各国不能任意提高关税来限制进口，这使得发达国家对非关税壁垒措施的采用和实施力度增强。然而，随着贸易自由化的发展和关贸总协定的不断完善，各主要国家在削减关税的同时，减少了非关税壁垒措施的使用。但近些年由于国际经济环境的复杂化和国际贸易竞争的日趋激烈，贸易保护主义卷土重来，非关税壁垒措施也逐渐趋于多样化，由主要以直接限制数量形式的措施转变为各种间接形式的措施，从而实现更加隐蔽地限制进口的目的。

（二）发展趋势

1. 传统非关税措施的作用走向分化

随着国际贸易发展的不断变化，传统的非关税壁垒正走向分化，其中某些措施的作用正在逐渐削弱，而另一些作用正在加强。例如：在世界贸易组织成员的不断努力及各国双边或多边的贸易谈判下，传统非关税壁垒中的一部分如配额、进口许可证、进口押金制等已大为减弱。而反倾销和反补贴措施不断加强，反倾销措施实施的最初目的在于抵制国际贸易中的不公平行为，消除价格歧视。然而，一些国家却把它当作战略竞争手段，借以打击竞争对手和阻止其经济发展。反补贴是继反倾销措施后兴起的又一重要的非关税壁垒措施，其调查的主体以前主要指向市场经济国家，随着贸易保护主义的抬头，有些国家已经把矛头指向了非市场经济国家，并试图将其合法化。

2. 新型非关税措施表面上合理化

新型非关税措施具有更强的隐蔽性，它的设立在表面上看起来似乎合情合理，非常有必要，但实质并没有发生变化，仍然是保护本国的利益。例如：技术贸易壁垒和环境贸易壁垒的设立在表面上看来更加符合现代经济的发展和对环境的保护，但是各个国家的发展水平、技术水平存在差异，很难使得每个国家都符合这些标准。发达国家正是基于这一点，通过制定较高的标准来限制发展中国家的商品出口。

3. 新型非关税措施更加具体化和细分化

当今，国际贸易中非关税壁垒数目不断增加，涉及范围越来越广，其内容也更加细分化和具体化，如技术标准、知识产权标准、检验检疫标准、劳工标准和社会福利方面等。对于技术壁垒，由于世界贸易组织规定各成员可以根据自身特点和需要制定技术标准，因此发达国家利用其高于发展中国家的技术水平制定严格的技术标准，限制农产品的进口，而且其技术研发实力、技术进步速度高于发展中国家，进一步增加了我国及其他发展中国家的应对难度。随着科学技术的不断发展，新的技术标准不断涌现，其措施也将具体化，实施起来也更加复杂。

三、非关税措施的作用

（一）对国际贸易发展的影响

非关税壁垒对国际贸易发展起着很大的阻碍作用。在其他条件不变的情况下，世界性非关税壁垒的加强程度与国际贸易的增长速度呈反比关系。例如：在第二次世界大战后的50年代到70年代初，关税大幅度下降，同时，各发达国家大幅放宽和取消了进口数量限制等非关税措施，因而在一定程度上促进了国际贸易的发展，从1950年到1973年，世界贸易量年均增长率达到7.2%。相反，在70年代中期后，许多国家采取了形形色色的非关税壁垒措施，影响了国际贸易的发展，从1973年到1979年，世界贸易量年均增长4.5%，从1980年到1985年，更是降为3%左右。

（二）对商品结构和地理方向的影响

非关税壁垒还在一定程度上影响国际贸易商品结构和地理方向的变化。第二次世界大战后，受非关税壁垒影响的产品的总趋势是：农产品贸易受影响的程度超过工业品，劳动密集型产品贸易受影响的程度超过技术密集型产品，而受影响国家则是发展中国家和社会主义国家多于发达国家，程度也更严重。这些现象都严重影响了国际贸易商品结构与地理方向的变化，使发展中国家和社会主义国家对外贸易的发展受到重大损害。

（三）对进口国的影响

关税壁垒对进口国来说，虽然可以限制进口，保护该国的市场和生产，但也会引起进口国国内市场价格上涨。例如：如果进口国采取直接的进口数量限制措施，则不论国外的价格上升还是下降，也不论国内的需求多大，都不增加进口，就会导致国内外的价格差距拉大，使进口国国内价格上涨，从而保护了进口国同类产品的生产，这在一定条件下可以起到保护和促进该国有关产品的生产和发展的作用。

但是，非关税壁垒的加强会使进口国消费者付出巨大的代价，他们要付出更多的金钱去购买所需的商品，国内出口商品的成本与出口价格也会因价格的上涨而上浮，削弱出口商品的竞争力。为了增加出口，政府只能采取出口补贴等措施，这又会增加国家预算支出和加重人民的税收负担。

（四）对出口国的影响

进口国加强非关税壁垒，特别是实行直接的进口数量限制，固定了进口数量，将使出口国的商品出口数量和价格受到严重影响，造成出口商品增长率的下降、出口数量的减少和出口价格的下跌。一般而言，如果出口国的出口商品的供给弹性较大，则这些商品受进口国的非关税壁垒影响而引起的价格下跌反而较小；反之，如果出口国的出口商品的供给弹性较小，则这些商品受进口国的非关税壁垒影响而引起的价格下跌反而较大。由于大部分发展中国家的出口产品供给弹性较小，因此，世界性非关税壁垒的加强使发展中国家受到严重的损害。

四、非关税措施的主要种类

非关税措施可以分为传统的非关税措施和新非关税措施。新非关税措施是相对于传统的非关税措施而言的，是指最新出现的以技术壁垒为核心，包括绿色贸易壁垒、社会壁垒、知识产权壁垒、动物福利壁垒等在内的所有阻碍国际商品自由流动的非关税措施。

（一）传统的非关税措施

传统的非关税措施主要包括进口配额制、“自动”出口配额制、进口许可证制、外汇管制、进出口国家垄断、歧视性政府采购政策、国内税、最低限价和禁止进口、进口押金制和专断的海关估价制。

1. 进口配额制

进口配额（Import Quota）又称进口限额，是指一国政府在一定时期（如一季度、半年或一年）内对某些商品的进口数量或金额加以直接的限制。在规定的期限内，配额以内的货物可以进口，超过配额不准进口或者征收更高的关税或罚款后才能进口。这是一国（地区）实行进口数量限制的重要手段之一。进口配额主要分为绝对配额和关税配额两种。

（1）绝对配额。

绝对配额（Absolute Quota）是指在一定时期内，对某些商品的进口数量或金额规定一个最高数额，达到这个数额后便不准进口。绝对配额可以进一步分为全球配额和国别配额。

1）全球配额（Global Quota）是一种世界范围内的绝对配额，对于来自任何国家（地区）的商品一律适用。这种配额对于货物来自哪些国家（地区）不加限制，其方法是由主管当局按照进口商申请的先后或者按照以往的实际进口额发放一定的额度，直到总配额发放完为止。它在实施贸易限制的过程中，基本贯彻了非歧视原则。

2）国别配额（Country Quota）是将总配额按国家（地区）来分配一定的额度，超过规定的额度便不准进口。为了区分来自不同国家（地区）的商品，进口商在进口时必须提交原产地证明书。国别配额的最初分配通常以各主要出口国在本国市场的份额为基础，往往也会根据国家关系不同而给予差别待遇。

国别配额的分配方式有自主配额和协议配额两种。自主配额（Autonomous Quota）又称单方面配额（Unilateral Quota），即由进口国单方面自主地规定在一定时期内从某个国家（地区）进口某种商品的配额，而不必征求出口国的同意。协议配额（Agreement Quota）是指进口国和出口国政府或民间团体通过协商所确定的配额。协议配额包括双边协议配额和多边协议配额。多边协议配额是两个以上的进出口国家（地区）就某种商品的进口数量与份额达成的协议。例如：《多种纤维协定》就是典型的多边协议配额。

（2）关税配额。

关税配额（Tariff Quota）是指对商品进口的绝对数额不加限制，而对在一定时期内所规定的配额以内的进口商品给予低税或减免税的优惠待遇，对超过配额的进口商品则征收较高的关税或者罚款。

关税配额与绝对配额的主要区别在于：绝对配额规定一个最高进口数额，超过额度便不能进口；关税配额则表现为，超过额度仍可进口，只是成本将增加。

知识窗

2023年羊毛、毛条进口关税配额管理实施细则

根据《农产品进口关税配额管理暂行办法》（商务部、国家发展和改革委员会令2003年第4号），商务部制定了2023年羊毛、毛条进口关税配额管理实施细则。

一、关税配额总量

2023年羊毛进口关税配额总量为28.7万吨，毛条进口关税配额总量为8万吨。

二、分配原则

羊毛、毛条进口关税配额实行凭合同先来先领的分配方式。当发放数量累计达到2023年关税配额总量，商务部停止接受申请。

三、申请条件

2023年羊毛、毛条进口关税配额申请者基本条件为：2023年1月1日前在市场监督管理部门登记注册；未列入“信用中国”网站受惩黑名单；没有违反《农产品进口关税配额管理暂行办法》和《2022年羊毛、毛条进口关税配额管理实施细则》的行为。

在具备上述条件的前提下，羊毛、毛条进口关税配额申请者还必须符合下列条件之一：

（一）持有2022年羊毛、毛条关税配额且有进口实绩（不包括代理进口）的企业（以下称有实绩申请者）；

（二）羊毛、毛条年加工能力3 000吨及以上的毛纺生产企业（以下称无实绩申请者）。

四、申请材料

（一）羊毛、毛条进口关税配额申请表（见附1），可从商务部网站（http://www.mofcom.gov.cn）下载；

（二）羊毛、毛条进口合同；

（三）主管部门对建设项目的批复文件或备案文件，以及竣工验收报告（无实绩申请者提供）。

五、关税配额申领

有实绩申请者在年度内可多次申领羊毛、毛条关税配额，但2023年9月30日前累计申领数量不超过2022年同一贸易方式下的进口数量。进口数量按商务部委托机构收到并在农产品进口关税配额管理系统（以下称管理系统）核销且经海关签章的《农产品进口关税配额证》累计数量（下同）计算。

六、关税配额再分配

持有2023年羊毛、毛条进口关税配额的最终用户当年无法将已申领到的全部配额量签订进口合同或已签订合同无法完成，须在9月15日前将无法完成的配额量交还原发证机构。9月30日后，商务部对可供分配数量进行再分配。已完成第五条规定数量的有实绩者和符合条件的无实绩者可以递交关税配额再分配申请，于9月20日前送达商务部委托机构。商务部委托机构于9月30日前将企业申请材料送达商务部（行政事务服务大厅），同时将申请表中所包含的信息上传至管理系统。逾期不再受理。经商务部

核准的申请企业可继续申领进口关税配额。

商务部委托机构寄送书面申请材料需注明：

北京市东长安街2号商务部行政事务服务大厅

项目编码18015—001（羊毛、毛条进口关税配额申请材料）

邮编：100731

（联系电话：010—65197862）

七、关税配额证核发

商务部在管理系统收到填报完整的申请后，于5个工作日内将审批结果通知商务部委托机构。商务部委托机构于5个工作日内向最终用户发放《农产品进口关税配额证》。过期未出证的，管理系统将收回申请数量，并相应扣减该企业当年可申领数量。

八、关税配额证期限

《农产品进口关税配额证》自签发之日起3个月内有效，最迟不得超过2023年12月31日。

对2023年12月31日前从始发港出运，需在次年到货的，关税配额持有者需于12月31日前持装船单证及有效的《农产品进口关税配额证》到商务部委托机构申请延期，延期的《农产品进口关税配额证》有效期最迟不超过2024年2月29日。

九、关税配额退回与核销

（一）在《农产品进口关税配额证》有效期内，关税配额持有者未使用或未用完已申领的关税配额，需将关税配额证原件交回签发该证的商务部委托机构。商务部委托机构及时将已使用数量在管理系统中核销并退回未使用数量，同时在相应的《农产品进口关税配额证》原件备注栏中注明并留存备查。商务部将关税配额证所列剩余配额予以收回，计入羊毛、毛条关税配额余量。当年无法完成的关税配额量最迟交回日期不得超过2023年9月15日。未按期交回者，视同未完成进口，等比例扣减2024年可申领数量。

（二）关税配额持有者在进口货物办结海关手续后20个工作日内，将海关签章的《农产品进口关税配额证》第一联（收货人办理海关手续联）原件交签发该证的商务部委托机构。商务部委托机构需及时在管理系统进行核销，并将原件留存。办理延期的《农产品进口关税配额证》最迟核销期不得超过2024年3月31日。未按期核销者，视同未完成进口，等比例扣减2024年可申领数量。

十、罚则

申请者对其提交申请材料和信息的真实性承担主体责任，不得有任何隐瞒或提供虚假信息，经核查确定申报材料和信息不属实的，不予受理其羊毛、毛条进口关税配额的申请。对伪造合同或有关资料骗取《农产品进口关税配额证》的，除依法收缴其关税配额证外，商务部两年内不再受理其羊毛、毛条进口关税配额的申请。对伪造、变造或者买卖《农产品进口关税配额证》的，将依法追究其刑事责任。

附：1. 2023年羊毛、毛条进口关税配额申请表

2. 羊毛、毛条进口税目表

附 1

表 3-2　2023 年羊毛、毛条进口关税配额申请表　　数量单位：吨

<table>
<tr><td colspan="4">企业名称：</td><td colspan="3">统一社会信用代码：</td></tr>
<tr><td colspan="4">企业注册地址：</td><td colspan="3">联系电话：</td></tr>
<tr><td colspan="4">企业性质：
□国有　□民营　□外商投资</td><td colspan="3">企业类型：
□生产企业　□贸易流通企业</td></tr>
<tr><td colspan="7">关税配额申请：
□羊毛　□毛条　□一般贸易　□加工贸易　□2022 年有进口实绩者　□2022 年无进口实绩者</td></tr>
<tr><td colspan="4">本次申请数量：</td><td colspan="3">当年已申领累计数量：</td></tr>
<tr><td colspan="7">以下由生产企业填写 2022 年情况：</td></tr>
<tr><td rowspan="6">产品及生产经营</td><td rowspan="3">一般贸易</td><td colspan="2">产品名称：</td><td colspan="3">加工原料名称：□羊毛　□毛条</td></tr>
<tr><td colspan="2">该产品年实际产量：</td><td colspan="3">原料年加工能力：</td></tr>
<tr><td colspan="2">该产品年销售额（万元）：</td><td colspan="3">原料年实际用量：</td></tr>
<tr><td rowspan="3">加工贸易</td><td colspan="2">出口产品名称：</td><td colspan="3">进口原料名称：□羊毛　□毛条</td></tr>
<tr><td colspan="2">该产品年实际出口量：</td><td colspan="3">原料年加工能力：</td></tr>
<tr><td colspan="2">该产品年销售额（万元）：</td><td colspan="3">原料年实际进口量：</td></tr>
<tr><td colspan="7">以下由有进口实绩（不包括代理进口）的企业填写 2022 年情况：□羊毛 □毛条</td></tr>
<tr><td rowspan="3">进口情况</td><td rowspan="3">一般贸易关税配额</td><td colspan="2">获得关税配额量：</td><td rowspan="3">加工贸易关税配额</td><td colspan="2">获得关税配额量：</td></tr>
<tr><td colspan="2">实际进口量：</td><td colspan="2">实际进口量：</td></tr>
<tr><td colspan="2">调整期退回量：</td><td colspan="2">调整期退回量：</td></tr>
<tr><td colspan="7">进口合同</td></tr>
<tr><td colspan="4">进口商：</td><td colspan="3">进口商海关编码：</td></tr>
<tr><td colspan="3">合同号：</td><td colspan="2">商品名称：</td><td colspan="2">商品编码：</td></tr>
<tr><td colspan="3">合同数量：</td><td colspan="2">签约日期：</td><td colspan="2">报关口岸：1.　2.</td></tr>
<tr><td colspan="3">装船期：</td><td colspan="2">原产地：</td><td colspan="2">贸易国（地区）：</td></tr>
<tr><td colspan="3">合同单价：</td><td colspan="2">合同总值：</td><td colspan="2">总值折美元：</td></tr>
<tr><td colspan="7">是否同意对外提供本企业基本信息和关税配额核定量　□是　□否</td></tr>
<tr><td colspan="7">本企业已阅知《2023 年羊毛、毛条进口关税配额管理实施细则》相关内容，承诺：保证符合国家规定的羊毛、毛条进口关税配额申请条件，保证提交的各项申请材料内容真实、准确、完整。如获得羊毛、毛条关税配额，保证按照国家有关法律、法规、规章开展进口业务。有违反本承诺的，愿意承担相关责任和后果。

申请企业（盖章）：　企业法定代表人（签字）：　年　月　日</td></tr>
</table>

填表说明：

1. "产品及生产经营"指以羊毛、毛条为主要原料生产的产品、能力、产量、用量及出口量。
2. "实际进口量"指 2022 年关税配额分配量进口核销的累计数量（包括延期配额数量）。

附 2

表 3-3　羊毛、毛条进口税目表

序号	商品类别	税则号列	货品名称
1	羊毛	51011100	未梳的含脂剪羊毛
		51011900	未梳的其他含脂羊毛
		51012100	未梳的脱脂剪羊毛（未碳化）
		51012900	未梳的其他脱脂羊毛（未碳化）
		51013000	未梳碳化羊毛
		51031010	羊毛落毛
2	毛条	51051000	粗梳羊毛
		51052100	精梳羊毛片毛
		51052900	羊毛条及其他精梳羊毛

2. 自动出口配额制

自动出口配额制（Voluntary Export Quota）又称自动出口限制（Voluntary Restriction of Export），也是一种限制进口的手段，是指出口国家（地区）在进口国的要求或压力下，自动规定某一时期内（一般为 3～5 年）向进口国输出某种特定商品的限额，在限定的配额内自行控制出口，超过配额即禁止出口。其目的在于避免因这些商品出口过多而严重损害进口国生产者的利益，招致进口国采取严厉措施限制从该国的进口。自动出口限制最早出现于 20 世纪 30 年代的美日纺织品贸易中。到了六七十年代，自动出口限制被广泛采用，范围已从纺织、钢铁、小汽车扩大到彩电、电子元件和船舶等，甚至涉及一些农产品如奶酪、苹果、肉类等。

它的重要特点就是带有明显的强制性。自动出口限制往往是出口国在面临进口国采取报复性贸易措施的威胁时被迫做出的一种选择。自动出口配额制与绝对进口配额制在形式上略有不同。绝对进口配额制是由进口国直接控制进口配额来限制商品的进口，而自动出口配额制则是由出口国直接控制这些配额对指定进口国的出口。但就进口国来说，自动出口配额制和绝对进口配额制一样，都起到了限制进口的作用。

自动出口配额一般有非协定的自动出口配额和协定的自动出口配额两种形式。

（1）非协定的自动出口配额。

非协定的自动出口配额即不受国际协定的约束，而是出口国迫于进口国的压力，自行单方面规定出口配额，限制商品出口。这种配额有的是由政府有关机构规定配额并予以公布，出口商必须向有关机构申请配额，领取出口授权书或出口许可证后才能出口。有的是由本国大的出口厂商或协会自动控制出口。

（2）协定的自动出口配额。

协定的自动出口配额即进出口双方通过谈判签订的自限协定或有秩序的销售协定所规

定的有效期内某些商品的出口配额。出口国应根据此配额实行出口许可证制或出口配额签证制，自行限制这些商品的出口，进口国则根据海关统计进行检查，自动出口配额大多属于这一种。目前最大的自动出口配额制是《多种纤维协定》。

自动出口限制属于关贸总协定的“灰色区域”。“灰色区域措施”（Gray Area Measures）是指关贸总协定中无明确适用条款，其法律地位不清楚，既不是合法的，也不是非法的贸易限制措施。自动出口限制就是利用关贸总协定不明确、不全面性的特点，采取双边的和不透明的隐蔽形式实行贸易限制，以避免关贸总协定的监督。它是一种求助于量的限制措施，具有选择性、双向性和隐蔽性的特点。

3. 进口许可证制

进口许可证制（Import License System）是指进口国家规定某些商品进口必须事先领取许可证才可进口，否则一律不准进口。

许可证制与进口配额制一样，也是一种进口数量限制，是运用行政管理措施直接干预贸易行为的手段。大多数国家将进口配额制和进口许可证制结合起来使用，即受配额限制进口的商品，进口商必须向有关部门申请进口许可证，政府发放进口配额许可证，进口商凭证进口。

实行进口许可证制，不仅可以在数量和金额以及商品性质上进行限制，而且可以控制来源国国别或地区，还可以对国内企业实施区别对待，有些国家在发放许可证时往往对垄断大公司予以照顾；有些国家将进口许可证的发放与出口联系起来，以达到促进出口的目的。例如法国，那些经营出口业务的商人或企业家就较容易获得进口绸缎及绸缎服装的许可证。获得进口许可证的商人可以将其转移给服装的专业进口商，从中获取5%～15%的佣金。

进口许可证按照不同标准，可以分为不同的类型。

（1）根据进口许可证和进口配额的关系划分。

根据进口许可证和进口配额的关系划分，进口许可证可以分为有定额进口许可证和无定额进口许可证。

1）有定额进口许可证即与配额结合的许可证，管理当局预先规定有关商品的进口配额，然后在配额的限度内，根据进口商申请逐笔发放具有一定数量或金额的许可证，配额用完即停止发放。此类进口许可证一般由进口国当局颁发给本国提出申请的进口商，也可将此权限交给出口国自行分配使用（通常是国别配额情况），又转化为出口国依据配额发放的出口许可证。有的国家则要求进口商用出口国签发的出口许可证来换取进口许可证，即“双重管理”。

2）无定额进口许可证即政府管理当局发放有关商品的进口许可证只是在个别考虑的基础上进行，而没有公开的配额数量依据。由于此种许可证没有公开的标准，在执行上具有很大的灵活性，起到的限制作用更大。

（2）根据进口商品有无限制划分。

根据进口商品有无限制划分，进口许可证可以分为公开一般进口许可证和特种许可证。

1）公开一般进口许可证（Open General License，OGL）又称公开进口许可证、一般进口许可证、自动进口许可证，是指对国别（地区）没有限制的许可证。凡属公开一般许可证项下所列之商品，进口商只要填写此许可证即可获准进口。此类商品实际上是“自由进口”的商品，填写许可证只是履行报关手续，供海关统计和监督需要。

2）特种许可证（Special License，SL）又称非自动进口许可证，即进口商只有向有关当局提出申请，获准后才能进口。这种许可证适用于特殊商品以及特定的目的申请，如烟、酒、麻醉物品、军火武器或某些禁止进口物品。进口许可直接受管理当局控制，并用以贯彻国别（地区）政策。进口国定期公布须领取不同性质进口许可证的商品项目，并根据需要加以调整。

知识窗

我国2023年进口许可证管理货物目录

依据《中华人民共和国对外贸易法》《中华人民共和国货物进出口管理条例》《消耗臭氧层物质管理条例》《货物进口许可证管理办法》《机电产品进口管理办法》《重点旧机电产品进口管理办法》等法律、行政法规和规章，现公布《进口许可证管理货物目录（2023年）》，自2023年1月1日起执行。商务部、海关总署公告2021年第49号同时废止。

主要包括消耗臭氧层物质、化工设备、金属冶炼设备、工程机械、起重运输设备、造纸设备、电力电气设备、食品加工及包装设备、农业机械、印刷机械、纺织机械、船舶、硒鼓、X射线管等。

4. 外汇管制

外汇管制（Foreign Exchange Control）是指一国（地区）的政府通过法令对国际结算和外汇买卖实行限制来平衡国际收支和维持本币对外汇率的一种制度。外汇管制始于第一次世界大战期间。外汇管制的方式主要有以下几种：

（1）数量性外汇管制。

国家外汇管理机构对外汇买卖的数量直接进行限制和分配，主要目的在于集中外汇收入，控制外汇支出。

（2）成本性外汇管制。

国家外汇管理机构对外汇买卖实行复汇率制度，利用外汇买卖成本的差异，间接影响不同商品的进出口。

（3）混合性外汇管制。

同时采用数量性和成本性的外汇管制，对外汇实行更为严格的控制。

5. 进出口国家垄断

进出口国家垄断（State Monopoly of Import and Export）是指在对外贸易中，对某些或全部商品的进出口规定由国家机构直接经营，或者是把某些商品的进口或出口的专营权给予某些垄断组织。发达国家的进出口垄断主要集中在烟酒、农产品和武器三类商品上。具体做法是：由国有贸易公司或专设机构在国外购买某些产品，然后低价出售给本国垄断组织；在国内向垄断组织高价收购某些产品，然后以低价在国外市场倾销；为了保证军需原料供应，然后输出到受援国家。

6. 歧视性政府采购政策

歧视性政府采购政策（Discriminatory Government Procurement Policy）是指国家（地区）制定法令，规定政府机构在采购时要优先购买本国产品，从而导致对外国产品的歧视，达到限制进口的目的的做法。该政策措施是通过政府采购的形式，从保护本国生产而不是从商业的观念出发，尽可能购买和消费本国产品，歧视外国产品，以此来限制外国产品在本国的销售规模，达到限制外国产品进口的目的。

相关案例

美国的《购买美国货法案》

美国实行的《购买美国货法案》中规定，凡是美国联邦政府所要采购的货物，应该是美国制造的，或是用美国原料制造的。只有在美国自己生产货物的数量不够，或者国内价格过高，或者不买外国货就会损害美国利益的情况下，才可以购买外国货。在此基础上，奥巴马政府在2009年出台的大规模经济刺激法案中，又进一步强化了这一法案的保护主义色彩，规定在“不违背美国对国际协定的承诺”的前提下，经济刺激计划支持的工程项目必须使用国产钢铁和其他制成品。

7. 国内税

国内税（Internal Tax）是指在一国的国境内，对生产、销售、使用或消费的商品所应支付的捐税，一些国家往往采取国内税制度直接或间接地限制某些商品进口。这是一种比关税更灵活、更易于伪装的贸易政策手段。国内税通常是不受贸易条件或多边协议限制的。国内税的制定和执行属于本国政府机构的权限范围，有时甚至属于地方政府机构的权限范围。

国内税各国有不同的名称，诸如周转税、零售税、消费税、货物税、增值税、销售税等。例如：欧盟国家采用增值税，即按销货值大于进货值的增值部分，对国内产品征收一定比例的税收。它适用于生产和销售的每一个环节。增值税对出口商品实行免税或者退税，而对进口商品则如数征收。

8. 最低限价和禁止进口

最低限价（Minimum Price）又称保护价，是指一国政府对某种进口商品规定的最低价格界限，即当进口货物的价格低于规定的最低价格时，对其征收进口附加税或禁止进口。

禁止进口（Prohibitive Import）是指当一些国家感到实行进口数量限制已不能走出经济与贸易困境时，往往颁布法令，公布禁止进口的商品名单以禁止这些商品的进口。例如：世界各国在发现疯牛病病毒之后，均禁止进口病毒发现地的出口牛肉；乳制品中发现二噁英时，各国对于乳制品也下达了禁止进口的命令。

相关案例

智利与美国的最低限价制

1985 年智利对绸胚布进口规定每千克的最低限价为 52 美元，低于此限价，将征收进口附加税。

20 世纪 70 年代，美国为了抵制欧洲国家和日本等国的低价钢材和钢制品进口，于 1977 年对这些产品的进口实行启动价格制（Trigger Price Mechanism，TPM）。这种价格制也是一种进口最低限价制，主要包括以下几个方面的内容：

（1）对进口到美国的所有钢材和部分钢制品制定最低限价，这种价格又称启动价格。启动价格是以当时世界上效率最高的钢生产者的生产成本为基础计算出来的最低限价。

（2）对所有进口钢材和部分钢制品的进口，进口商必须向海关提交由国外出口商填写的钢品特别摘要发票（Special Summary Steel Invoice，SSSI）。如果发票上的价格低于启动价格，则进口商必须对价格进行调整，否则就要接受调查，并有可能被裁决为倾销，征收反倾销税。

（3）继续收集和分析对美国出口的主要外国生产者的国内钢材和部分钢制品的价格和生产成本的资料以及美国国内钢铁工业的有关资料，以便随时调整最低价格。

9. 进口押金制

进口押金制（Advanced Deposit）又称进口存款制。在这种制度下，进口商在进口商品时，必须预先按进口金额的一定比例和规定的时间，在指定的银行无息存入一笔现金。这样就增加了进口商的资金负担，影响了资金的周转，从而起到了限制进口的作用。

相关案例

意大利采取的进口押金制

意大利政府从 1974 年 5 月 7 日到 1975 年 3 月 24 日，曾对 400 多种进口商品实行进口押金制。它规定，凡项下商品进口，无论来自哪个国家，进口商必须先向中央银行交纳相当于进口货值半数的现款押金，无息冻结 6 个月。据估计，这项措施相当于征收 5%以上的进口附加税。

10. 专断的海关估价制

海关估价制（Customs Value）本来是海关为了征收关税而确定进口商品价格的制度。但是在实践中，有些国家根据某些特殊规定，海关当局通过人为地提高进口货物的海关估计价值来增加进口货物的关税负担，从而限制外国商品的进口，这就使海关估价成为专断的海关估价制度。专断的海关估价制度的实行以美国最为典型。

相关案例

美国售价制

为防止外国商品与美国同类产品竞争，美国海关当局对煤焦油产品、胶底鞋类、蛤肉罐头、毛手套等商品，按照美国售价制（American Selling Price System）这种特殊估价标准进行征税。这四类商品都是国内售价很高的商品，按照这种标准征税，这些商品的进口税率大幅提高。例如：某种煤焦油产品的进口税率为从价20%，它的进口价格为每磅0.5美元，应缴进口税为每磅0.1美元。而这种商品的“美国售价”为每磅1美元，按同样税率，应缴进口税为每磅0.2美元，其结果是实际的进口税率不是20%，而是40%，即增加了一倍。这就有效地限制了外国货的进口。美国售价制引起了其他国家的强烈反对，直到“东京回合”签订了《海关估价守则》后，美国才不得不废除这种制度。

（二）新非关税措施

新非关税措施主要包括技术性贸易壁垒、绿色贸易壁垒、社会壁垒、知识产权壁垒和动物福利壁垒。

1. 技术性贸易壁垒

技术性贸易壁垒（Technical Barriers to Trade，TBT）是指一国（地区）政府为了限制进口，借维护生产、消费者安全和人民健康的理由，所制定的复杂苛刻的技术标准、卫生检疫规定，以及商品包装和标签规定，从而提高进口产品的技术要求，增加进口难度，最终达到限制进口目的的一种非关税壁垒措施。

技术性贸易壁垒所具有的广泛性、复杂性、隐蔽性，使其在国际社会关税壁垒和非关税壁垒不断减少的情况下，成为各个国家尤其是发达国家保护国内企业、争夺国际市场份额的有力手段，同时成为许多国家尤其是发展中国家发展对外贸易的障碍。

技术性贸易壁垒有狭义和广义之分。狭义的技术性贸易壁垒主要是指世界贸易组织《技术性贸易壁垒协议》所规定的技术法规、标准和合格评定程序；广义的技术性贸易壁垒还包括动植物及其产品的检验和检疫措施（SPS）、包装和标签及标志要求、绿色贸易壁垒、信息技术壁垒等。

世界贸易组织的《技术性贸易壁垒协议》将技术性贸易壁垒分为技术法规、技术标准和合格评定程序。世界各国主要的技术性贸易壁垒主要有以下几种：

（1）严格复杂的技术法规和技术标准。欧盟是世界上技术性贸易壁垒最多、要求最严、保护程度最高的，其工业标准就不下10万种。进入欧盟市场的产品至少应满足以下三个条件之一：一是符合欧洲标准EN，取得欧洲标准委员会CEN认证标志；二是取得欧盟安全认证CE；三是取得ISO 9000质量管理体系认证证书。不仅如此，欧盟成员国也有各自的标准，如德国就有自己的1.5万个标准，还有自己的DIN认证。

（2）复杂的合格评定程序。世界上广泛采用的质量认证标准是ISO 9000系列标准，此外，美、日、欧盟等还有各自的技术标准体系。

（3）严格的商品包装和标签的规定。根据欧盟食品法规的规定，食品包装的设计必须和内容一致，食品成分中没有的东西，不能出现在图案上。要求商品包装及其内装物不许对人类健康和环境造成损害，例如：要求出口产品的包装纸箱不得使用铁钉钉箱，封箱要用黏合剂而不能用塑料胶带，以便于纸箱回收，减少对环境的污染。欧盟的《关于包装和包装废弃物处理的欧洲议会和理事会指令》要求包装材料的最低回收利用率目标为50%，包装废弃物的最低再生利用率为25%。

知识窗

欧盟REACH法规

欧盟议会和欧盟理事会分别于2006年12月13日和12月18日通过了欧盟化学品管理新法，即《关于化学品注册、评估、许可和限制规定》（Registration，Evaluation，Authorization and Restriction of Chemicals，REACH）。该法规于2007年6月1日正式生效。根据欧盟REACH法规规定，自2018年6月1日起，年进口量为1吨以上的未注册化学品将不允许投放欧盟市场。

其主要内容和流程为：

（1）注册（Registration）。年产量或进口量超过1吨的所有化学物质需要注册，年产量或进口量10吨以上的化学物质还应提交化学安全报告。

（2）评估（Evaluation）。包括档案评估和物质评估。档案评估是核查企业提交注册卷宗的完整性和一致性。物质评估是指确认化学物质危害人体健康与环境的风险性。

（3）许可（Authorization）。对具有一定危险特性并引起人们高度重视的化学物质的生产和进口进行授权，包括CMR、PBT、vPvB等。

（4）限制（Restriction）。如果认为某种物质或其配置品、制品的制造、投放市场或使用导致对人类健康和环境的风险不能被充分控制，将限制其在欧盟境内生产或进口。

这是一部保证化学品安全进入欧盟市场并得以安全使用的法规，旨在保护人类健康和环境安全，保持和提高欧盟化学工业的竞争优势地位，改善企业的创新能力，实现社会可持续发展的目标。

中国出口到欧盟的物质如果要进行注册必须通过以下几种方式：（1）在欧盟设立分公司；（2）委托欧盟境内的法人或自然人进行REACH注册；（3）委托国内的代理机构进行REACH注册，此代理机构在国外有分公司。第一种在欧盟设立分公司的成本最大，涉及的环节最多，大多数企业都无法做到。第二种委托给国外代理，其优势是外国代理的技术力量比较雄厚，易于获取欧盟下游市场信息。第三种委托国内代理的优势是：成本相对低廉，易于获取国内上游化工企业产品信息，易于解决知识产权的纠纷与代理事务的纠纷。

2. 绿色贸易壁垒

绿色贸易壁垒（Green Barriers，GB）又称环境贸易壁垒（Environmental Trade Barriers，ETB），是指以保护自然资源、生态环境、人类和动植物健康为名，通过制定一系列环境保护标准限制进口，保护本国市场。具体体现在绿色关税制度、绿色技术标准制度、绿色环境标志制度、绿色包装制度和绿色卫生检疫制度等。绿色贸易壁垒从名义上具有一定的合理性，首先，它适应了当今社会的发展潮流（各国的发展与生态环境息息相关，自然资源制约经济发展已经有所显现，食品安全问题成为各国关注的焦点）；其次，世界贸易组织的规则允许各成员根据自身的发展情况建立相应的环境卫生标准，阻止不符合标准的产品进口，这也给西方发达国家制定苛刻的标准提供了充足的理由。

知识窗

绿色贸易壁垒的形式

一、环境附加税

环境附加税是发达国家保护环境、限制进口最早采用的手段，即对一些污染环境、影响生态的进口产品征收进口附加税，或者限制、禁止进口，甚至实行贸易制裁。例如：美国对原油和某些进口石油化工制品课征的进口附加税的税率比国内同类产品高。1994年美国环保署规定在美国九大城市出售的汽油里含有的硫、苯等有害物质必须低于一定水平，国内生产商可以逐步达到有关标准，而进口汽油必须于1995年1月1日生效起立即达到该标准，否则就禁止进口。

二、绿色环境标志制度

绿色环境标志是由政府部门或公共、私人团体依据一定的环境标准颁发的图形标签，印制或粘贴在合格的商品及包装上，用以表明该产品不仅质量、功能符合要求，而且从生产到使用以及处理全过程都符合环境保护要求，对环境和人类健康无害或危害极小，有利于资源的再生产和利用。取得了绿色环境标志意味着取得了进入实施绿色环境标志制度国家市场的“通行证”。但其认证程序复杂、手续烦琐、标准严格，从而增加了外国厂商的生产成本和交易成本，成为其他国家产品进入一国市场的环境壁垒。自德国于1978年第一个实施绿色环境标志制度“蓝天使”计划以来，绿色环境标志制度发展极为迅速，世界上已有50多个国家（地区）实施这一制度，如加拿大的“环境选择方案”、日本的“生态标志”、欧盟的“欧洲环境标志”等。

三、产品加工标准制度

产品加工标准是针对有形产品在使用时能成功满足用户需要程度标准下做出的强制

性规范。发达国家往往拥有较高的技术水平，而以环境保护为目的的环保技术标准都是根据本国的生产及其技术水平制定的，单靠发展中国家的技术力量很难达到这些严格的环保标准，这就导致发展中国家的产品被排斥在发达国家市场之外。

20世纪90年代以来，国际标准化组织实施了《国际环境监察标准制度》，要求企业产品达到ISO 9000系列质量标准体系，1995年开始又推行ISO 14000环境管理系统，要求产品从生产前到制造、销售、使用以及最后的处理都要达到规定的技术标准。而其他的国际性组织如国际电工技术委员会（International Electrotechnical Commission，IEC）、国际电信联盟（International Telecommunication Union，ITU）等亦在大力推行产品品质方面的统一规范。

四、绿色包装制度

绿色包装是指能节约能源、减少废弃物、用后易于回收再用或再生、易于自然分解、不污染环境的包装。发达国家制定了各种法规，以规范包装材料市场。例如：德国于1992年公布《德国包装废弃物处理法令》，日本于1991年、1992年发布并强制推行《回收条例》《废弃物清除条例修正案》，美国也规定了废弃物处理的各项程序。这些绿色包装的相关法规虽然有利于环境保护，但同时大大增加了出口商的成本，也为这些国家制造“绿色壁垒”提供了借口。

五、绿色卫生检疫制度

为保护国内消费者的利益，满足消费者对健康、安全等的隐性需求，各国海关、商检机构都制定了不同的卫生检疫制度，对进口商品的品质进行检测和鉴定。发达国家往往把海关的卫生检疫制度作为控制从发展中国家进口的重要工具，对食品、药品的卫生指标十分敏感，如食品的安全卫生指标、农药残留、放射性残留、重金属含量、细菌含量等指标的要求极为苛刻。

六、绿色补贴制度

为了保护环境和资源，各国政府采取干预政策，将环境和资源成本内在化。发达国家将严重污染的产业转移到发展中国家以降低环境成本，造成发展中国家环境成本上升。而发展中国家的企业大多无力承担环境治理的费用，政府有时不得不给予一定的环境补贴。按世界贸易组织修改后的国际补贴与反补贴规则，这类补贴属于不可申诉补贴的范围，因而为越来越多的国家所采用。

3. 社会壁垒

社会壁垒是指以劳动者劳动环境和生存权利为借口而采取的贸易保护措施。社会壁垒由各种国际公约的社会条款，包括社会保障、劳动者待遇、劳动权利、劳动技术标准等条款构成，它与公民权利和政治权利相辅相成。社会条款的提出是为了保护劳动者的权益，它本来不是什么贸易壁垒，但为贸易保护主义者利用以削弱或限制发展中国家企业产品的低成本，进而成为变相的贸易壁垒。

在社会壁垒措施中，比较引人注目的是SA 8000标准（社会责任标准），该标准是从

ISO 9000 质量管理体系及 ISO 14000 环境管理体系衍生而来的道德规范国际标准。通过论证的公司会获得证书，并有权在公司介绍手册和信函抬头处印上 SGS-ICS 论证标志和 CE-PAA 标志。此外，它们还可得到 SA 8000 证书的副本用于促销。欧洲在推行 SA 8000 上走在前列，美国紧随其后。欧美地区的采购商对该标准已相当熟悉。目前，全球大型采购集团都非常青睐有 SA 8000 认证的产品，这迫使很多企业投入巨大人力、物力和财力去申请与维护这一认证体系，从而大大增加了成本。特别是发展中国家，劳工成本是其最大的比较优势，社会壁垒将大大削弱发展中国家在劳动力成本方面的比较优势。

知识窗

SA 8000

SA 8000 即社会责任标准，是 Social Accountability 8000 的英文简称，是全球首个道德规范国际标准。其宗旨是确保供应商所供应的产品皆符合社会责任标准的要求。SA 8000 认证一般需要 1 年的时间，证书有效期为 3 年，每 6 个月复查一次。主要内容：

（1）童工。公司不应使用或者支持使用童工，应与其他人员或利益团体采取必要的措施确保儿童和应受当地义务教育的青少年接受教育，不得将其置于不安全或不健康的工作环境或条件下。

（2）强迫性劳动。公司不得使用或支持使用强迫性劳动，也不得要求员工在受雇起始时交纳“押金”或寄存身份证件。

（3）健康与安全。公司应具备避免各种工业与特定危害的知识，为员工提供健康、安全的工作环境，采取足够的措施，最大限度地降低工作中的危害隐患，尽量防止意外或伤害的发生；为所有员工提供安全卫生的生活环境，包括干净的浴室、厕所、可饮用的水、洁净安全的宿舍、卫生的食品存储设备等。

（4）结社自由和集体谈判权。公司应尊重所有员工自由组建和参加工会以及集体谈判的权利。

（5）歧视。公司不得因种族、社会等级、国籍、宗教、身体、残疾、性别、性取向、工会会员、政治归属或年龄等而对员工在聘用、报酬、培训机会、升迁、解职或退休等方面有歧视行为；公司不能干涉员工行使信仰的权利以及满足涉及种族、社会阶层、国籍、宗教、残疾、性别、性取向、工会会员和政治从属需要的权利；公司不能允许强迫性、虐待性或剥削性的性侵扰行为，包括姿势、语言和身体的接触。

（6）惩戒性措施。公司不得从事或支持体罚、精神或肉体胁迫以及言语侮辱。

（7）工作时间。公司应遵守适用法律及行业标准有关工作时间的规定，标准工作周不得经常超过 48 小时，同时，员工每周至少有一天休息时间。所有加班工作应支付额外津贴，任何情况下每个员工每周加班时间不得超过 12 小时，且所有加班必须是自愿的。

（8）工资报酬。公司支付给员工的工资不应低于法律或行业的最低标准，并且必须足以满足员工的基本需求，以及提供一些可随意支配的收入并以员工方便的形式如现金和支票支付；对工资的扣除不能是惩罚性的并应保证定期向员工清楚而详细地列明工资、待遇构成；应保证不采取纯劳务性质的合约安排或虚假的学徒工制度以规避有关法律所规定的对员工应尽的义务。

（9）管理系统。高层管理阶层应根据本标准制定公开透明、各个层面都能了解并实施的符合社会责任与劳工条件的公司政策，并对此进行定期审核；委派专职的资深管理代表具体负责，同时让非管理阶层自选代表与其沟通；建立并维持适当的程序，证明所选择的供应商与分包商符合本标准的规定。

4. 知识产权壁垒

知识产权壁垒是指一国采取的与贸易有关的知识产权保护的立法、行政、司法等方面的措施。违反世界贸易组织的《与贸易有关的知识产权协定》，构成贸易壁垒，从而阻碍了正常的国际贸易与国际投资。当知识产权的排他性被应用到跨国生产经营中时，一国的知识产权保护政策就与进出口贸易联系起来了，于是成为各国重要的贸易政策之一。知识产权壁垒的主要表现有：

第一，由专利权和标识性权利构成的技术性贸易壁垒。

第二，知识产权保护的滥用。

第三，贸易的“内部化”和选择性投资。

第四，对平行进口的严格限制等。

5. 动物福利壁垒

动物福利壁垒是指在国际贸易活动中，一国以保护动物或以维护动物福利为由，制定一系列动物保护或维护动物福利的措施，以限制甚至拒绝外国货物进口，从而达到保护本国产品和市场的目的。动物福利（Animal Welfare）是休斯（Hughes）于 1976 年提出的，通俗地讲，就是在动物的饲养、运输和屠宰的过程中，要尽可能减少其痛苦，不得虐待动物。早在 1974 年，欧盟就制定了宰杀动物的法规。以猪为例，欧盟对猪的福利规定如下：小猪出生要吃母乳；要睡在干燥的稻草上；拥有拱食泥土的权利；运输车须清洁并在途中按时喂食和供水，运输中要按时休息，运输超过 8 小时就要休息 24 小时；杀猪时要快，须用电击且不被其他猪看到，等猪完全昏迷后才能放血分割等。到 2013 年，欧盟各成员方必须停止圈养式养猪而采取放养式养猪。在欧洲，动物所享有的福利还不限于此，欧盟委员会食品安全署还专门为动物设立了福利部门。

在 2004 年 3 月的世界卫生组织巴黎会议上，学者们进一步将动物福利归纳为五个方面：

1）生理福利，即为动物提供充足清洁的饮水和保持健康所需的饲料，让动物无饥渴之忧虑。

2）环境福利，即为动物提供适当的居所，使其能够舒适地休息和睡眠。

3）卫生福利，即为动物做好防疫和诊治，减少动物的伤病之苦。

4）行为福利，即为动物提供足够的空间、适当的设施，保证动物表达天性的自由。

5）心理福利，即减少动物免遭各种恐惧和焦虑的心情（包括宰杀过程）。

动物福利壁垒的实质就是指在国际贸易活动中，一国将动物福利与国际贸易紧密挂钩，以保护动物或维护动物福利为由，制定一系列措施以限制甚至拒绝外国货物进口，从而达到保护本国产品和市场的目的。

动物福利壁垒可以说是绿色壁垒的扩展和深化。随着经济的发展和社会的进步，发达国家对食品的安全卫生要求越来越严格，以动物福利的名义设置非关税壁垒不仅容易获得社会舆论的支持，还符合进口国本身的法律要求。同时，动物福利法规标准制定得比较完善，容易界定，实际操作较方便简单。因此，动物福利壁垒具备合法性、合理性、隐蔽性、易操作性、实用性和执法成本低等特征。当今国际市场竞争日益激烈，传统关税受到抵制，作用越来越弱。传统的非关税壁垒可利用的空间越来越小，西方发达国家就利用文化教育、传统习俗等方面的优势或影响力，以本国的动物福利法案为法律依据，要求各种进口动物源性食品满足其福利规定，否则不予进口。于是动物福利就被“披上合法合理的外衣”——借动物保护之名，实行贸易保护之实。

行业观察

防疫物资如何优质高效出口到欧盟

欧盟作为我国的第二大货物贸易伙伴，在全球新型冠状病毒肺炎疫情肆虐的情形下，防疫物资如何优质高效出口到欧盟，是防疫物资生产与出口企业必须要考虑的问题。出口企业要关注本国和欧盟的政策，履行相关手续，确保合法顺利出口。欧盟法律规定，出口到欧盟市场的产品需要有CE标志，各类防疫物资所需CE证明如表3-4所示：

表3-4　各类防疫物资所需CE证明明细表

产品类别	用途	分类	需要何种CE证明
口罩	医用	非无菌属于第Ⅰ类	企业符合性声明
		无菌属于第Ⅰs类	公告机构出具的CE证书
	非医用	第Ⅲ类	公告机构出具的CE证书
防护服	医用	非无菌属于第Ⅰ类	企业符合性声明
		无菌属于Ⅰs类	公告机构出具的CE证书
	非医用	第Ⅰ类	企业符合性声明
		第Ⅱ、Ⅲ类	公告机构出具的CE证书
手套	医用	非无菌普通医用手套属于第Ⅰ类	企业符合性声明
		无菌普通医用手套属于第Ⅰs类	公告机构出具的CE证书
		医用外科手套属于第Ⅱs类	公告机构出具的CE证书
	非医用	第Ⅰ类	企业符合性声明
		第Ⅱ、Ⅲ类	公告机构出具的CE证书

续前表

产品类别	用途	分类	需要何种 CE 证明
护目镜	医用	第Ⅰ类	企业符合性声明
	非医用	第Ⅰ类	企业符合性声明
		第Ⅱ、Ⅲ类	公告机构出具的 CE 证书
呼吸机	医用	第Ⅱb 类	公告机构出具的 CE 证书
消毒液	医用	第Ⅱa 类	公告机构出具的 CE 证书
新冠病毒检测试剂盒	医用	按照欧盟 2017/746 号法规，通过扫入 D 类体外诊断医疗器械	公告机构出具的 CE 证书

操作示范

1. 非关税措施即非关税壁垒，是指一国政府采取除关税以外的一切限制进口的措施，其目的是试图在一定程度上限制进口，以保护国内市场和国内产业的发展。技术性贸易壁垒是指一国（地区）政府为了限制进口，借维护生产、消费者安全和人民健康的理由所规定的复杂苛刻的技术标准、卫生检疫规定以及商品包装和标签规定，从而提高进口产品的技术要求，增加进口难度，最终达到限制进口目的的一种非关税壁垒措施。

2. 与关税措施相比，非关税措施主要具有下列三个明显的特点：非关税措施比关税措施具有更大的灵活性和针对性；非关税措施的保护作用比关税措施的作用更为强烈和直接；非关税措施比关税措施更具有隐蔽性和歧视性。

3. 传统非关税措施的作用走向分化；新型非关税措施表面上合理化；新型非关税措施更加具体化和细分化。

实训演练

1. 中国-欧洲：冻虾仁遭退货案

浙江舟山出产的冻虾仁以个大味鲜闻名海内外，欧洲是它多年来的传统市场。然而，此次舟山冻虾仁突然被欧洲一些公司退了货，并且对方要求赔偿。一问原因，原来当地检验部门从部分舟山冻虾仁中查到了 10 亿分之 0.2 克的氯霉素。冻虾仁里哪来的氯霉素？

浙江省有关部门立即着手调查。结果发现，环节出在加工上。剥虾仁要靠手工，一些员工因为手痒难耐，用含氯霉素的消毒水止痒，结果将氯霉素带入了冻虾仁，造成大量退货。

思考：在本次事件中我国遭遇了哪种贸易壁垒？我国该吸取怎样的教训？

2. 欧盟拒绝在汽车出口问题上向美国让步

德国《商报》2019年5月23日报道，欧盟不会向美国关于减少对美汽车出口的要求低头。据欧委会人士称，欧盟贸易委员马尔姆斯特伦在周三会见美国贸易代表莱特希泽时重申，欧盟只会与美国就包括汽车产品在内的关税协定进行谈判，并拒绝违反世贸组织规定的贸易限制措施。此前，特朗普总统授权莱特希泽，在180天内与贸易伙伴就减少美国汽车进口达成协议，否则将采取单边措施，但未具体列举哪些措施。

欧盟外交人士称，莱特希泽在与马尔姆斯特伦的会谈中应该会将美国要求具体化，其选项可能包括对欧盟汽车及零部件实行进口配额或欧盟实行自愿出口限制。两种方案对欧盟来说都是不可接受的。欧盟认为，自愿出口限制违反世贸组织规则，欧盟汽车产业也不接受。据欧盟外交人士称，如美国实行进口配额限制，欧盟将采取反制措施。

思考：什么是自愿出口限制？与绝对进口配额制是否一致？

单元四 出口促进与管制措施

任务导入

海南自由贸易港——唯一的中国特色自由贸易港

2020年6月1日，中共中央、国务院印发《海南自由贸易港建设总体方案》（以下简称《方案》），敲定了海南自由贸易港的建设蓝图。《方案》提出海南自由贸易港建设的三个阶段目标，在诸多关键制度领域实现突破，涉及贸易投资领域实施“零关税”、低税率，制定跨境服务贸易负面清单，全面推行“极简审批”，实施市场准入承诺即入制等，并强调赋予海南更大的改革自主权，提出将海南建设成具有国际竞争力和影响力的海关监管特殊区域，打造我国深度融入全球经济体系的前沿地带。

对于海南自由贸易港建设的总体要求，《方案》提出，聚焦贸易投资自由化、便利化，建立与高水平自由贸易港相适应的政策制度体系，建设具有国际竞争力和影响力的海关监管特殊区域，将海南自由贸易港打造成引领我国新时代对外开放的鲜明旗帜和重要开放门户。

在实现过程中，《方案》分三个阶段设立了建设目标，到2025年，初步建立以贸易自由便利和投资自由便利为重点的自由贸易港政策制度体系；到2035年，自由贸易港制度体系和运作模式更加成熟，以自由、公平、法治、高水平过程监管为特征的贸易投资规则基本构建，实现贸易自由便利、投资自由便利、跨境资金流动自由便利、人员进出自由便利、运输来往自由便利和数据安全有序流动；到21世纪中叶，全面建成具有较强国际影响力的高水平自由贸易港。

任务：

（1）什么是自由港？什么是自由贸易区？

（2）分析海南自由贸易港有什么特色。

基本知识

一、出口促进措施

（一）含义

出口促进措施是指出口国政府为增强本国出口产品的国际竞争力，促进本国商品的出口，开拓和扩大国外市场而采取的经济、行政和组织等方面的各种措施。关税与非关税政策措施只有结合鼓励出口的政策措施，才能构成一个比较完整的对外贸易政策体系。出口促进措施一直受到世界各国的普遍关注和重视。

（二）措施

一国的出口促进措施主要包括出口信贷、出口信贷国家担保制、出口补贴、商品倾销、外汇倾销、经济特区和促进出口的行政组织措施等。

1. 出口信贷

出口信贷（Export Credit）是指一个国家（地区）为了鼓励商品出口，增强本国商品在国际市场上的竞争能力，通过本国银行（官方金融机构或商业银行）向本国出口商、国外进口商或进口方银行所提供的信贷业务。

出口信贷按时间长短，可分为短期信贷、中期信贷和长期信贷。短期信贷（Short-term Credit），一般指180天以内，主要适用于原料、消费品及小型机器设备的出口；中期信贷（Medium-term Credit），为期1～5年，常用于中型机器设备出口；长期信贷（Long-term Credit），通常是5～10年甚至更长时期，多用于重型机器、成套设备等。

按借贷关系，出口信贷可分为卖方信贷和买方信贷。卖方信贷（Supplier's Credit），是指出口国银行向本国出口厂商即卖方提供的信贷。由出口厂商与银行签订贷款合同，一次成交金额大、交货期长的成套设备和船舶等运输工具的出口，进口方通常以延期付款的方式，短则4～5年，长则7～8年，出口方才能全部收回货款。卖方信贷就是银行直接资助出口厂商向外国进口商提供延期付款的服务，以促进商品出口。买方信贷（Buyer's Credit）是出口国银行直接向进口国银行或进口厂商（即买方）提供贷款。帮助解决进口厂商资金不足，不能立即付款的困难，以刺激国外消费者购买大型机器设备或成套设备。买方信贷是一种约束性贷款（Tied Credit），即所贷款项必须用于购买债权国的商品。

2. 出口信贷国家担保制

出口信贷国家担保制（Export Credit Guarantee System）又称出口信贷保险，是指一国政府设立专门机构，对本国出口商和商业银行向国外进口商或银行提供的延期付款商业信用或对银行信贷进行担保，当国外债务人不能按期付款时，由这个专门机构按承保金额给予补偿。这是国家用承担出口风险的方法，鼓励扩大商品出口和争夺海外市场的一种措施。担保的项目与金额：通常商业保险公司不承保的出口风险项目（如政治风险和经济风险等），都可向国家有关机构进行投保。

出口信贷国家担保的业务项目，一般都是商业保险公司所不承担的出口风险。主要有两类：一是政治风险，二是经济风险。前者是进口国发生政变、战争以及出于特殊原因政府采取禁运、冻结资金、限制对外支付等所造成的损失。后者是进口商或借款银行破产无力偿还、货币贬值或通货膨胀等原因所造成的损失。承保金额一般为贸易合同金额的75%～100%。出口信贷国家担保制是一种国家出面担保海外风险的保险制度，收取费用一般不高，随着出口信贷业务的扩大，国家担保制也日益加强。英国的出口信贷担保署，法国的对外贸易保险公司等都是这种专门机构。

出口信贷国家担保制的担保对象主要有两种：对出口厂商的担保和对银行的直接担保。

（1）对出口商的担保。

出口厂商输出商品时提供的短期信贷或中、长期信贷可向国家担保机构申请担保。担保机构并没有向出口厂商提供出口信贷，但它可以为出口厂商取得出口信贷提供有利条件。

（2）对银行的直接担保。

一般而言，只要出口国银行提供了出口信贷，都可以向国家担保机构申请担保。这种担保是担保机构直接对供款银行承担的一种责任。有些国家的担保待遇很优惠。

3. 出口补贴

出口补贴（Export Subsides）又称出口津贴，是指一个国家（地区）政府给予本国出口厂商的现金补贴或财政上的优惠待遇。其目的在于降低本国厂商的出口成本和价格，提高其在国外市场上的竞争力，扩大本国产品的出口。

出口补贴的方式主要包括直接补贴和间接补贴。直接补贴是指政府在商品出口时，直接付给出口商的现金补贴。其目的是弥补出口商品的国际市场价格低于国内市场价格所带来的损失。有时候，补贴金额还可能大大超过实际的差价，这已包含出口奖励的意味。这种补贴方式以欧盟对农产品的出口补贴最为典型。间接补贴是指政府对某些商品的出口给予财政上的优惠。例如：退还或减免出口商品所缴纳的销售税、消费税、增值税、所得税等国内税，对进口原料或半制成品加工再出口给予暂时免税或退还已缴纳的进口税，免征出口税，对出口商品实行延期付税、降低运费、提供低息贷款、实行优惠汇率以及对企业开拓出口市场提供补贴等。其目的仍然在于降低商品成本，提高国际竞争力。

4. 商品倾销

商品倾销（Dumping）是指出口商以低于国际市场价格、国内市场价格甚至生产成本价格的方式，在国外大量抛售商品的贸易行为。商品倾销的根本目的在于打击竞争对手，占领国外市场。

按照倾销的具体目的，商品倾销可以分为偶然性倾销、间歇性或掠夺性倾销、长期性倾销三种形式。

（1）偶然性倾销。

偶然性倾销是指本国市场销售旺季已过或公司改营其他在国内市场上很难售出的积压库存，因而以较低的价格在国外市场上抛售。由于此类倾销持续时间短、数量少，对进口国的同类产业没有特别大的不利影响，进口国消费者反而可以因此获得廉价商品，故进口国一般不会对这种偶发性倾销采取反倾销措施。

（2）间歇性或掠夺性倾销。

间歇性或掠夺性倾销是指以低于国内价格或成本价格在国外市场销售，达到打击竞争对手、形成垄断的目的。待击败所有或大部分竞争对手之后，再利用垄断力量抬高价格，以获取高额垄断利润。这种倾销违背公平竞争原则，破坏国际经贸秩序，故为各国反倾销法所限制。

（3）长期性倾销。

长期性倾销是指无期限地、持续地以低于国内市场的价格在国外市场销售商品。由于这种倾销具有长期性，其出口价格应至少不低于边际成本，否则长期出口就会面临长期亏损。当产品具有规模经济后，厂商可以通过扩大生产来降低成本。此外，一些出口厂商还可以通过获取本国政府的出口补贴来进行这种倾销。

根据世界贸易组织的《反倾销协议》，倾销行为属于不公平贸易行为，允许世界贸易组织成员对有倾销行为的国家的贸易厂商采取反倾销措施。

5. 外汇倾销

外汇倾销（Exchange Dumping）是指出口企业利用本国货币对外贬值的机会，降低用外国货币表示的本国商品的价格，以达到扩大本国商品出口的目的。一国货币贬值会导致本国出口产品以外币表示的价格降低，从而提高其在国际市场的竞争力，有利于出口的扩大。同时，货币贬值后，以本币表示的国际进口商品价格相应地上升，从而降低其在国内市场的竞争力，有利于限制进口。因此，货币贬值能够起到促进出口和抑制进口的双重作用。

外汇倾销不能无限制和无条件地进行，只有在具备以下条件时，才能起到扩大出口的作用。

（1）货币贬值的程度要大于国内物价上涨的程度。

一国货币的对外贬值必然会引起货币的对内贬值，从而导致国内物价的上涨。当国内物价上涨的幅度赶上或超过货币贬值的幅度时，出口商品的外销价格就会回升到甚至超过原先的价格，即货币贬值前的价格，从而使外汇倾销不能实行。

（2）其他国家不同时实行同等幅度的货币贬值。

当一国货币对外实行贬值时，如果其他国家也实行同等幅度的货币贬值，就会使两国货币之间的汇率保持不变，从而使出口商品的外销价格也保持不变，以致外汇倾销不能实现。

（3）其他国家不同时采取另外的报复性措施。

如果其他国家采取提高关税等报复性措施，也会提高出口商品在国外市场的价格，从而抵消外汇倾销的作用。

6. 经济特区

（1）含义。

经济特区（Special Economic Zone）是指一个国家（地区）在其关境以外划出一定的区域，在这区域内实行各种特殊的优惠政策，发展出口加工贸易、转口贸易，推动该地区和邻近地区经济贸易的发展。建立经济特区作为促进贸易发展的政策措施由来已久，在当代国际贸易中，占据相当重要的地位。

20世纪40年代，特别是第二次世界大战以后，自由港或自由贸易区在世界范围内获得了较大的发展，在国际贸易中扮演着越来越重要的角色。50年代末60年代初出现了新型的自由贸易区——出口加工区。爱尔兰于1959年在香农国际机场兴建的自由贸易区是世界上第一个出口加工区。以工业-贸易型为特征的出口加工区，是60年代至70年代国际经济特区的主导，其中发展中国家（地区）起到了决定性的作用。目前，发展中国家参与设立的经济特区占世界经济特区总数的2/3以上。经济特区向多行业、多功能、综合型发展，是20世纪80年代以来经济特区发展的主要特点。

（2）种类。

世界经济特区一般有自由港和自由贸易区、出口加工区、综合型经济特区与科技型经济特区、保税区、自由边境区和过境区等几种类型。

1）自由港和自由贸易区。

A. 自由港（Free Port）又称自由口岸，是世界性经济特区的最早形式。自由港是指全部或绝大多数外国商品可以免税进出的港口，这种港口划在一国关境之外，外国商品进出港口时除免交关税外，还可在港内自由改装、加工、长期储存或销售。但须遵守所在国的有关政策和法令。一般设置在港口城市或地区，如香港就是典型的自由港。

B. 自由贸易区（Free Trade Zone）又称免税贸易区（Tax-free Trade Zone）、自由区（Free Zone）、对外贸易区（Foreign Trade Zone），是指在关境以外，准许外国商品自由免税进出的地区。自由贸易区一般依靠河、山等天然屏障或藩篱等其他障碍与其他受海关管辖的部分相隔离，允许在区内开展经营活动的种类包括贸易、工业及劳务等。

自由贸易区一般有以下特点：一是关税减免。除少数特殊商品外，一般都允许商品自由进出，不必办理海关手续且免征关税。二是活动自由。进入自由贸易区的商品，一般允许在区内自由地拆散、分类、改装、储存、展览、重新包装、重整贴标签、清洗、整理、加工、制造、销毁以及与外国或国内的原料混合后再出口，海关不予监督或控制。三是特殊商品受限制。各国一般都禁止武器、弹药、毒品等进入自由贸易区，国家专卖的烟草、酒等特殊商品进入则必须凭特种进口许可证。

自由港与自由贸易区对出口贸易提供的优惠和便利主要有：1）关税优惠和免除海关手续，不受配额限制和外汇管制，可免除大多数统计申报；2）节省费用，自由贸易区一般都设在近海港的城市，为外商提供接近最终市场的商品储存和加工地；3）商品展销的窗口，便于外商以自由贸易区作为展示市场，以便进一步进入当地市场；4）允许从事加工装配，既可省去捐税，又能降低成本、运费、厂房租金、工资及保险费等。

知识窗

我国自由贸易试验区

自由贸易试验区（Free Trade Zone，FTZ）是指在贸易和投资等方面比世贸组织有关规定更加优惠的贸易安排，在主权国家或地区的关境以内，划出特定的区域，准许外国商品豁免关税自由进出，实质上是采取自由港政策的关税隔离区。狭义仅指提供区内加工出口所需原料等货物的进口豁免关税的地区，类似出口加工区。广义还包括自由港和转口贸易区。

2013年9月至2019年8月，中国已经分多批次批准了18个自由贸易试验区，已经初步形成了“1+3+7+1+6”的基本格局，形成了东西南北中协调、陆海统筹的开放态势，推动形成了我国新一轮全面开放格局。

2017年10月18日，习近平在党的十九大报告中指出，赋予自由贸易试验区更大改革自主权，探索建设自由贸易港。2018年11月23日，国务院印发《关于支持自由贸易试验区深化改革创新若干措施的通知》。商务部数据显示，2019年1月至6月，自由贸易试验区吸收外资实现高速增长，实际使用外资同比增长20.1%。2020年9月21日，国务院关于印发北京、湖南、安徽自由贸易试验区总体方案及浙江自由贸易试验区扩展区域方案。

从国际贸易方面来说，自由贸易试验区是当今国际贸易机制中最具开放性和自由度的经济机制。首先，自由贸易试验区对外来的货物、人员等在准入上是机会均等的。其次，特殊的优惠政策可以显著地降低贸易期间发生的费用。再次，“境内关外”提供的便利条件能够有力促进国际贸易的发展。实际上，自由贸易试验区就是一个为国家商户提供最为便利的贸易条件的超级交易市场。最后，自由贸易试验区本身就能创造新的贸易机会。

中国21个自由贸易试验区的基本情况和战略定位如表3-5所示。

表3-5　中国21个自由贸易试验区的基本情况和战略定位

批次	自贸区	实施范围	战略定位
第一批（2013.9）	上海自贸区	实施范围120.72平方公里，涵盖上海市外高桥保税区、外高桥保税物流园区、洋山保税港区和上海浦东机场综合保税区、金桥出口加工区、张江高科技园区和陆家嘴金融贸易区七个区域。	力争建设成为具有国际水准的投资贸易便利、货币兑换自由、监管高效便捷、法制环境规范的自由贸易试验区，为我国扩大开放和深化改革探索新思路和新途径，更好地为全国服务。
第二批（2015.4）	天津自贸区	实施范围119.9平方公里，涵盖三个片区：天津港片区、天津机场片区、滨海新区中心商务片区。	努力成为京津冀协同发展高水平对外开放平台、全国改革开放先行区和制度创新试验田、面向世界的高水平自由贸易园区。

续前表

批次	自贸区	实施范围	战略定位
第二批（2015.4）	广东自贸区	实施范围116.2平方公里，涵盖三个片区：广州南沙新区片区、深圳前海蛇口片区、珠海横琴新区片区。	依托港澳、服务内地、面向世界，将自贸试验区建设成为粤港澳深度合作示范区、21世纪海上丝绸之路重要枢纽和全国新一轮改革开放先行地。
	福建自贸区	实施范围118.04平方公里，涵盖三个片区：平潭片区、厦门片区、福州片区。	围绕立足两岸、服务全国、面向世界的战略要求，努力建设成为改革创新试验田；充分发挥对台优势，把自贸试验区建设成为深化两岸经济合作的示范区；充分发挥对外开放前沿优势，建设21世纪海上丝绸之路核心区，打造面向21世纪海上丝绸之路沿线国家和地区开放合作新高地。
第三批（2017.3）	辽宁自贸区	实施范围119.89平方公里，涵盖三个片区：大连片区（含大连保税区、大连出口加工区、大连大窑湾保税港区），沈阳片区，营口片区。	加快市场取向体制机制改革、积极推动结构调整，努力将自贸试验区建设成为提升东北老工业基地发展整体竞争力和对外开放水平的新引擎。
	浙江自贸区①	实施范围119.95平方公里，涵盖三个片区：舟山离岛片区、舟山岛北部片区、舟山岛南部片区。	将自贸试验区建设成为东部地区重要海上开放门户示范区、国际大宗商品贸易自由化先导区和具有国际影响力的资源配置基地。
	河南自贸区	实施范围119.77平方公里，涵盖三个片区：郑州片区、开封片区、洛阳片区。	加快建设贯通南北、连接东西的现代立体交通体系和现代物流体系，将自贸试验区建设成为服务于“一带一路”倡议的现代综合交通枢纽、全面改革开放试验田和内陆开放型经济示范区。
	湖北自贸区	实施范围120平方公里，涵盖三个片区：武汉片区、宜昌片区、襄阳片区。	立足中部、辐射全国、走向世界，努力成为中部有序承接产业转移示范区、战略性新兴产业和高技术产业集聚区、全面改革开放试验田和内陆对外开放新高地。
	重庆自贸区	实施范围119.98平方公里，涵盖三个片区：两江片区、西永片区、果园港片区。	全面落实党中央、国务院关于发挥重庆战略支点和连接点重要作用、加大西部地区门户城市开放力度的要求，努力将自贸试验区建设成为“一带一路”和长江经济带互联互通重要枢纽、西部大开发战略重要支点。
	四川自贸区	实施范围119.99平方公里，整体分为成都、泸州两个部分，涵盖三个片区：成都天府新区片区、成都青白江铁路港片区、川南临港片区。	立足内陆、承东启西，服务全国、面向世界，将自贸试验区建设成为西部门户城市开发开放引领区、内陆开放战略支撑带先导区、国际开放通道枢纽区、内陆开放型经济新高地、内陆与沿海沿边沿江协同开放示范区。

① 2020年9月，国务院印发《中国（浙江）自由贸易试验区扩展区域方案》，将自贸区扩展至宁波片区、杭州片区和金义片区。

续前表

批次	自贸区	实施范围	战略定位
第三批（2017.3）	陕西自贸区	实施范围119.95平方公里，涵盖三个片区：中心片区（含西安出口加工区、西安高新综合保税区、西咸保税物流中心），西安国际港务区片区，杨凌示范区片区。	全面落实党中央、国务院关于更好发挥“一带一路”倡议对西部大开发带动作用、加大西部地区门户城市开放力度的要求，努力将自贸试验区建设成为全面改革开放试验田、内陆型改革开放新高地、“一带一路”经济合作和人文交流重要支点。
第四批（2018.10）	海南自贸区	海南岛全岛。	发挥海南岛全岛试点的整体优势，紧紧围绕建设全面深化改革开放试验区、国家生态文明试验区、国际旅游消费中心和国家重大战略服务保障区，实行更加积极主动的开放战略，加快构建开放型经济新体制，推动形成全面开放新格局，把海南打造成为我国面向太平洋和印度洋的重要对外开放门户。
第五批（2019.8）	山东自贸区	实施范围119.98平方公里，涵盖三个片区：济南片区，青岛片区（含青岛前湾保税港区、青岛西海岸综合保税区），烟台片区。	全面落实中央关于增强经济社会发展创新力、转变经济发展方式、建设海洋强国的要求，加快推进新旧发展动能接续转换、发展海洋经济，形成对外开放新高地。
	江苏自贸区	实施范围119.97平方公里，涵盖三个片区：南京片区、苏州片区、连云港片区。	全面落实中央关于深化产业结构调整、深入实施创新驱动发展战略的要求，推动全方位高水平对外开放，加快“一带一路”交汇点建设，着力打造开放型经济发展先行区、实体经济创新发展和产业转型升级示范区。
	广西自贸区	实施范围119.99平方公里，涵盖三个片区：南宁片区、钦州港片区、崇左片区。	全面落实中央关于打造西南中南地区开放发展新的战略支点的要求，发挥广西与东盟国家陆海相邻的独特优势，着力建设西南中南西北出海口、面向东盟的国际陆海贸易新通道，形成21世纪海上丝绸之路和丝绸之路经济带有机衔接的重要门户。
	河北自贸区	实施范围119.97平方公里，涵盖四个片区：雄安片区、正定片区（含石家庄综合保税区）、曹妃甸片区（含曹妃甸综合保税区）、大兴机场片区。	全面落实中央关于京津冀协同发展战略和高标准高质量建设雄安新区要求，积极承接北京非首都功能疏解和京津科技成果转化，着力建设国际商贸物流重要枢纽、新型工业化基地、全球创新高地和开放发展先行区。
	云南自贸区	实施范围119.86平方公里，涵盖三个片区：昆明片区、红河片区、德宏片区。	全面落实中央关于加快沿边开放的要求，着力打造“一带一路”和长江经济带互联互通的重要通道，建设连接南亚东南亚大通道的重要节点，推动形成我国面向南亚东南亚辐射中心、开放前沿。
	黑龙江自贸区	实施范围119.85平方公里，涵盖三个片区：哈尔滨片区、黑河片区、绥芬河片区（含绥芬河综合保税区）。	全面落实中央关于推动东北全面振兴全方位振兴、建成向北开放重要窗口的要求，着力深化产业结构调整，打造对俄罗斯及东北亚区域合作的中心枢纽。

续前表

批次	自贸区	实施范围	战略定位
第六批（2020.9）	北京自贸区	实施范围119.68平方公里，涵盖三个片区：科技创新片区、国际商务服务片区和高端产业片区。	以制度创新为核心，以可复制可推广为基本要求，全面落实中央关于深入实施创新驱动发展、推动京津冀协同发展战略等要求，助力建设具有全球影响力的科技创新中心，加快打造服务业扩大开放先行区、数字经济试验区，着力构建京津冀协同发展的高水平对外开放平台。
	湖南自贸区	实施范围119.76平方公里，涵盖三个片区：长沙片区（含长沙黄花综合保税区），岳阳片区（含岳阳城陵矶综合保税区），郴州片区（含郴州综合保税区）。	以制度创新为核心，以可复制可推广为基本要求，全面落实中央关于加快建设制造强国、实施中部崛起战略等要求，发挥东部沿海地区和中西部地区过渡带、长江经济带和沿海开放经济带结合部的区位优势，着力打造世界级先进制造业集群、联通长江经济带和粤港澳大湾区的国际投资贸易走廊、中非经贸深度合作先行区和内陆开放新高地。
	安徽自贸区	实施范围119.86平方千米，涵盖三个片区：合肥片区（含合肥经济技术开发区综合保税区），芜湖片区（含芜湖综合保税区），蚌埠片区。	以制度创新为核心，以可复制可推广为基本要求，全面落实中央关于深入实施创新驱动发展、推动长三角区域一体化发展战略等要求，发挥在推进“一带一路”建设和长江经济带发展中的重要节点作用，推动科技创新和实体经济发展深度融合，加快推进科技创新策源地建设、先进制造业和战略性新兴产业集聚发展，形成内陆开放新高地。

2）出口加工区（Export Processing Zone）。出口加工区源于自由贸易区，是专门为加工、制造和装配出口产品而开辟的特定区域，是自由贸易区转口贸易功能弱化、出口加工功能强化的产物。出口加工区一般设置在港口或邻近港口、国际机场的地方，提供基础设施以及免税等优惠待遇，主要的目的是引进国外资金、技术和经营管理方法，利用本国的劳动力资源与国际市场，发展出口加工工业，以扩大设区国的出口贸易，增加劳动就业和外汇收入，取得工业方面的收益，促进本国经济的发展。世界上第一个出口加工区是1956年建于爱尔兰的香农国际机场。中国台湾高雄在20世纪60年代建立出口加工区。以后，一些国家也效法设置。中国在80年代实行改革开放政策后，沿海一些城市开始兴建出口加工区。

出口加工区有两种类型：一是综合型出口加工区，即在区内可以经营各种产品的出口加工区；二是专业型出口加工区，即区内只能经营某种特定产品的加工区。

出口加工区的优惠政策措施主要包括两方面。其一，提供工业化所必需的一般先决条件，如提供训练有素、工资水平与生产效率和技术熟练程度相适应的劳动力；提供良好的环境，如码头、水电供给、交通设施、国际机场及通信等基础设施；精简高效的行政机构和规章制度；稳定的政策和对外投资的法律保护。其二，提供财政上的优惠和补贴，鼓励出口加工业务发展及吸引外国投资，包括：区内加工出口所需的各种进口设备、原材料一律免征进口税；加工产品出口一律免征出口税；区内外商投资企业可以减免部分国内税；按补贴性的收费率提供公用事业和基础设施服务以及工厂用地；外商企业经营所得的各种收入不受外汇管制的限制；等等。

出口加工区与自由港、自由贸易区的重要区别是：其功能主要是开发外向型的加工或精加工的业务，发展具有国际竞争力的工业；其政策优惠主要是对经过加工后增值并最终产品是销往国外的厂商给予减免优惠。

3）综合型经济特区与科技型经济特区。综合型和科技型经济特区是在出口加工区基础上形成和发展起来的，是世界经济特区发展的新阶段和新趋势。它们除了具有一般出口加工区和自由贸易区的特点外，还有各自的特点。综合型经济特区的特点是：规模大、经营范围广，是一种多行业、多功能的特殊经济区域。它比小型的出口加工区具有更大的优势，经济效益显著。除了出口加工业和进出口贸易外，还经营农牧种植业、旅游业、金融服务业、交通电信以及其他行业。如巴西的马瑙斯自由贸易区。

科技型经济特区则一般以大学和科研机构为依托，以科学研究为先导，拥有较雄厚的技术力量，能够创立技术密集型与知识密集型的新兴产业，发展高精尖产品，具有较强的国际竞争力。这种类型的经济特区，对于东道国的科技进步和工业化起到巨大的促进作用。

知识窗

我国的出口加工区

2000年4月27日，国务院正式批准设立由海关监管的出口加工区，首批批准进行试点的有15个出口加工区。目前全国共有深圳出口加工区、井冈山出口加工区、九江出口加工区、赣州出口加工区、昆山出口加工区、郑州出口加工区、北海出口加工区、青岛出口加工区、重庆出口加工区、成都出口加工区、无锡出口加工区、上海金桥出口加工区、松江出口加工区、天津出口加工区、乌鲁木齐出口加工区、吴中出口加工区、厦门出口加工区等共63个。

4）保税区（Bonded Area）。保税区又称保税仓库（Bonded Warehouse），是指由一国海关所设置的或经海关批准设置的特定地区或仓库。它的功能基本类似于自由贸易区。进入保税区的外国商品可以暂不缴纳进口税，如再出口也不必缴纳出口税。进入区内的商品也可以进行储存、改装、分类、混合、展览、加工与制造等。保税区（仓库）的设立，有利于货主选择有利的时机交易，有利于贸易业务的顺利开展和促进转口贸易。各个国家保税区的具体规定各有不同，做法上也有差异。例如：日本根据职能的不同将保税区分为：A. 指定保税区（Designated Bonded Area）与保税棚（Bonded Shed），是为了方便报关的短期储存场所；B. 保税仓库，储存期较长，便于贸易业务特别是转口贸易的发展；C. 保税工厂（Bonded Factory），是在海关监管下进行加工、制造分类等保税业务的专门工厂；D. 保税陈列场（Bonded Exhibition），便于展览和广告宣传的场所，促进交易的开展。

知识窗

综合保税区

2021 年 2 月，海关总署出台了《综合保税区适合入区项目指引（2021 年版）》，致力把综合保税区打造成具有全球影响力和竞争力的加工制造中心、研发设计中心、物流分拨中心、检测维修中心和销售服务中心。

适合入区发展的加工保税案例——成都高新综合保税区，某从事晶圆预处理、封装测试的加工制造企业，属于典型的加工制造类成品内外兼销模式原料内外采购型。

适用政策：基建物资及设备免税，境外货物入区保税，境内货物入区退税，综合保税区运往境外的货物免征出口关税，保税货物自由流转，“7×24 小时”预约通关，便捷进出区，“四自一简”“批次进出、集中申报”“客运货”等。

取得成效：该企业 2020 年进出口值 2 430.3 亿元人民币，同比增长 18.2%，发展迅速，该企业积极拓展新市场、延伸产业链，入区以来已完成投资 22 亿美元，计划继续投资，扩大生产。

5）自由边境区和过境区。

A. 自由边境区（Free Perimeter）现已不常用，仅见于少数美洲国家（如墨西哥）。一般是指设在本国的一个省或几个省的边境地区，按照自由贸易区或者出口加工区的优惠措施，对区内使用的机器、设备、原料和消费品实行减税或免税，以吸引国内外厂商投资，目的是利用外资开发边境地区的经济。与出口加工区相比，自由边境区的进口商品加工后大多是在区内使用，只有少数用于再出口。

B. 过境区又称中转贸易区，是指某些沿海国家为便利内陆邻国的进出口货运，根据双方协定，指定某些海港、河港或国境城市作为过境货物的自由中转区，对过境货物简化海关手续，免征关税或只征小额过境费用。过境区和自由贸易区的区别在于，过境货物可以在过境区短期储存、重新包装，但不得加工制造。

7. 促进出口的行政组织措施

行政组织措施一般包括：设立专门组织；建立商业情报网及驻外商务机构；设立贸易中心，举办各种形式的贸易展览会和展销会；组织出口商的评奖活动；积极组织或协助外贸救济措施的申诉调查与应诉工作，努力寻求贸易纠纷的公平解决；大力培养外贸人才等措施。

二、出口管制措施

世界经济发展的一般趋势和各国对贸易实行干预政策的基本点是鼓励出口和限制进口，并且越来越偏重于鼓励出口。但是，许多国家为了达到一定的政治、军事和经济目的，往往对某些产品，特别是战略物资和高技术产品等的出口实行管制，以限制或禁止这类商品的出口。出口管制是一国对外贸易政策的组成部分，尤其是发达的资本主义国家往往将出口管制作为其实行贸易歧视的重要手段。

（一）出口管制的含义及目的

1. 含义

出口管制（Export Control）是指一国政府通过建立一系列审查、限制和控制机制，以直接或间接的方式防止本国限定的商品或技术通过各种途径流通或扩散至目标国家，从而实现本国的安全、外交和经济利益的行为。

2. 目的

出口管制的目的一般有政治和经济两个方面：

（1）出口管制的政治目的。

为了干涉和控制进口国的政治经济局势，在外交活动中保持主动地位，遏制敌对国或臆想中的敌对国家的经济发展，维护本国或国家集团的政治利益和安全等目标，通过出口控制手段，限制或禁止某些可能增加其他国家军事实力的物资，特别是战略物资和可用于军事的高技术产品的出口。或者通过出口管制对进口国施加经济制裁压力等手段，迫使其在政治上妥协就范。

（2）出口管制的经济目的。

保护国内稀缺资源或再生资源；维护国内市场的正常供应；促进国内有关产业部门或加工工业的发展；防止国内出现严重的通货膨胀；保持国际收支平衡；稳定国际市场商品价格，避免本国贸易条件的恶化；等等。

（二）出口管制的对象

从管制对象来看，出口管制国家一般对以下几类商品实行管制：

1）战略物资及与军事有关的先进技术设备和技术资料。如规定军用武器、装备、先进的电子计算机以及与军事有关的技术、设备和资料的出口必须得到政府机构的特别许可。

2）国内生产所需的原材料、半制成品及国内市场供应不足的某些必需品。如对稀有金属、石油和天然气、煤等物品实行出口控制，乃至禁止出口。

3）某些文物古董、艺术品、珍稀动植物、黄金、白银等。

4）为了缓和与进口国在贸易上的摩擦，在进口国的要求或压力下，“自动”控制出口的商品。

5）为了有计划安排生产和统一对外而实行出口许可证制管理的商品。

6）被列入对进口国进行经济制裁范围的出口商品。

（三）出口管制的形式

出口管制包括单边出口管制和多边出口管制两种形式。

1. 单边出口管制

单边出口管制即一国根据本国的需要和出于外交关系的考虑，制定本国的出口管制方案，设立专门的执行机构，对本国某些商品的出口进行审批和颁发出口许可证，实行出口管制。单边出口管制由一国单方面自主决定，不对其他国家承担义务与责任。

受到出口管制的商品，一般都是按国家公布的目录，由出口商向主管机关提出申请，取得出口许可证后才能办理出口手续。为了加强管制，许多国家根据国内外形势和对外政策的变化，随时调整或者修改出口管制法令和条例。

相关案例

中国首部《出口管制法》自 2020 年 12 月 1 日起施行

2020 年 10 月 17 日，十三届全国人大常委会第二十二次会议正式表决通过了《中华人民共和国出口管制法》（以下简称《出口管制法》），自 2020 年 12 月 1 日起施行。这标志着我国出口管制领域有了第一部专门法律，将成为我国出口管制工作的有力法治保障，更好地维护我国的国家安全和利益。

此前，我国已制定包括化学品、核、核两用、生物两用、导弹及军品等 6 部出口管制相关行政法规，但由于立法相对分散，缺少统筹协调、一体化的出口管制法律体系和架构。《出口管制法》的制定出台，是我国在战略和立法层面回应国际经贸新形势的重要举措。

《出口管制法》共五章 49 条，包括总则，管制政策、管制清单和管制措施，监督管理，法律责任和附则。主要规定了出口管制范围，出口管制清单、临时管制和全面管制，出口经营资格和出口许可制度，最终用户和最终用途管理，域外适用和对等采取措施等内容。法案系统地设计了我国在出口管制方面的统一立法原则和制度框架，有效填补了我国出口管制领域法律体系上的空白，提升了立法层级，并且充分强调了法案的立法目的及执法重点在于“维护国家安全和利益的属性和功能”。

2. 多边出口管制

多边出口管制即两个以上国家的政府，通过一定的方式建立国际性的多边出口管制机构，商讨和编制多边出口管制货单和出口管制对象国，规定出口管制办法，以协调彼此的出口管制政策和措施，达到共同的政治和军事目的。

相关案例

巴黎统筹委员会与《瓦森纳协定》的多边出口管制

1949 年 11 月，北约诸国为了控制向社会主义国家的战略性物资的输出，在美国的操纵下成立的“巴黎统筹委员会”（简称“巴统”）就是一个实行多边出口管制的组织机构。其会址设在巴黎，主要功能就是拟定禁止向社会主义国家出口的货品清单。随着事务量的增加，1952 年 9 月又设立了主管对中国实行禁运的中国委员会。20 世纪 80 年代末 90 年代初，随着苏联解体和东欧剧变与国际形势的变化，该组织已逐渐失去了实施管制的意义，并于 1994 年 4 月 1 日正式解散。

包括“巴统”17 国在内的 28 个国家于 1995 年 9 月在荷兰瓦森纳召开高官会议，决定加快建立常规武器和双用途物资及技术出口控制机制，弥补现行大规模杀伤性武器及其运载工作控制机制的不足。在美国的操纵下，1996 年 7 月，以西方国家为主的 33 个国家在奥地利维也纳签署了《瓦森纳协定》（简称“瓦协”），决定从 1996 年 11 月 1 日起实施新的控制清单和信息交换规则。与“巴统”一样，“瓦协”同样包含两份控制清单：一份是军、民两用商品和技术清单，涵盖了先进材料、材料处理、电子器件、计算机、电信与信息安全、传感与激光、导航与航空电子仪器、船舶与海事设备、推进系统 9 大类；另一份是军品清单，涵盖了各类武器弹药、设备及作战平台等共 22 类。中国同样在被禁运国家之列。

（四）出口管制的主要措施

单边出口管制的国家通常采取以下措施来实现其控制目标：1）国家专营；2）征收出口税；3）实行出口许可证制；4）实行出口配额制；5）出口禁运。

拓展阅读

公布出口许可证管理货物目录（2023 年）

依据《中华人民共和国对外贸易法》《中华人民共和国货物进出口管理条例》《消耗臭氧层物质管理条例》《货物出口许可证管理办法》等法律、行政法规和规章，现公布《出口许可证管理货物目录（2023 年）》（以下简称为目录）和有关事项。

一、许可证的申领

（一）2023 年实行许可证管理的出口货物为 43 种，详见目录。对外贸易经营者出口目录内所列货物的，应向商务部或者商务部委托的地方商务主管部门申请取得《中华人民共和国出口许可证》（以下简称出口许可证），凭出口许可证向海关办理通关验放手续。

（二）出口活牛（对港澳）、活猪（对港澳）、活鸡（对香港）、小麦、玉米、大米、小麦粉、玉米粉、大米粉、药料用人工种植麻黄草、煤炭、原油、成品油（不含润滑油、润滑脂、润滑油基础油）、锯材、棉花的，凭配额证明文件申领出口许可证；出口甘草及甘草制品、蔺草及蔺草制品的，凭配额招标中标证明文件申领出口许可证。

（三）以加工贸易方式出口第二款所列货物的，凭配额证明文件、货物出口合同申领出口许可证。其中，出口甘草及甘草制品、蔺草及蔺草制品的，凭配额招标中标证明文件、海关加工贸易进口报关单申领出口许可证。

（四）以边境小额贸易方式出口第二款所列货物的，由省级地方商务主管部门根据商务部下达的边境小额贸易配额和要求签发出口许可证。以边境小额贸易方式出口甘草及甘草制品、蔺草及蔺草制品、消耗臭氧层物质、摩托车（含全地形车）及其发动机和车架、汽车（包括成套散件）及其底盘等货物的，需按规定申领出口许可证。以边境小额贸易方式出口本款上述情形以外的货物的，免于申领出口许可证。

（五）出口活牛（对港澳以外市场）、活猪（对港澳以外市场）、活鸡（对香港以外市场）、牛肉、猪肉、鸡肉、天然砂（含标准砂）、矾土、磷矿石、镁砂、滑石块（粉）、萤石（氟石）、稀土、锡及锡制品、钨及钨制品、钼及钼制品、锑及锑制品、焦炭、成品油（润滑油、润滑脂、润滑油基础油）、石蜡、部分金属及制品、硫酸二钠、碳化硅、消耗臭氧层物质、柠檬酸、白银、铂金（以加工贸易方式出口）、铟及铟制品、摩托车（含全地形车）及其发动机和车架、汽车（包括成套散件）及其底盘的，需按规定申领出口许可证。其中，消耗臭氧层物质货样广告品需凭出口许可证出口；以一般贸易、加工贸易、边境贸易和捐赠贸易方式出口汽车、摩托车产品的，需按规定的条件申领出口许可证；以工程承包方式出口汽车、摩托车产品的，凭对外承包工程项目备案回执或特定项目立项函、中标文件等材料申领出口许可证；以上述贸易方式出口非原产于中国的汽车、摩托车产品的，凭进口海关单据和货物出口合同申领出口许可证。

（六）以加工贸易方式出口第五款所列货物的，除另有规定以外，凭有关批准文件、海关加工贸易进口报关单和货物出口合同申领出口许可证。

（七）出口铈及铈合金（颗粒＜500微米）、钨及钨合金（颗粒＜500微米）、锆、铍的可免于申领出口许可证，但需按规定申领《中华人民共和国两用物项和技术出口许可证》。

（八）我国政府对外援助项下提供的货物免于申领出口许可证。

（九）继续暂停对一般贸易项下润滑油（海关商品编号27101991）、润滑脂（海关商品编号27101992）、润滑油基础油（海关商品编号27101993）出口的国营贸易管理。以一般贸易方式出口上述货物的，凭有效的货物出口合同申领出口许可证。以其他贸易方式出口上述货物的，按照商务部、发展改革委、海关总署公告2008年第30号的规定执行。

二、“非一批一证”制和“一批一证”制

（一）对下列货物实行“非一批一证”制管理：即小麦、玉米、大米、小麦粉、玉米粉、大米粉、活牛、活猪、活鸡、牛肉、猪肉、鸡肉、原油、成品油、煤炭、摩托车（含全地形车）及其发动机和车架、汽车（包括成套散件）及其底盘（限新车）、加工贸易项下出口货物、补偿贸易项下出口货物等。出口上述货物的，可在出口许可证有效期内多次通关使用出口许可证，但通关使用次数不得超过12次。

（二）对消耗臭氧层物质、汽车（旧）出口实行“一批一证”制管理，出口许可证在有效期内一次报关使用。

三、货物通关口岸

继续暂停对镁砂、稀土、锑及锑制品等出口货物的指定口岸管理。

四、出口许可机构

商务部和受商务部委托的省级地方商务主管部门及沈阳市、长春市、哈尔滨市、南京市、武汉市、广州市、成都市、西安市商务主管部门按照分工受理申请人的申请并实施出口许可，向符合条件的申请人签发出口许可证。

本公告所称省级地方商务主管部门，是指各省、自治区、直辖市及计划单列市、新疆生产建设兵团商务主管部门。

五、实施时间

本公告自2023年1月1日起执行。商务部、海关总署公告2021年第50号同时废止。

商务部　海关总署

2022年12月30日

行业观察

直面疫情挑战，中国-中东欧国家携手前行

万里尚为邻，相助无远近。在中国抗疫的艰难时刻，匈牙利、波兰等国第一时间向中国提供医疗物资援助；当中东欧国家身陷抗疫困境，中国毫不犹豫地伸出援手，将口罩、防护服、呼吸机等紧急抗疫物资运往中东欧国家。

塞尔维亚总统武契奇亲自到机场迎接首批运抵该国的中国新冠疫苗的画面刷屏，疫苗合作不但成为两国深厚友谊的新证明，也成为中国-中东欧国家抗疫合作的新亮点。目前，塞尔维亚已从中国企业获取100万剂疫苗，匈牙利也正同中国疫苗企业合作。

面对疫情挑战，中国同中东欧国家再次展现出开拓精神，携手推动中国-中东欧合作不断前行，创新发展。在疫情肆虐、全球经济遭受重创的背景下，2020年，中国-中东欧贸易逆势增长，贸易额达1 034.5亿美元，增长8.4%；2020年，中欧班列全年开行1.24万列，同比增长50%，首次突破“万列”大关，波兰、匈牙利、捷克、立陶宛、斯洛伐克等已成为中欧班列重要通道和目的地……

操作示范

1. 自由港是指全部或绝大多数外国商品可以免税进出的港口，这种港口划在一国关境之外，外国商品进出港口时除免交关税外，还可在港内自由改装、加工、长期储存或销售。自由贸易区是指在关境以外，准许外国商品自由免税进出的地区。自由贸易区一般依靠河、山等天然屏障或藩篱等其他障碍与其他受海关管辖的部分相隔离，允许在区内开展经营活动的种类包括贸易、工业及劳务等。

2. 海南自由贸易港的特色：试验最高水平开放政策；特殊税收制度；生产要素自由流动。

实训演练

1. 巴西联邦政府推出国家出口计划

为振兴巴西产品出口，巴西联邦政府日前推出“全国出口计划”。该计划包括进入国际市场、贸易促进、贸易便利、对出口的金融和担保支持、改进促进出口的税收体制机制五方面主要内容。

巴西发展、工业和外贸部部长阿尔曼多·蒙特伊罗·内图表示，巴西是世界第七大经济体，而出口排名仅列世界第25位，这一计划就是为了刺激、便利和增加巴西出口。巴西发展、工业和外贸部数据显示，在金砖国家中，在出口对GDP的贡献率（2013年数据）方面，巴西仅为27.6%，远低于南非的64.2%、印度的53.3%、俄罗斯的50.9%和中国的50.2%，排名最后。

思考：在当今国际贸易中，各国鼓励出口的做法主要有哪些？

2. 我国的电解铝出口管制

长期以来，我国一直是电解铝的净进口国，从1999年开始，我国电解铝产量迅速增长，产量的快速增加导致从2000年开始国内铝市场从供应缺口变为供应过剩。2001年，我国首度从铝净进口国变为净出口国，当年净出口7万吨。自2002年开始，我国电解铝产量明显大于需求量，成为世界第一大产铝国。在国家出口退税优惠政策和国内供应过剩的双重作用下，我国铝出口快速增长，到2004年，我国铝出口168万吨，净出口65万吨。2005年起，国家取消电解铝的出口退税，对电解铝出口加征5%的出口关税；2006年1月1日，氧化铝的进口关税下调至5.5%，并于2006年11月进一步下调至3%；2006年11月，电解铝出口关税进一步提高到15%；2007年6—7月，为抑制铝材过快增长，国家相继取消简单初级加工铝材的出口退税，并加征15%的出口关税；2007年8月1日起，国家以暂定税率的形式将电解铝进口关税由5%下调至0，对非铝合金制铝条、杆开征出口暂定关税，暂定税率为15%，维持铝板带11%出口退税率、铝箔13%出口退税率不变。2023年，国家规定电解铝出口暂定关税从15%提高至30%。

思考：

（1）我国2003年以前对电解铝采取什么政策？有何作用？

（2）我国2007年8月1日起调整电解铝进口关税，有何作用？

（3）我国对电解铝的出口管制属于什么管制形式？

（4）对电解铝出口征收出口税对我国的生产、环境、经济有何影响？

拓展阅读

“一带一路”倡议

“一带一路”（The Belt and Road）是“丝绸之路经济带”和“21世纪海上丝绸之路”的简称。2013年9月和10月，中国国家主席习近平分别提出建设“新丝绸之路经济带”和“21世纪海上丝绸之路”的倡议。丝绸之路经济带圈定新疆、重庆、陕西、甘肃、宁夏、青海、内蒙古、黑龙江、吉林、辽宁、广西、云南、西藏13省（自治区、直辖市），21世纪海上丝绸之路圈定上海、福建、广东、浙江、海南5省（直辖市），共计18个省、自治区、直辖市。充分依靠中国与有关国家既有的双边、多边机制，借助既有的、行之有效的区域合作平台，“一带一路”旨在借用古代丝绸之路的历史符号，高举和平发展的旗帜，积极发展与沿线国家（地区）的经济合作伙伴关系，共同打造政治互信、经济融合、文化包容的利益共同体、命运共同体和责任共同体。

2015年3月，中国发布《推动共建丝绸之路经济带和21世纪海上丝绸之路的愿景与行动》；2017年5月，首届“一带一路”国际合作高峰论坛在北京成功召开。中国还先后举办了博鳌亚洲论坛年会、上海合作组织青岛峰会、中非合作论坛北京峰会、中国国际进口博览会等。7年多来，共建“一带一路”倡议得到了越来越多国家和国际组织的积极响应，受到国际社会广泛关注，影响力日益扩大。

截至2020年，中国与171个国家和国际组织，签署了205份共建“一带一路”合作文件。2020年以来，面对复杂的国际形势特别是新冠肺炎疫情的冲击，中国同有关国家守望相助、共克时艰，推动共建“一带一路”取得了新进展、新成效，一批重大项目进展平稳，尤其是“健康丝绸之路”“数字丝绸之路”建设成效明显，“一带一路”朋友圈越来越大，可以说是患难见真情。这充分说明，共建“一带一路”倡议和构建人类命运共同体理念深入人心。一年来，商务部认真落实党中央、国务院决策部署，努力应对疫情影响，不断深化“一带一路”经贸合作，为共建“一带一路”高质量发展做出了新贡献。主要体现在四个方面：

一是贸易往来保持增长。全年与沿线国家货物贸易额1.35万亿美元，同比增长0.7%（人民币计为1.0%），占我国总体外贸的比重达到29.1%。中欧班列的贸易大通道作用更加突显，全年开行超过1.2万列，同比上升50%，通达境外21个国家的92个城市，比2019年底增加了37个。国际陆海贸易新通道建设加快，合作规划编制等相关工作扎实推进。

二是投资合作不断深化。全年对沿线国家非金融类直接投资177.9亿美元，增长18.3%，占全国对外投资的比重上升到16.2%；在沿线国家承包工程完成营业额911.2亿美元，占全国对外承包工程的58.4%。一大批境外项目和园区建设在克服疫情中稳步推进，中老铁路、雅万铁路等重大项目取得积极进展，中白工业园新入园企业13家。同时，沿线国家企业也看好中国发展机遇，在华新设企业4 294家，直接投资82.7亿美元。

三是自贸区建设取得新突破。《区域全面经济伙伴关系协定》（RCEP）成功签署，成为全球规模最大的自贸区，是东亚区域一体化20年来最重要的成果。与柬埔寨签署自贸协定，签署中欧地理标志协定，正式实施中国-巴基斯坦自贸协定第二阶段议定书关税减让安排。还正式签署了与新西兰的自贸协定升级议定书。

四是机制平台更加健全。截至2020年，中国与171个国家和国际组织，签署了205份共建“一带一路”合作文件。2020年，我们与缅甸、墨西哥、智利、白俄罗斯新建了贸易畅通工作组，还推动与更多国家建立投资工作组、服务贸易工作组和电子商务合作机制。同时我们还成功举办了一系列包括进博会、服贸会、广交会、中国-东盟博览会等重要展会，有力促进了与相关国家和地区的经贸往来。

2011年3月19日，中欧班列首次开通，从重庆团结村始发，开行16天，顺利抵达德国的杜伊斯堡。2016年6月起，中欧班列穿上了统一的“制服”，深蓝色的集装箱格外醒目，品牌标志以红、黑为主色调，以奔驰的列车和飘扬的丝绸为造型，成为“丝绸之路经济带”蓬勃发展的最好代言与象征。据中国铁路总公司的统计数据，截至2020年11月5日，当年中欧班列开行达10 180列，已超过2019年全年开行量，运送货物92.7万标箱，同比增长54%，往返综合重箱率达到98.3%，再次创造新纪录。新型冠状病毒肺炎疫情暴发以来，在国际客运航线停飞、公路受阻、水运停滞等情况下，中欧班列成为中外企业进出口的主要运输通道。

“一带一路”沿线各国（地区）资源禀赋各异，经济互补性较强，彼此合作潜力和空间很大。以政策沟通、设施联通、贸易畅通、资金融通、民心相通为主要内容，项目成果如下：

1. 蒙内铁路

肯尼亚是中国“一带一路”倡议在非洲唯一的支点，是新丝路建设中获得中国资金援助最多的国家。

2014年5月李克强总理访问肯尼亚期间，中、肯双方签署了关于蒙巴萨—内罗毕铁路相关合作协议。蒙内铁路是肯尼亚百年来建设的首条新铁路，是东非铁路网的咽喉，也是东非次区域互联互通的重大项目，规划全长2 700千米，预计总造价250亿美元。

中国企业携手通用电气开拓EPC市场的力度也不断加大，如2015年中国机械工业集团在其承建的肯尼亚基佩托风电项目中采用60台通用电气生产的1.7-103风机。

2. 中匈协议

2015年6月6日，正在匈牙利进行正式访问的外交部部长王毅，在布达佩斯同匈牙利外交与对外经济部长西亚尔托签署了《中华人民共和国政府和匈牙利政府关于共同推进丝绸之路经济带和21世纪海上丝绸之路建设的谅解备忘录》。这是中国同欧洲国家签署的第一个此类合作文件。

3. 卫星通信

为保障“一带一路”通信卫星信号无障碍，国内的相关企业和政府机构已经对“一带一路”的卫星发射进行了规划和研究，未来三年到五年内，将发射多颗通信卫星。与此同时，“一带一路”途经国家（地区）的通信信号也将逐步实现全覆盖，在通信领域为“一带一路”铺平道路。

4. 亚洲基础设施投资银行

截至2015年4月15日，亚投行意向创始成员确定为57个，其中域内国家（地区）37个、域外国家（地区）20个。涵盖了除美、日之外的主要西方国家，以及亚欧区域的大部分国家，成员遍及五大洲。其他国家（地区）今后仍可以作为普通成员加入亚投行。

2015年4月28日，为期两天的亚投行第四次谈判代表会议在北京闭幕，这是亚投行57个意向创始成员名单最终确定后首次齐聚北京，代表们对多边临时秘书处起草的《亚投行章程（草案）》修订稿进行讨论并取得了显著进展。各方商定将于2015年年中完成亚投行章程谈判并签署，年底前完成章程生效程序，正式成立亚投行。

5. 卡拉奇—拉合尔高速公路

2015年12月22日，中国建筑股份有限公司与巴基斯坦国家高速公路管理局正式签署巴基斯坦卡拉奇—拉合尔高速公路（苏库尔—木尔坦段）项目EPC总承包合同。

卡拉奇—拉合尔高速公路项目为中巴经济走廊最大交通基础设施项目，全长约1 152千米，采用双向6车道设计，设计时速120千米/小时。中国建筑股份有限公司本次签约承建的苏库尔—木尔坦段，为中巴经济走廊早期收获项目，全长392千米，建设工期36个月。合同金额2 943亿卢比，约折合人民币184.6亿元，约占中国建筑股份有限公司2014年度经审计营业收入的2.31%。中国建筑股份有限公司推进“一带一路”项目取得了重大实质性成果。

6. 巴基斯坦卡洛特水电站

2016年1月10日，在距离巴基斯坦首都伊斯兰堡50多千米处的吉拉姆河畔，三峡集团承建的卡洛特水电站主体工程开工。这是丝路基金首个对外投资项目。中国政府已承诺在2030年前向巴基斯坦投资至少350亿美元，为其建造发电厂提供融资。通用电气表示目前在巴基斯坦的订单金额已超过10亿美元，而5年前还不足1亿美元。

7. 中亚天然气管线项目

2009年，该项目由中石油海外工程集团承建，通用电气为该项目提供了4个压缩机站的12台压缩机和航改型燃机。除技术、资金支持外，通用电气还调动沿线国家（地区）的本土团队，协助进行项目沟通。从中亚进口的天然气，通过中亚管道接入我国西气东输管道，覆盖国内25个省市和香港特别行政区的用户，造福5亿多人。

8. 印度尼西亚雅万高铁

2016年1月21日，印度尼西亚雅万高铁开工奠基仪式举行。这将是印度尼西亚乃至东南亚地区的首条高铁。

9. 德黑兰至马什哈德高铁

2016年2月6日，伊朗总统鲁哈尼出席了德黑兰—马什哈德铁路电气化改造项目的开工仪式，该项目将由伊朗基础设施工程集团MAPNA和中国中机公司及苏电集团承建，预计在42个月后竣工，随后还有5年的维护期。

10. 中老铁路

2016年12月25日，老挝北部琅勃拉邦，一支筑路队伍整装待发。老挝总理通伦亲自挥铲破土、鸣锣九响，标志着中老铁路全线开工。根据规划，中老铁路将于2021年全线贯通，届时从中国边境到万象只需4个小时，多山缺路的老挝将实现从“陆锁国”变为“陆联国”的梦想。

11. 孟加拉国希拉甘杰电站二期

通过安排股权投资、项目贷款、出口信贷和提供融资咨询服务，西门子成功帮助EPC项目完成融资。以与中国机械进出口（集团）有限公司合作的孟加拉国希拉甘杰电站二期225MW联合循环电厂项目为例，西门子通过协调EPC企业、业主和相关机构，帮助该项目成功获得德国出口信用保险公司Euler Hermes的担保，形成了中国出口信用保险公司和德国Euler Hermes联合担保的结构，为该项目最终获得由渣打银行牵头并包括西门子银行在内的商业银行团的贷款提供了关键的一环。该项目最终顺利落地，现已进入建设期。该项目建成后将缓解孟加拉国用电紧张的局面。

12. 乌克兰“一带一路”贸易投资促进中心

2018年7月5日，乌克兰“一带一路”贸易投资促进中心在乌克兰首都基辅乌克兰工商会大楼内正式揭牌。

截至2018年，中国同“一带一路”国家贸易总额超过6万亿美元，对“一带一路”国家直接投资超过900亿美元，“六廊六路多国多港”的互联互通架构基本形成。中国同“一带一路”国家共建82个境外合作园区，上缴东道国税费20多亿美元，带动当地就业近30万人，为各国民众带来了更便利的生活条件、更良好的营商环境、更多样发展的机遇。

模块小结

（1）国际贸易政策是指各国在一定时期内对进出口贸易所制定和实行的政策。包括对外贸易总政策、进出口商品政策、对外贸易国别政策三个方面的内容。

（2）关税是指进出口商品经过一国关境时，由政府所设置的海关代表国家向其征收的一种税，具有强制性、无偿性和固定性。

（3）关税按征收标准不同，可分为从价税、从量税、混合税、选择税和滑准税；按商品流向不同，可分为进口税、出口税和过境税；按征税目的不同，可分为财政关税和保护关税；按差别待遇和特定的实施情况分，可分为进口附加税、差价税、特惠税和普惠制关税；按照关税保护程度和有效性的不同，可分为名义关税和有效关税。

（4）非关税措施即非关税壁垒，是指一国政府采取除关税以外的一切限制进口的措施，其目的是试图在一定程度上限制进口，以保护国内市场和国内产业的发展。与关税措施相比，非关税措施主要具有下列三个明显的特点：具有更大的灵活性和针对性，保护作用更为强烈和直接，也更具有隐蔽性和歧视性。

（5）非关税措施可以分为传统的非关税措施和新非关税措施。传统的非关税措施主要包括进口配额制、自动出口配额制、进口许可证制、外汇管制、进出口国家垄断、歧视性政府采购政策、国内税、最低限价和禁止进口、进口押金制和专断的海关估价制。新非关税措施是相对于传统的非关税措施而言的，包括技术性贸易壁垒、绿色贸易壁垒、社会壁垒、知识产权壁垒、动物福利壁垒等在内的所有阻碍国际商品自由流动的非关税措施。

（6）出口促进措施是指出口国政府为增强本国出口产品的国际竞争力，促进本国商品的出口，开拓和扩大国外市场而采取的经济、行政和组织等方面的各种措施。主要包括出口信贷、出口信贷国家担保制、出口补贴、商品倾销、外汇倾销、经济特区和促进出口的行政组织措施等。

（7）出口管制是指一国政府通过建立一系列审查、限制和控制机制，以直接或间接的方式防止本国限定的商品或技术通过各种途径流通或扩散至目标国家，从而实现本国的安全、外交和经济利益的行为。包括单边出口管制和多边出口管制两种形式。

模块练习

一、名词解释

国际贸易政策 自由贸易政策 贸易保护政策 管理贸易政策 进口税 最惠国税 普惠制 特惠税 从价税 从量税 混合税 有效保护率 非关税壁垒 进口配额 绝对配额 进口许可证 外汇管制 歧视性政府采购 出口补贴 出口信贷 商品倾销 偶然性倾销 外汇倾销 反补贴税 反倾销税 出口管制 经济特区 保税区 出口加工区 自由贸易区

二、单项选择题

1. 某国与别国缔结关税同盟协议，此时该国的(　　)。

A. 国境大于关境　　B. 国境小于关境

C. 国境等于关境　　D. 国境和关境两者没有关系

2. 绝对配额与关税配额的区别主要体现在(　　)。

A. 对进口数量的控制上　　B. 对关税的征收上

C. 对进口商品价格的控制上　　D. 对附加税和罚款的处理上

3. 发达国家对来自发展中国家的初级产品主要采取(　　)征进口关税。

A. 从价税　　B. 从量税　　C. 混合税　　D. 选择税

4. 普惠制的主要特点是(　　)。

A. 普遍的、歧视的、互惠的　　B. 普遍的、非歧视的、非互惠的

C. 非普遍的、非歧视的、非互惠的　　D. 非普遍的、歧视的、互惠的

5. 进口关税的税收主体是(　　)。

A. 本国进口商　　B. 外国出口商　　C. 外国进口商　　D. 进口商品

6. 自动出口限制是(　　)。

A. 出口国管制出口的一种形式

B. 巴黎统筹委员会的管理形式

C. 非关税壁垒的一种形式

D. 世界贸易组织原则许可的出口管理形式

7. SA 8000 是当今西方国家一种新的关于商品进口(　　)的认证制度。

A. 工业标准　　B. 环境标准　　C. 社会责任标准　　D. 绿色标准

8. ISO 14000 是当今西方国家一种关于商品进口(　　)的认证制度。

A. 工业标准　　B. 环境标准　　C. 社会责任标准　　D. 绿色标准

9. 对于工业制成品的关税征收主要采用(　　)的形式征收。

A. 从量税　　B. 从价税　　C. 选择税　　D. 季节税

10. 实施从量征税，当国际市场价格水平上涨时其保护程度（ ）。

A. 降低　　B. 提高　　C. 不变　　D. 不确定

11. 实施从价征税，当国际市场价格水平上涨时其保护程度（ ）。

A. 降低　　B. 提高　　C. 不变　　D. 不确定

12. 下列哪项不属于技术性壁垒措施？（ ）

A. 工业标准　　B. 卫生检疫措施　　C. 商标和标签　　D. 社会责任标准

三、判断题

1. 从对外贸易的产生与发展来看，基本上有三种类型的对外贸易政策，即自由贸易政策、贸易保护政策和管理贸易政策。（ ）

2. 关税是指进出口商品经过一国国境时，由政府所设置的海关代表国家向其进出口征收的一种税收。（ ）

3. 贸易条约和协定是指有关主权国家为确定彼此间的贸易关系，规定各自的权利和义务，协调各自的对外贸易政策，经过协商或谈判缔结的书面协议。（ ）

4. 关税是国家财政收入的一个重要组成部分，因而它同其他税收一样，具有强制性、无偿性和固定性。（ ）

5. 我国目前对原油、啤酒和胶卷等进口商品征收从价税。（ ）

6. 一般而言，发达国家的进口税率往往随商品加工程度的提高而提高，工业制成品税率最高，半制成品次之，初级产品最低，甚至免税。（ ）

7. 惩罚性关税是一国为报复他国对本国商品、船舶、企业、投资或知识产权的不公正待遇而对从该国进口的商品所课征的进口附加税。（ ）

8. 关税措施比非关税措施具有更大的灵活性和针对性。（ ）

9. 发达国家的进出口垄断主要集中在烟酒、农产品和武器三类商品上。（ ）

10. 绿色贸易壁垒具体包括绿色关税制度、绿色技术标准制度、绿色环境标志制度、绿色卫生检疫制度和绿色包装制度等。（ ）

四、案例分析

1. 分析2021年《中华人民共和国海关进出口税则》部分商品的关税税率（见表3-6）。

表3-6　2021年中国部分商品关税税率

税则号列	商品名称	普通税率	最惠国税率
22030000	麦芽酿造的啤酒	7.5元/升	0元/升
27090000	石油原油	0.085元/千克	0元/千克
71021000	钻石：未分级	14%	3%
85171210	手持（包括车载）式无线电话机	20%	0
85211011	广播级磁带录像机	0	0

思考：

（1）普通税率与最惠国税率的区别是什么？

（2）表3-5中存在几种税率？分别是什么？

（3）你认为国家制定这项政策的原因是什么？

2. 阅读下列案件并思考。

案件1：美国对移动式升降作业平台启动双反立案调查

2021年2月26日，美国移动接入设备制造商联盟（The Coalition of American Manufacturers of Mobile Access Equipment）向美国商务部和美国国际贸易委员会提交对中国移动式升降作业平台（Mobile Access Equipment and Subassemblies Thereof）的反倾销和反补贴调查立案申请。

2021年3月19日，应美国移动接入设备制造商联盟于2021年2月26日提交的申请，美国商务部宣布对进口自中国的移动式升降作业平台发起反倾销和反补贴立案调查。本案涉及美国协调关税税号8427.10.8030、8427.10.8070、8427.10.8095、8427.20.8020、8427.20.8090、8427.10.8010、8427.10.8020、8427.10.8090、8427.20.8000项下产品。美国国际贸易委员会（ITC）预计将最晚于2021年4月12日对本案做出反倾销和反补贴产业损害初裁。若美国国际贸易委员会裁定涉案产品的进口对美国国内产业构成实质性损害或损害威胁，美国商务部将继续对本案进行调查并预计于2021年5月24日做出反补贴初裁，于2021年8月5日做出反倾销初裁。

案件2：欧盟对华钢铁紧固件进行反倾销立案调查

2020年12月21日，欧盟委员会发布公告称，应欧洲工业紧固件协会（the European Industrial Fasteners Institute）代表紧固件生产商于2020年11月6日提出的申请，欧盟委员会对原产于中国的钢铁紧固件（Iron or Steel Fasteners）进行反倾销立案调查。涉案产品的欧盟CN（Combined Nomen Clature）编码为7318 12 90、7318 14 91、7318 14 99、7318 15 58、7318 15 68、7318 15 82、7318 15 88、ex 7318 15 95（TARIC编码为7318159519和7318159589）、ex 7318 21 00（TARIC编码为7318210031、7318210039、7318210095和7318210098）、ex 7318 22 00（TARIC编码为7318220031、7318220039、7318220095和7318220098）。本案倾销和损害调查期为2019年7月1日—2020年6月30日，损害分析期为2017年1月1日至倾销和损害调查期结束。

案件3：中国加入世界贸易组织后钢铁业反倾销胜诉第一案

2002年5月21日，历时近一年的美国对中国钢管实施的反倾销调查，以上海埃力生公司的胜诉而告终。美国商务部对上海埃力生公司出口到美国的钢管做出了税率为0的反倾销终裁，认定上海埃力生公司出口到美国的ERW钢管在调查期内没有对美国国内产业造成实质性损害。上海埃力生公司成为中国入世后在钢铁行业胜诉国外反倾销案的第一家。

2001年6月，美国总统布什做出了在201条款下对进口钢铁产品实施保障措施调查的决定，以确定美国钢铁产业是否受到损害，这一举动涉及中国、欧盟、日本和韩国等国家（地区）的钢铁产品的出口，为本已不景气的世界钢铁市场投下了阴影，并因此遭到世界各国的反对。在此形势下，2001年7月，美国钢管行业向美国商务部正式提出对中国钢管实施反倾销调查。

上海埃力生钢管有限公司年产ERW钢管30万吨，全部按美国API、ISO 9000标准生产，50%以上的产品出口，其中大部分出口到美国。得知美国对钢铁进行反倾销立案调查后，上海埃力生公司组建了专门的应诉机构，聘请了国内外经验丰富的资深律师，开始了漫长、复杂的反倾销应诉过程。美国商务部的调查琐碎、详细，范围涉及公司两年以上的原材料采购及客户的整个生产、销售、财务、售后服务过程。应诉人员不但必须在指定时间内实事求是地回答美国商务部的A、B、C三套问卷，而且所有递交的材料和答复的问题必须有公司原始记录和各种单据为证，还要经得起美国商务部官员近乎苛刻的实地核查。

2001年12月20日，美国商务部根据上海埃力生公司的答卷，初步裁定该公司出口到美国钢管的税率为0。初裁后，上海埃力生公司转入了更加周密、细致的工作中，准备迎接美国商务部的现场核查。

2002年1月18—19日，上海埃力生公司接受了美国商务部官员的现场核查。经过实地考察论证，美国商务部官员认定上海埃力生公司的钢管价格是真实的，认定不存在倾销。上海埃力生公司顺利通过了美国商务部的现场核查。

2002年5月21日，美国商务部公布了终裁结果，上海埃力生公司出口到美国的钢管税率为0。国家经贸委认为，上海埃力生公司对美国反倾销案的胜诉对国内企业有着重要的借鉴意义。企业要有自我保护意识，在受到不公正的反倾销诉讼时，一定要据理力争，努力抗辩。应诉企业胜诉后，不仅可以提高在美国的知名度，巩固并扩大在美国的市场份额，而且可以在国际竞争中处于有利的国际地位。企业一定要熟悉国际市场，遵循外贸规则，尽快掌握世界贸易组织的有关法规，只有这样才能有效地维护自身利益。

思考：

（1）我国企业应该如何应对国外对我国出口产品开展的反倾销调查？

（2）我国企业应如何防止和减轻由于倾销和反倾销带来的损害？

3. 阅读下列案例并思考。

案例1：美国制定部分食品中四唑虫酰胺的最大残留限量

2021年2月23日，据美国《联邦公报》消息，美国环保署（EPA）发布2020－03624号公告，制定部分食品中四唑虫酰胺的最大残留限量。具体如表3－7所示：

表3－7　四唑虫酰胺最大残留限量

农药名称	食品种类	最大残留限量（mg/kg）	备注
四唑虫酰胺	牛/绵羊/山羊/马的脂肪	0.04	制定
	牛/绵羊/山羊/马的肉	0.02	制定
	牛/绵羊/山羊/马的肉副产品	0.3	制定
	番茄酱	1.5	制定
	叶类蔬菜，4～16组	20	制定

该公告刊登在2021年2月24日的《联邦公报》上，并于发布之日起生效，意见反馈期为发布之日起60日。

案例2：输日鳗鱼遭遇贸易壁垒

2003 年 7 月 3 日，日本突然宣布对中国的鳗鱼加工品实施明令检验，查验恩诺沙星等药物。此后，31 批中国烤鳗相继被通报为药残超标。日本官方网站不断发布不合格产品消息，引来媒体的恶意炒作，导致食鳗节期间中国产品纷纷下架。中国企业不得不全面停止对日发货。根据海关统计，2003 年 7—8 月我国对日出口烤鳗仅 4 000 吨，比上年同期下降 41%。

经过 20 多年的不懈努力，中国已成为全球最大的鳗鱼养殖、加工、出口基地，鳗业已成为中国加入世界贸易组织后具有相对比较优势的产业。按活鳗计，年产量超过 13 万吨，占世界总产量的 2/3；年出口量占国际贸易量的 3/4；出口额约占中国自产水产品出口总额的 1/4，年创汇达 6 亿～8 亿美元。主销市场为日本，市场占有率在 80%以上。这一切的成功源于日本市场的需求和中国产业的竞争优势。中国有丰富的日本种鳗苗资源和养殖欧洲种鳗苗的自然条件，加上劳动力成本低廉和产品质优价廉，中国鳗鱼逐渐赢得消费者的信赖，市场占有率直线上升。

但是，日本政府以保护本国产业为目的，近年来不断采取措施，企图将中国的鳗鱼产品挤出市场。2001 年日本农水省曾计划对中国鳗鱼实施进口设限，限制进口总量。

中国加入世界贸易组织后，日本开始将数量限制转为 SPS/TBT 贸易壁垒。2003 年初，日本借欧盟对我国动物源性产品封关之由，于 2 月 1 日起对我国活鳗及冷冻白烧鳗监控查验包括氯霉素在内的 11 项药物残留。4 月 24 日起对中国活鳗实行监管吊水 48 小时以上，逐批检查磺胺类药物残留，合格后准予通关。4 月 27 日，日本媒体报道市场抽检中发现中国烤鳗含有汞，并大肆渲染汞残留对人体的危害。6 月 12 日，日本各食品检疫所开始对鳗鱼实施汞含量的监控检查。7 月 18 日，除对活鳗和白烧鳗进行强制检查外，厚生省（现厚生劳动省）开始对全部中国烤鳗实施监控检查，并宣布一旦发现问题，将在网上予以公布。中国烤鳗售价骤降，部分超市干脆不售中国烤鳗。2003 年全年出口量从上年的 7 万吨减至 6 万吨，日本进口商库存积压。但同期，受益的日本国产鳗鱼价格大幅上升，受益的日本鳗业不仅加大了新产季的投苗，而且新建了数家烤鳗厂。

2003 年 3 月，日本厚生省在进口中国的两批烤鳗中查验出恩诺沙星残留，迅速在网上公布。4 月，厚生省将该药物作为进口白烧鳗鱼（即不加酱油）的明令检查项目，批批查验。7 月 3 日，又突然宣布对全部中国鳗鱼加工品实施恩诺沙星药残明令检查，最低检测限为 0.05ppm，导致我国鳗鱼出口受阻，鳗农叫苦连天，工厂被迫大幅减产，甚至全面停产。

思考：

（1）什么是 SPS/TBT 贸易壁垒？

（2）当代国际贸易中技术性贸易壁垒流行的原因主要有哪些？

（3）我国企业应该如何应对国外的技术贸易壁垒？

4. 印度尼西亚是世界上重要的资源出口国，其铜矿出口占全球总量的 3%，镍矿出口占 18%～20%，铝土矿出口占 9%～10%。但近年来，印度尼西亚矿产资源逐渐减少，消耗却在增加。为了保护自然资源，同时增加矿产品出口附加值，促进矿产品加工中下游产业发展，创造更多的就业机会，印度尼西亚2009年通过了《煤炭与矿物法》，规定2014年1月12日起禁止原矿出口，在印度尼西亚采矿的企业必须在当地冶炼或精炼后方可出口。路透社说，这是苏西洛上任后提出的重大经济政策之一。印度尼西亚是世界上最大的镍、精炼锡、电煤出口国，同时拥有世界第五大铜矿和优质金矿。根据世界银行的统计数据，印度尼西亚2012年出口矿产总额达100.4亿美元，约占出口总额的5%。路透社说，禁止出口镍矿石可能引发全球镍产业近年来最严重的动荡。依赖进口镍生产不锈钢的国家将遭受严重打击。这项禁令酝酿已久，意在把矿石精炼限制在印度尼西亚国内，以提高矿产品出口附加值。但官员们担心，从短期看，禁令可能使印度尼西亚外汇收入锐减、赤字加大，重挫投资者信心。

据印度尼西亚《雅加达邮报》2017年1月5日报道，印度尼西亚能源与矿产资源部长佐南表示，印度尼西亚政府即将出台新的政府规章，放宽部分矿石和半加工产品的出口，上述规章已提交经济统筹部，等待相关部门会签和总统签署。此前印度尼西亚政府仅表态将放宽对矿石精矿的出口限制，但据获悉的规章草案，放宽的范围不仅限于铜精矿，还包括镍土矿、铝土矿、阳极泥和碲化铜。

思考：

（1）印度尼西亚禁止出口原矿对世界经济界会产生哪些影响？

（2）出口管制措施还有哪些？

模块四

世界贸易组织与区域经济一体化

学习目标

【知识目标】

- 了解世界贸易组织的宗旨
- 掌握世界贸易组织的基本原则
- 理解世界贸易组织的法律框架
- 掌握区域经济一体化的含义及组织形式
- 理解区域经济一体化的相关理论
- 了解主要的区域经济一体化组织
- 熟悉我国参与的区域经济一体化组织

【技能目标】

- 能够领会世界贸易组织的基本原则及适用场合
- 能够辨别不同类型区域经济一体化的区别
- 能够领会当代区域经济一体化发展的特点
- 能够分析关税同盟的静态效应和动态效应

单元一　世界贸易组织

任务导入

奉陪到底！中国在世贸组织起诉美国“232措施”

2018年4月5日，中国就美国进口钢铁和铝产品“232措施”，在世贸组织争端解决机制项下向美方提出磋商请求，正式启动争端解决程序。商务部条约法律司负责人就此发表谈话。

美国“232措施”名为维护国家安全，实为实施贸易保护主义。美方一方面选择性地排除部分国家和地区，另一方面对包括中国在内的部分世贸成员实施了征税措施。美方的这种做法严重违反多边贸易体制的非歧视原则，严重违反其在世贸组织项下的关税减让承诺和有关保障措施的规则和纪律，损害了中国作为世贸组织成员的正当权益。

鉴于美方拒绝根据世贸规则与中方进行补偿谈判，中方不得不启动争端解决程序，捍卫合法权益。

任务：

(1) 世界贸易组织是一个什么样的组织？

(2) 为什么国（地区）与国（地区）之间的贸易问题会向世界贸易组织提起诉讼？

(3) 世界贸易组织能管什么？

基本知识

一、世界贸易组织的产生

世界贸易组织的前身是关税与贸易总协定（General Agreement on Tariff and Trade，GATT），简称关贸总协定，该协定在美国的策动下由23个国家于1947年10月30日在日内瓦签订，并于1948年正式生效。

1994年4月15日，在摩洛哥的马拉喀什市举行的关贸总协定“乌拉圭回合”部长会议上决定成立更具全球性的世界贸易组织（World Trade Organization，WTO），以取代成立于1947年的关贸总协定。世界贸易组织（简称世贸组织）是当代最重要的国际经济组织之一，有“经济联合国”之称。

二、世界贸易组织的宗旨

世界贸易组织并不是关贸总协定的简单扩大，相反它完全代替了关贸总协定。根据《马拉喀什建立世界贸易组织协定》的前言，世界贸易组织的宗旨是：“提高生活水平，保证充分就业，大幅度和稳定地增加实际收入和有效需求，扩大货物和服务的生产贸易，按照持续发展的目的，最优运用世界资源，保护和维护环境，并以不同经济、发展水平下各自需要的方式，加强采取各种相应的措施，积极努力确保发展中国家。尤其是最不发达国家在国际贸易增长中的份额，与其经济发展需要相称。”

世界贸易组织的宗旨与《1947年关税与贸易总协定》（GATT1947）的宗旨基本相似，但根据形势发展做了以下三点补充：一是将服务业的发展纳入世界贸易组织体系；二是提出了环境保护和可持续发展问题；三是要考虑各国经济发展水平的需要，要确保发展中国家尤其是最不发达国家在国际贸易增长中获得与其经济发展相适应的份额。在《马拉喀什建立世界贸易组织协定》序言中还明确指出世界贸易组织的目标是建立一个包括货物、服务、与贸易有关的投资及知识产权等在内的完整的、更具活力的、更持久的多边贸易体系，以巩固原来关贸总协定为贸易自由化所做的努力和“乌拉圭回合”多边关税及贸易谈判的所有成果。而实现上述宗旨和目标的途径，则规定为各成员应通过达成互惠互利的安排，大幅度削减关税和其他贸易壁垒，在国际贸易关系中取消歧视性待遇，扩大市场准入程度及提高贸易政策法规透明度，以及实施通知与审议原则等措施，协调各成员间的贸易政策，共同管理全球贸易。

三、世界贸易组织的管辖范围

世界贸易组织与关贸总协定的重大区别之一就是管辖范围更广泛。世界贸易组织为其成员在处理有关世界贸易组织协定、协议而发生的贸易关系时，提供一个统一的制度框架。

世界贸易组织负责的协定、协议及管辖范围包括：1）有关货物贸易的多边协议，包括《1994年关税与贸易总协定》（GATT1994）《农业协议》《实施动植物卫生检疫措施的协议》《纺织品与服装协议》《技术性贸易壁垒协议》《与贸易有关的投资措施协议》《反倾销协议》《海关估价协议》《装运前检验协议》《原产地规则协议》《进口许可证程序协议》《补贴与反补贴协议》《保障措施协议》。2）《服务贸易总协定》及其附件。3）《与贸易有关的知识产权协定》。4）《关于争端解决规则与程序的谅解》。5）《贸易政策审议机制》。

四、世界贸易组织的基本原则

世界贸易组织的基本原则是各成员方公认的、具有普遍意义的、适用于世界贸易组织全部规则体系一切效力范围的，并构成该规则体系基础的最高共同准则。它们主要来自：《1994年关税与贸易总协定》（GATT1994）、历次多边贸易谈判特别是“乌拉圭回合”谈判达成的一系列协定以及其他协议和决议，它们的实体规则和程序规则构成了世界贸易组织的基本法律框架。这些基本原则包括非歧视原则、互惠原则、开放原则、透明度原则、公平贸易原则、对发展中国家特殊优惠原则、环境保护原则。

（一）非歧视原则

非歧视（Non-Discrimination）原则又称不歧视待遇或无差别待遇原则，是世界贸易组织全部规则体系的基础，它充分体现了平等精神，完全符合各国主权平等的国际法原则。非歧视原则规定：成员方在实施某种优惠或限制措施时，不得对其他成员方采取歧视待遇。该原则主要通过关贸总协定中的最惠国待遇条款和国民待遇条款予以体现。

1. 最惠国待遇

最惠国待遇（Most-Favored-Nation Treatment）是GATT1947实施以来最基本的一条原则，这个原则非常重要，在管理货物贸易的《关税与贸易总协定》中位居第一条，在《服务贸易总协定》中是第二条，在《与贸易有关的知识产权协定》中是第四条。因此，最惠国待遇适用于世界贸易组织所有三个贸易领域。该原则要求：一成员现在和将来给予另一成员的优惠、特权和豁免，都不应低于该成员给予任何第三方的优惠、特权和豁免，否则就构成差别待遇或者歧视。也就是说，成员方可以不直接就每个商品项目同其他成员方谈判就可以享受任何成员方通过谈判达成的所有优惠待遇。可见，通过最惠国待遇，世界贸易组织将双边互惠推广到了多边，这种多边无条件最惠国待遇使成员方享受到比双边协议中更为稳定的最惠国待遇。

最惠国待遇适用于进出口商品的关税和费用的征收、征收方式以及进出口规章手续等方面。世界贸易组织还规定了最惠国待遇的例外，主要是边境贸易、关税同盟和自由贸易区以及关贸总协定的一般例外和安全例外等。

2. 国民待遇

国民待遇（National Treatment）要求在国内税费和规章等政府管理措施方面，进口商品与本国商品享受同等待遇。这一原则保证了进口商品和本国商品能在同等条件下竞争，避免成员方利用征收国内税费的办法保护国内产业、抵消关税减让效果。

但是，国民待遇义务并不适用于有关政府采购的法令、规章和条例，当然这里的政府采购专指日用品采购而非商业用途的采购。至于服务贸易，由于它的特殊性，《服务贸易总协定》中采用了具体承诺的方式，国民待遇并未成为普遍义务。这些构成国民待遇的例外。

总之，最惠国待遇和国民待遇都体现了非歧视原则。二者的区别在于：最惠国待遇强调一国不得针对不同进口来源的商品实行歧视待遇，而国民待遇则强调一国不得在进口商品与本国商品之间实行歧视待遇；最惠国待遇的目的是使来自不同国家的进口商品在成员方市场上处于同等竞争地位，不受歧视，而国民待遇的目的是使进口商品在成员方的国内市场上与其本国商品处于同等竞争地位，不受歧视。

（二）互惠原则

互惠（Reciprocity）原则也叫对等原则，是指两成员方在国际贸易中相互给予对方贸易上的优惠待遇。它明确了成员方在关税与贸易谈判中必须采取的基本立场和相互之间必须建立一种什么样的贸易关系。

世界贸易组织的互惠原则主要通过以下几种形式体现：

1）通过举行多边贸易谈判进行关税或非关税措施的削减，对等地向其他成员开放本国市场，以获得本国产品或服务进入其他成员市场的机会。

2）当一国或地区申请加入世界贸易组织时，由于新成员可以享有所有老成员过去已达成的开放市场的优惠待遇，老成员就会一致地要求新成员必须按照世界贸易组织现行协定、协议的规定缴纳“入门费”，开放申请方商品或服务市场。

3）互惠贸易是多边贸易谈判及一成员贸易自由化过程中与其他成员实现经贸合作的主要工具。关贸总协定及世界贸易组织的历史充分说明，多边贸易自由化给某一成员带来的利益要远大于一个国家自身单方面实行贸易自由化的利益。因为一国单方面自主决定进行关税、非关税的货物贸易自由化及服务市场开放时，所获得的利益主要取决于其他贸易伙伴对这种自由化改革的反应，如果反应是良好的，即对等地给予减让，则获得的利益就大；反之，则较小。

相反，在世界贸易组织体制下，由于一成员的贸易自由化是在获得现有成员开放市场承诺范围内进行的，自然这种贸易自由化改革带来的实际利益有世界贸易组织机制做保障，而不像单边或双边贸易自由化利益那么不确定。因此，多边贸易自由化要优于单边贸易自由化，尤其像中国这样的发展中大国。

（三）开放原则

开放（More Open）原则要求成员方降低贸易壁垒，包括关税（或关税壁垒）和有选择地限制数量的进口禁令或配额等措施，促进自由贸易。

世界贸易组织主张各成员方主要通过关税来保护国内产业和市场，也就是说，关税是唯一合法的保护手段。关税保护原则在肯定关税保护是合法手段，限制、取消或禁止使用各种非关税措施的同时，要求各成员方在互惠基础上通过多边谈判削减关税，各成员方政府不得征收高于它在关税减让表中所承诺的税率。关税保护原则也有例外规定，如发展中国家以促进经济发展或国际收支平衡需要等为由修改或撤销已做出的关税减让。

（四）透明度原则

透明度（Predictable and Transparent）原则要求各成员方正式实施的有关进出口贸易的所有法律、法规、条例以及与其他成员方达成的所有影响贸易政策的条约与协定等都必须事先正式公布，否则不得实施。GATT1994 对公布和实施的具体规定为：1）成员方在互惠基础上迅速公布现行有效的有关贸易法律、法规、条例以及条约与协定等；2）成员方采取的按既定统一办法提高进口货物关税或其他税费的征收率或者对进口货物及其支付实施新的或更严格的规定、限制或禁止的普遍适用的措施，非经正式公布不得实施；3）成员方应以统一、公正和合理的方式实施所有应予公布的法律、法规、条例等。透明度原则的目的是保证各成员方在货物贸易、服务贸易和知识产权保护方面的贸易政策实现最大限度的透明。

（五）公平贸易原则

公平贸易（More Competitive）原则又称公平竞争原则，是指各国在国际贸易中不应采用不公正的贸易手段进行竞争，尤其是不应以倾销或补贴方式出口商品。进口国如果遇到其他国家的出口商以倾销或补贴方式出口商品，就可以采取反倾销或反补贴措施来抵制不公平竞争，维护公平竞争的贸易环境。为防止滥用反倾销和反补贴措施达到贸易保护主义目的，世界贸易组织对反倾销和反补贴制定了严格的程序和标准。

（六）对发展中国家特殊优惠原则

对发展中国家特殊优惠（More Beneficial for Less Developed Countries）原则是指给

予发展中国家更多的调整时间、更大的灵活性和特权。世界贸易组织 3/4 以上的成员是发展中国家和向市场经济过渡的国家。世界贸易组织的相关协定使它们有过渡期来适应世界贸易组织的各项规定。

（七）环境保护原则

环境保护（Protect the Environment）原则是指世界贸易组织的相关协定允许成员方采取措施，不仅保护环境，而且保护公共卫生、动物卫生和植物卫生。但是，这些措施必须以同样的方式适用于国内企业和国外企业。换句话说，绝不能以环保措施作为掩饰保护主义政策的手段。

五、世界贸易组织的主要职能

世界贸易组织的基本职能是制定、监督、管理和执行共同构成世界贸易组织的多边及诸边贸易协定，寻求解决贸易争端，监督各成员贸易政策，并与其他同制定全球经济政策有关的国际机构进行合作等，具体来说可以概括为五个方面：

（一）管理职能

世界贸易组织负责对各成员方的贸易政策和法规进行监督、管理和定期评审，以保证其合法性。

（二）组织职能

为实现各项协定和协议的既定目标，世界贸易组织有权组织实施其管辖的各项贸易协定和协议，并积极采取各种有效措施。

（三）协调职能

世界贸易组织协调其与国际货币基金组织和世界银行等国际组织与机构的关系，以保障全球经济决策的一致性和凝聚力。

（四）调节职能

当成员方之间发生争执和冲突时，世界贸易组织负责解决。

（五）提供职能

世界贸易组织为其成员方提供处理各项协定和协议有关事务的谈判场所，并向发展中国家提供必要的技术援助以帮助其发展。

六、世界贸易组织的法律框架

历经关贸总协定的八轮多边贸易谈判和世界贸易组织成立以来的十一届部长级会议（截至 2017 年 12 月，原计划于 2020 年 6 月 8—11 日在哈萨克斯坦首都努尔苏丹召开的第十二届部长级会议，因新型冠状病毒肺炎疫情影响被迫推迟），世界贸易组织已形成了一套独具风格的法律体系。这一法律体系的框架集中体现在《乌拉圭回合多边贸易谈判结果的最终文本》（简称《最终文本》）的一系列协议中。《最终文本》的中心部分是《马拉喀什建立世界贸易组织协定》及其四个附件。附件一是《货物贸易多边协定》《服务贸易总协定》和《与贸易有关的知识产权协定》，附件二是《关于争端解决规则与程序的谅解》，附件三是《贸易政策审议机制》。上述三个附件作为多边协定，所有成员方必须接受。附件四是诸边贸易协议，仅对签署方有约束力。

（一）有关世界贸易组织本身的法律规则

《马拉喀什建立世界贸易组织协定》是世界贸易组织的基本法，其核心在于确立了世界贸易组织作为国际经济组织的法律地位。该协定由序言和16条基本案文组成，序言明确规定了世界贸易组织的宗旨，16条案文本身并不涉及规范和管理多边贸易关系的实质性原则，只是对世界贸易组织的职能、组织结构、预算、决策过程、成员资格、接受、加入、生效以及互不适用等程序性问题做了原则性规定。而涉及协调多边贸易关系、解决贸易争端以及规范国际竞争规则的实质性规定均体现在四个附件中。

（二）有关货物贸易的法律规则

世界贸易组织有关货物贸易的法律规则体现在附件一A中，它包括以下四组协议。

第一组是GATT1994，它包括GATT1947的各项实体条款、1995年1月1日以前根据GATT1947做的有关豁免与加入等决定、“乌拉圭回合”中就有关条款达成的六个“谅解”文件以及《1994年关税与贸易总协定马拉喀什议定书》。

第二组是两项具体部门协议，即《农业协议》和《纺织品与服装协议》。

第三组包括《技术性贸易壁垒协议》（TBT协议）、《海关估价协议》《装运前检验协议》《原产地规则协议》《进口许可证程序协议》《实施动植物卫生检疫措施的协议》（SPS协议）和《与贸易有关的投资措施协议》七项协议。

第四组包括《反倾销协议》《补贴与反补贴协议》《保障措施协议》三项贸易救济措施协议。

（三）有关服务贸易的协议

世界贸易组织有关服务贸易的法律规则体现在附件一B中。“乌拉圭回合”对服务贸易的定义和统计、服务贸易多边框架的范围、制定服务贸易规则的主要概念、现有的多边规则与协议以及影响服务贸易的措施等问题进行了讨论，最终达成了《服务贸易总协定》。协定分6个部分，由32项条款组成，主要包括管辖范围、一般义务和纪律、具体承诺、逐步自由化、机构条款和最后条款等内容。协定承认发达成员与发展中成员在服务发展水平上的差距，允许发展中成员在开放服务业方面享有更多的灵活性。

（四）与贸易有关的知识产权协定

世界贸易组织有关知识产权的法律规则体现在附件一C中。“乌拉圭回合”首次将知识产权问题纳入关贸总协定谈判，达成了《与贸易有关的知识产权协定》（TRIPs），这构成了“乌拉圭回合”一揽子协议的重要组成部分。TRIPs协定共有7个部分73条，这7个部分是：总则和基本原则，关于知识产权的效力、范围及使用标准，知识产权的实施，知识产权的获得、维持及有关程序，争端的防止与解决，过渡性安排，机构安排和最后条款。TRIPs协定的宗旨是，加强对知识产权的有效保护，防止与知识产权有关的执法措施或程序成为合法贸易的障碍，减少对国际贸易的扭曲。

（五）争端解决机制

附件二《关于争端解决规则与程序的谅解》（DSU）是世界贸易组织关于争端解决的

基本法律文件。世界贸易组织的争端解决机制适用于多边贸易体制所管辖的各个领域。与关贸总协定相比，该争端解决机制建立在一套完整严谨的条款之上，对争端的解决和监督履行都有明确规定，而且世界贸易组织的法人地位也使其对争端的调解更具强制性和法律约束力，从而使多边贸易体制的遵守和执行得到更大保障。

1. 争端解决机构

世界贸易组织设立了专门负责解决争端的机构——争端解决机构（Dispute Settlement Body，DSB），该机构直接隶属于部长级会议或总理事会。争端解决机构由一位主席主持，负责处理成员方之间的贸易纠纷。

2. 解决争端的工作时限

第一，接到磋商（谈判）的请求后，争端解决机构应在10日内做出响应，并于30日内开始磋商。第二，若有关成员在10日内对磋商要求置之不理，或在60日后磋商未果，则申诉方可要求成立专家组进行仲裁。专家组的职责范围应在20日内确定，专家组的人员组成应在30日内完成。第三，专家组的审案时间一般不超过6个月；遇有紧急情况，则应在3个月内完成。但无论遇到何种情况，审案时间都不得超过9个月。第四，争端解决机构应在专家组提出仲裁报告后60日内通过该报告，除非当事一方已通知其有意上诉或者争端解决机构以“反向一致”的方式反对该报告。第五，若进行上诉，其程序一般不应超过60日，最多不超过90日，上诉庭就应做出裁决。

3. 上诉庭

世界贸易组织解决争端的程序中设立了上诉程序，并建立了相应的常设上诉庭，受理上诉的案件。

（六）贸易政策审议机制

世界贸易组织的贸易政策审议机制体现在附件三中。贸易政策审议机制赋予总理事会对各成员方的贸易政策进行定期、系统审议的职能。根据规定，该机制对各成员方贸易政策审议的周期取决于它们在世界贸易中的份额：贸易额位列世界前4名的国家每2年审议一次；对排名第5至20的成员每4年审议一次；第20名以后的成员每6年审议一次，对其中最不发达国家的审议周期可以更长。该机制的目的是审议、评估各成员方的贸易政策及其对多边贸易体制的影响，并通过公开各成员方的贸易政策促使它们提高贸易政策和措施的透明度，履行所做的承诺，更好地遵守世界贸易组织规则。

（七）诸边协议

《政府采购协议》《民用航空器贸易协议》《国际奶制品协议》和《国际牛肉协议》构成附件四，是世界贸易组织的诸边协议，成员方可自愿参加，签署协议的成员方受其约束，未签署的成员方不受其约束。其中，《国际奶制品协议》和《国际牛肉协议》已于1997年12月31日终止。

另外，从广义上讲，世界贸易组织的法律框架除了《马拉喀什建立世界贸易组织协定》和四个附件外，还包括部长级会议的若干决议和宣言，它们大多是对上述协定和附件的补充。例如：对某些重要的服务性行业如基础电信、金融服务、专业服务、自然人迁移等，部长级会议在《服务贸易总协定》外又分别签订了具体的决议。

七、世界贸易组织的机构设置及其功能

根据《马拉喀什建立世界贸易组织协定》的规定，世界贸易组织建立了相应的组织结构，主要包括部长级会议和总理事会、理事会、专门委员会、秘书处及总干事等。世界贸易组织机构图见图 4-1。

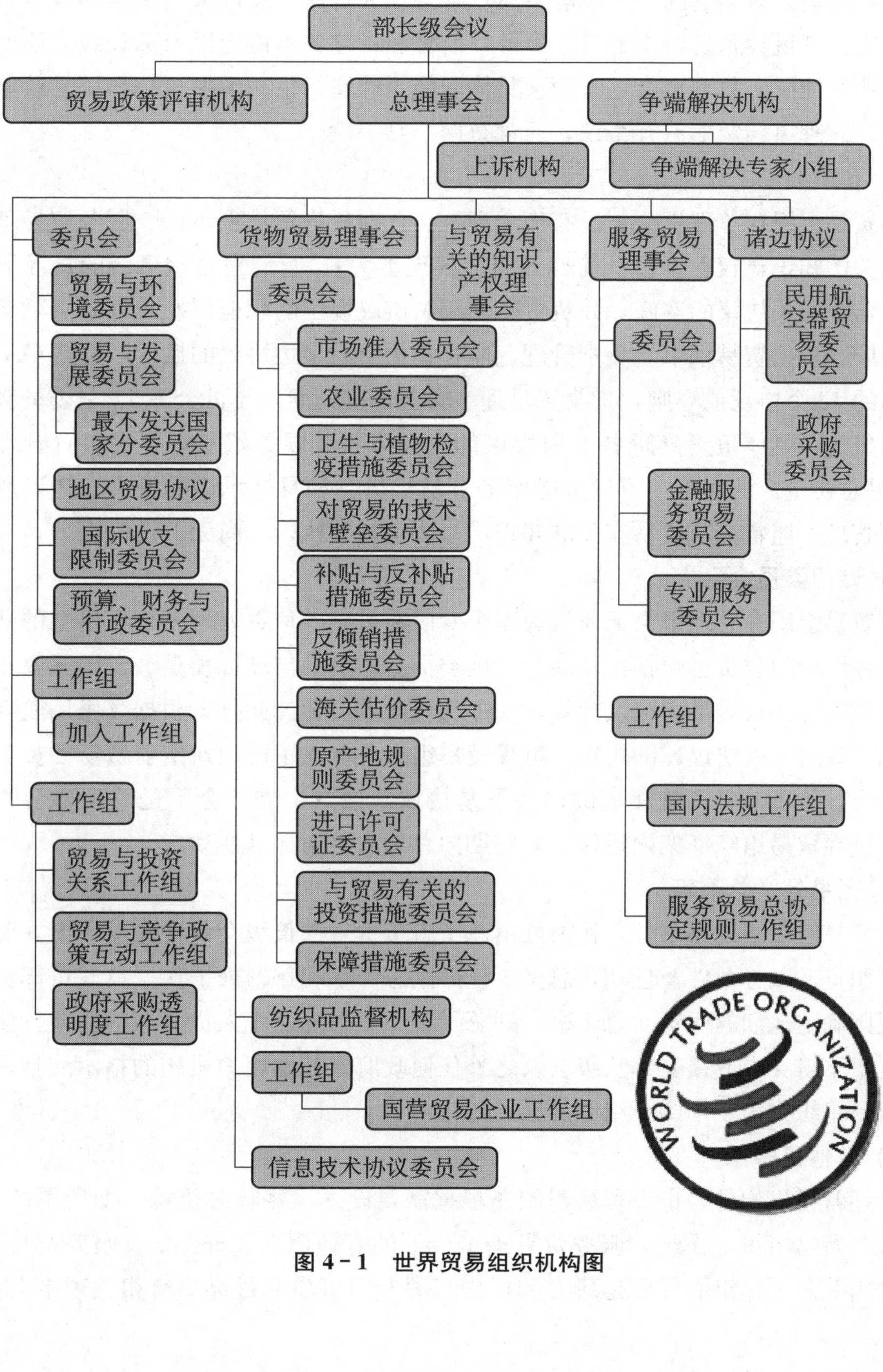

图 4-1　世界贸易组织机构图

（一）部长级会议和总理事会

部长级会议是世界贸易组织的最高权力机构，由全体成员方的代表组成，负责履行世界贸易组织的职能。部长级会议的主要权力有：1）有权对世界贸易组织的各项协定做出修改和权威性解释；2）对成员方之间发生的争议或其贸易政策是否与世界贸易组织规定一致做出裁决或提出修改意见；3）在特定情况下豁免某个成员的义务；4）批准世界贸易组织的新成员或观察员。部长级会议至少每两年举行一次会议。

在部长级会议休会期间，其职能由总理事会代为行使。总理事会由全体成员方的代表组成，负责处理世界贸易组织的日常事务，监督和指导各项协定以及部长级会议所做的决定的贯彻执行情况。总理事会还有两项具体职能，即履行争端解决机构和贸易政策审议机构的职责。总理事会定期召开会议，通常每两个月一次。

（二）理事会

世界贸易组织在总理事会下设有三个理事会，即货物贸易理事会、服务贸易理事会和与贸易有关的知识产权理事会（简称知识产权理事会），它们在总理事会的指导下分别负责管理、监督相关协议的实施，并负责行使相关协议规定的职能以及总理事会赋予的其他职能。其中：货物贸易理事会负责管理、监督货物贸易多边协议的执行，包括GATT1994及其附属的12个协议或守则，货物贸易理事会下设市场准入委员会等11个委员会以及纺织品监督机构，具体负责处理各专项协议的有关事项；服务贸易理事会负责管理、监督《服务贸易总协定》的实施，下设金融服务贸易委员会和具体承诺委员会；知识产权理事会则负责管理、监督《与贸易有关的知识产权协定》的执行，尚无下设机构。

（三）专门委员会

世界贸易组织在总理事会下还设有五个专门委员会，负责处理三个理事会的共性事务及其他事务。专门委员会包括：贸易与发展委员会、贸易与环境委员会、国际收支限制委员会、区域贸易协议委员会以及预算、财务与行政委员会。此外，根据《民用航空器贸易协议》和《政府采购协议》的规定，世界贸易组织还设立了民用航空器贸易委员会和政府采购委员会，负责监督实施相应的诸边贸易协议。这两个委员会不是总理事会的附属机构，但在世界贸易组织框架内运作，并定期向总理事会通报其活动。

（四）秘书处及总干事

世界贸易组织下设秘书处，秘书处由总干事负责。部长级会议任命总干事并明确规定其权力、职责、服务条件及任期，总干事任命副总干事和秘书处工作人员并按部长级会议通过的规则确定他们的职责。总干事、副总干事和秘书处工作人员必须独立地行使各自承担的职责，不得寻求或接受部长级会议之外任何政府或其他权力机构的指示或指挥，以保持世界贸易组织作为一个国际组织的独立性。

（五）其他机构

除上述常设机构外，世界贸易组织还根据需要设立一些临时机构，即所谓的工作组，如加入世界贸易组织工作组、服务贸易理事会下的专业服务工作组、《服务贸易总协定》规则工作组等。工作组的任务是研究和报告有关专门事项并最终提交相关理事会做决定。

有的工作组则直接向总理事会报告，如加入世界贸易组织工作组。

八、中国与世界贸易组织

（一）中国加入世界贸易组织的过程

为适应改革开放的需要，中国政府于 1986 年 7 月正式向关贸总协定提出恢复缔约国地位的申请。1987 年，关贸总协定成立中国缔约方地位工作组，以谈判中国复关的条件。工作组从 1987 年至 1995 年召开了 20 次会议。1995 年世界贸易组织建立后，中国由恢复缔约方地位谈判转为世界贸易组织的谈判。原中国关贸总协定缔约方地位工作组自 1995 年 12 月 7 日起转为中国加入世界贸易组织工作组。中国加入世界贸易组织工作组从 1996 年 3 月至 2001 年 9 月召开了 18 次会议，同时中国与 37 个世界贸易组织成员进行了双边市场准入谈判。经过 15 年的艰苦谈判，在中国和各谈判方的共同努力下，2001 年 9 月 17 日在中国加入世界贸易组织工作组第 18 次会议上，达成《中华人民共和国加入世界贸易组织议定书》及《中国加入世界贸易组织工作组报告书》。在 2001 年 11 月 10 日世界贸易组织第四次部长级会议上，通过了接纳中国为世界贸易组织成员的决议。2001 年 12 月 11 日，中国成为第 143 个世界贸易组织成员。

时事链接

如何理解制度型开放及其对高水平开放的重要意义？

党的二十大报告中关于“加快构建新发展格局，着力推动高质量发展”的部分，提到了推进高水平对外开放，要“稳步扩大规则、规制、管理、标准等制度型开放”。这是“制度型开放”一词首次出现在大会报告中。早在 2018 年 11 月，中央经济工作会议提出“要适应新形势、把握新特点，推动由商品和要素流动开放型向规则制度开放型转变”。这是官方文件第一次出现制度型开放的概念。2019 年 4 月，在第二届“一带一路”国际合作高峰论坛开幕式上，习近平总书记表示要“加强制度性、结构性安排，促进更高水平对外开放”。这标志着中国对外开放进入了一个新阶段，逐步从政策层面向制度层面转变，从完善产业性政策向营造高质量的经济发展环境迈进。随后，诸多官方文件均对制度型开放有所涉及，形成了全面且深入的阐述。

丰富内涵：开放层次的提升与制度供给的身份转变

制度型开放通常指的是，在经济发展和对外开放的过程中，不断对标对表国际通行规则，进而实现制度创新的对外开放战略。尤其在具有强烈外溢效应的体制机制领域内，重点关注发达国家的高标准规则，通过在贸易规则和规制、投资规则和规制、生产中的管理和标准等方面进行对接与协调，有效促进中国和世界经济安全有序的融合。

改革开放以来，中国不断提升开放水平，积极主动融入全球经济，完成了两大重要转变。其一，从传统的商品、要素、服务的流动型开放转变为制度型开放。在经济发展初期，中国主要依托于土地、劳动力等要素红利，在国际分工与交换中形成比较优势，实现了扩大生产、增加消费、产品及服务多样化等目标。随着对外开放迈向更加全面、深入和系统的新阶段，相对零散化和碎片化的要素流动型战略无法满足经济发展的需求，制度层面的开放创新已经势不可挡。

其二，从制度的被动接受者转变为主动供给者。从“复关”谈判到加入世界贸易组织（WTO），这个过程虽然充满曲折，但中国一直以积极的姿态学习并融入全球经济制度体系，并取得了举世瞩目的发展成就。在结合本国国情的基础上，中国逐步进行体制创新，以补充现有国际经济秩序的不足，为解决全球经济问题贡献了中国智慧、中国方案、中国力量。

艰巨任务：复杂国际局势下的自我开放与对外开放

近年来，中国面临着严峻的国际政治经济形势。由于深化国际分工的边际效益递减，发展中国家同广大发达国家的规则需求相冲突，以及世界发展不平等、不均衡等问题，逆全球化思潮大肆兴起，国际经贸领域面临规则重塑的挑战。同时，中美战略竞争持续复杂化，特朗普和拜登政府从贸易、技术和制度等层面对华实施全方位打压，基于规则和主导权的中美制度竞争也愈演愈烈。这都对中国的制度型开放提出了更高要求。

一方面是制度的自我开放，这需要中国加快国内制度、规则同国际通行规则或先进标准的接轨。在强化规则意识的基础上，全面覆盖规则、规制、管理、标准等领域，完善相应的法律法规、实施细则以及配套性政策，以此促进全方位各领域深化改革，提升有利于市场经济的营商环境和全面开放的新发展格局。

另一方面是制度的对外开放，这是中国参与构建国际经贸准则的重要机遇。在加强同具体国家达成双、多边经贸协议之外，中国更要推动国内制度向国际制度的转变，提供更多制度型公共产品，塑造有利于自身发展的全球经济新秩序和新规则，在参加全球经济治理的过程中发挥更加积极的影响。

有效路径：全方位的制度设计与探索

制度型开放是中国推进高水平开放和高质量发展的必由之路，是中国推动构建新型国际经济关系和国际经济新秩序的重大举措。“一带一路”倡议作为构建人类命运共同体的重要路径，为制度型开放提供了实践契机；反过来，制度型开放也为建设“一带一路”保驾护航。二者相互促进，共享理念内核，持续形成良性互动。除顶层设计以外，制度型开放还在国际、国内的不同维度有所探索，并已取得了显著成效，具体以《区域全面经济伙伴关系协定》（RCEP）和自由贸易试验区的建设为例。

RCEP 于 2022 年正式生效，这是目前全球最大的自由贸易区和一体化市场，优化和整合了区域内的多重经贸规则。RCEP 既是中国扩大地区经济影响力、促进多边经济合作的强力抓手，又能为深化改革和内循环创造良好的外部环境，有效降低国际经贸领域不利因素的负面冲击，激发外贸和投资市场的活力，促进区域乃至全球的产业链供应链的合作。作为一项制度安排，RCEP 践行制度型开放关于自我开放和对外开放的双重任务，极大推动了国内国际双循环的相互促进。

而从 2013 年起至今，自由贸易试验区的建设遍及上海、广东、天津、福建、辽宁、浙江、河南、湖北、重庆、四川、陕西等多个省市，形成了“1＋3＋7”的中西协调、海陆统筹的高水平对外开放新格局。同时，《海南自由贸易港建设总体方案》于2020年正式颁布，外向型经济发展活力凸显。这些制度性和结构性的安排为中国提升制度型开放水平提供了有效路径，有助于完善外资准入和负面清单管理制度，构建数据流通和产权保护制度，扩大开放服务业和综合试点范围等一系列措施及目标。

（二）中国加入世界贸易组织的基本权利与义务

1. 基本权利

全面参与世界贸易组织各理事会和委员会的所有正式和非正式会议，维护我国的经济利益；全面参与贸易政策审议，对美、欧、日、加等重要贸易伙伴的贸易政策进行质询和监督，敦促其他世界贸易组织成员履行多边义务；在其他世界贸易组织成员对我国采取反倾销、反补贴和保障措施时，在多边框架体制下进行双边磋商，增加解决问题的渠道；充分利用世界贸易组织的争端解决机制解决双边贸易争端，避免某些双边贸易机制对我国的不利影响；全面参与新一轮多边贸易谈判，参与制定多边贸易规则，维护我国的经济利益，用好最初谈判权，为我国有优势的产品进入其他成员市场削减贸易壁垒；对现在或将来与我国有重要贸易关系的申请加入方，要求与其进行双边谈判，并通过多边谈判解决双边贸易中的一些问题，包括促使其取消对我国产品实施的不符合世界贸易组织规则的贸易限制措施，扩大我国出口产品和服务的市场准入机会和创造更为优惠的投资环境。

过渡性的或暂时的权利有：

（1）享受非歧视待遇。

中国加入世界贸易组织后，将充分享受多边、无条件的最惠国待遇和国民待遇。我国在加入世界贸易组织前双边贸易中受到的一些不公正的待遇已被取消或将被逐步取消。其中包括：美国永久正常贸易关系法生效；根据《中华人民共和国加入世界贸易组织议定书》附件7的规定，阿根廷、欧盟、匈牙利、墨西哥、波兰、斯洛伐克、土耳其等成员对中国出口产品实施的与世界贸易组织规则不符的数量限制、反倾销措施、保障措施等将在2007年底前逐步取消；根据世界贸易组织《纺织品与服装协议》的规定，发达国家成员的纺织品配额将在2005年1月1日取消，我国将充分享受世界贸易组织纺织品一体化的成果；美国、欧盟等在反倾销问题上对我国使用的非市场经济国家的标准将在15年内取消。

（2）享受发展中国家的权利。

我国作为发展中国家将享受世界贸易组织各项协议规定的发展中国家成员的特殊和差别待遇，其中包括在涉及补贴与反补贴措施、保障措施等问题时，享有协定规定的发展中国家成员待遇，包括在保障措施方面享受10年保障措施使用期；在补贴方面享受发展中国家成员的微量允许标准；在争端解决中，有权要求世界贸易组织秘书处提供法律援助；在技术性贸易壁垒采用国际标准方面，可以根据经济发展水平拥有一定的灵活性等。

（3）获得市场开放和法规修改的过渡期。

为了使我国相关产业在加入世界贸易组织后获得调整和适应的时间和缓冲期，并对有关的法律和法规进行必要的调整，经过谈判，我国在市场开放和遵守规则方面获得了一定的过渡期。

（4）可采用农业国内支持政策。

我国可以根据《农业协议》第6条对我国农产品进行价格补贴、投资补贴和投入品补贴，其最高限额可以达到农产品总产值的8.5%，并且符合本条标准的国内支持不需包含在其现行综合支持总量的计算之中。

（5）对国内产业提供必要的支持。

包括：经济特区的优惠政策；经济技术开发区的优惠政策；上海浦东经济特区的优惠政策；外资企业优惠政策；国家政策性银行贷款；出口产品的关税和国内税退税；特定企业某些产品进口关税和进口关税减免；投资政府鼓励领域的投资者进口技术和设备的关税和增值税免除等项目。这些支持措施要履行向世界贸易组织通知的义务。

（6）保留国家定价或政府指导价。

我国保留了对重要产品及服务实行政府定价和政府指导价的权利。

2. 基本义务

（1）遵守非歧视原则。

我国承诺在生产货物所需投入物、货物和服务的采购方面及生产的货物在国内市场和供出口的生产、营销或销售的条件方面，国家（地方）各级主管机关以及国有企业在运输、能源、基础电信、生产的其他设施和要素等领域所供应的货物和服务的价格和可获得性方面，对所有外国个人、企业和外商投资企业给予非歧视待遇。我国将废止和停止实施效果与世界贸易组织国民待遇原则不一致的所有现行法律、法规及其他措施，在法律、法规和行政要求上取消生产供国内销售的产品与生产供出口的产品之间、在国产商品和进口商品之间的非歧视待遇，取消与第三国和单独关税区之间的与《马拉喀什建立世界贸易组织协定》不符的特殊贸易安排。

（2）遵守外汇管理与国际收支措施的规定。

我国承诺除非《国际货币基金协定》另有规定，未经国际货币基金组织的同意，不对经常性国际交易的付款和资金转移施加限制，不援用对其关税领土内任何个人或企业可获得的经常性国际交易外汇限制在与可归因于该个人或企业外汇流入有关的数量上的任何法律、法规或其他措施，包括有关合同条款的任何要求。在必要的情况下保护国际收支状况时，优先使用价格机制措施，如果不属于价格机制措施，则尽快将这些措施转为价格机制措施；所采取的任何措施，不超过处理特定国际收支状况所需的程度；出于国际收支原因所采取的措施只为控制进口的总体水平而实施，不用于保护特定部门、产业或产品。

（3）贸易政策统一措施。

我国承诺在整个中国关境内，包括边境贸易地区、民族自治地方、经济特区、沿海开放城市、经济技术开发区以及其他在关税、国内税和法规方面已建立特殊制度的地区，统一、公正、合理地实施贸易政策，包括世界贸易组织各项协议、协定的适用，中央和各级地方政府有关影响货物贸易、服务贸易、与贸易有关的知识产权保护或外汇管理的所有法律、行政法规、规章及其他措施。

（4）遵守透明度规则。

我国承诺在官方刊物《国际商报》（*International Business Daily*）公布所有法律、法规及其他措施，未经公布的不予执行；在实施或执行前，最迟在实施时，世界贸易组织成员、个人和企业可容易获得有关或影响货物贸易、服务贸易、与贸易有关的知识产权保护或外汇管理的法律、行政法规及其他措施。在法律、法规及其他措施实施前，提供草案，并允许提出意见。设立世界贸易组织咨询处，对有关成员咨询应在 30 天内答复，答复应该完整，并代表中国政府的权威观点，向企业和个人提供准确、可靠的信息。

（5）建立司法审查制度。

我国承诺建立司法审查的制度和程序，建立或指定并维持独立的、公正的审查庭，审查与世界贸易组织各项协议的相关规定所指的法律、法规、普遍适用的司法决定和行政决定的实施有关的所有行政行为，向须经审查的任何行政行为影响的当事人提供司法上诉的机会，包括最初须向行政机关提出行政复议的当事人有向司法机关上诉的选择权，且不因上诉而受到处罚。

（6）接受特定产品过渡性保险机制。

在我国加入世界贸易组织后 12 年内，如果我国某出口产品相对或绝对增长对世界贸易组织成员内部市场造成扰乱，双方应磋商解决：在磋商中，当双方一致认为应采取必要行动时，我国应采取补救行动。如果磋商未果，该世界贸易组织成员只能在补救冲击所必需的限度内，对中方采取撤销减让或限制进口措施。但如果该措施是因进口相对增长而采取并持续有效期超过 2 年，或是因进口绝对增长而采取并持续有效期超过 3 年，则我国有权对采取该措施的成员暂停实施协定项下实质相当的减让或义务。

（7）接受过渡性审议机制。

我国同意在加入世界贸易组织后 8 年内，世界贸易组织相关委员会对我国履行世界贸易组织协议的义务和实施《中华人民共和国加入世界贸易组织议定书》相关规定的情况进行年度审议，然后在第 10 年完全终止审议。我国也有权就对我国出口产品实施不符合世界贸易组织规则措施的阿根廷、欧盟、匈牙利、墨西哥、波兰、斯洛伐克、土耳其等成员履行义务的情况向相关委员会提出质疑，要求它们履行逐步取消贸易壁垒或贸易限制的承诺。

九、世界贸易组织谈判的最新进展

截至 2017 年 12 月，世界贸易组织共召开了十一届部长级会议，原计划于 2020 年 6 月 8—11 日在哈萨克斯坦首都努尔苏丹召开的第十二届部长级会议，因新型冠状病毒肺炎疫情影响被迫推迟。根据世界贸易组织总理事会会议决议，世界贸易组织各成员同意于 2021 年 11 月 29 日在瑞士日内瓦举行第十二届部长级会议。

就最新进展看，世界贸易组织第十一届部长级会议于 2017 年 12 月 10—13 日在阿根廷首都布宜诺斯艾利斯举行，来自 164 个世界贸易组织成员的代表就农业、渔业、贸易便利化、电子商务、中小企业发展等议题展开激烈的谈判与磋商。该会议历时 4 天，取得的主要成果包括渔业补贴、电子商务工作计划、小经济体工作计划、知识产权非违反之诉和情景之诉、关于南苏丹加入工作组的部长决定。此外，相当数量的世界贸易组织成员共同发表了关于投资便利化和中小微企业的部长联合声明，以及关于服务贸易国内规制的联合声明。但是在主要议题上没有取得突破。

行业观察

中国完全履行了入世承诺

2001年11月10日，在卡塔尔多哈举行的世界贸易组织（WTO）第四届部长级会议通过了中国加入世贸组织法律文件，2001年12月11日，中国成为世界贸易组织第143个成员。入世至今，中国一直都是多边贸易体制的坚定维护者，在各个方面都充分履行了入世承诺。

一、构建了较为完整的对外经贸法律体系

法律法规是经济活动的基础和保障。加入WTO后，中国对法律法规中不符合世界贸易组织规则和中国加入世界贸易组织承诺的，坚决予以废止或修订，共集中清理了2 300多部法律法规和部门规章。同时，逐步健全了贸易促进、贸易救济法律体系、保护知识产权法律法规体系等，推动对外经济贸易法制化建设。

二、降低关税、削减非关税措施

在加入世界贸易组织过渡期，中国进口商品关税总水平从2001年的15.3%逐步降低到2005年的9.9%。到2005年1月，中国绝大多数关税削减承诺执行完毕。2010年，中国关税总水平已经降至9.8%。关税约束率自2005年起一直维持在100%。如果考虑到贸易结构的因素，中国实际的贸易加权平均税率只有4.4%，已经非常接近发达国家水平。为进一步开放市场，2015年以来，我国又多次主动下调日用消费品进口关税。尤其是2018年5月，我国决定大幅降低日用消费品进口关税，自7月1日起实施。这次降税一共涉及1 449个税目，涵盖日用消费品税目的70%以上，平均税率由15.7%降为6.9%，平均降幅高达55.9%。这次降税不仅惠及国内消费者，在当前贸易保护主义盛行背景下，也向国际社会释放出了积极的信号。

三、全面放开外贸经营权

根据2004年新修订的《中华人民共和国对外贸易法》，自2004年7月起，中国政府对企业的外贸经营权由审批制改为备案登记制，所有对外贸易经营者均可以依法从事对外贸易，促进了国有企业、外商投资企业和民营企业多元化外贸经营格局的形成。外贸经营权的完全放开极大促进了贸易经营主体的发展，促进了我国国际贸易的快速发展。

四、扩大服务市场开放

中国认真履行加入世界贸易组织的承诺，为境外服务商提供了包括金融、电信、建筑、分销、物流、旅游、教育等在内的广泛的市场准入机会。在世界贸易组织服务贸易分类的160个分部门中，中国开放了100个，开放范围已经接近发达国家的平均水平。在前期外商投资准入的负面清单试行基础上，将在全国推广负面清单管理，稳步扩大金融业的开放，持续推进交通运输、商贸物流、专业服务等服务业领域的开放。中国还在北京、天津、雄安等28个省市（区域）深化服务贸易创新发展试点，积极探索服务贸易的有序开放。

截至2010年，中国加入世界贸易组织的所有承诺全部履行完毕。中国加入后的三任WTO总干事——麦克·穆尔、素帕猜和拉米先生，都充分肯定了中国所做的巨大努力和取得的成绩。拉米先生曾对中国入世的意义做出评价，"中国加入世贸组织是载入史册的重要事件，是开放、竞争和经济一体化带来双赢的典型例子"。2006年、2008年、2010年、2012年、2014年和2016年中国政府接受了世界贸易组织的六次贸易政策审议。中国认真履行承诺的实际行动得到世界贸易组织大多数成员的肯定。

操作示范

1. 世界贸易组织是一个独立于联合国的永久性国际组织。1995年1月1日正式开始运作，负责管理世界经济和贸易秩序，总部设在瑞士日内瓦莱蒙湖畔。1996年1月1日，它正式取代关税与贸易总协定临时机构。世界贸易组织是具有法人地位的国际组织，在调解成员争端方面具有较高的权威性。它的前身是1947年订立的关税与贸易总协定。与关贸总协定相比，世界贸易组织涵盖货物贸易、服务贸易以及知识产权贸易，而关贸总协定只适用于商品货物贸易。世界贸易组织与世界银行、国际货币基金组织一起，并称当今世界经济体制的"三大支柱"。目前，世界贸易组织的贸易量已占世界贸易的98%，有"经济联合国"之称。

2. 世界贸易组织是世界上唯一处理国家（地区）与国家（地区）之间贸易规则的国际组织，具有法人地位。其具备较完善的争端解决机制，因而在调节成员争端方面具有更高的权威性和有效性。

3. 管理和执行共同构成世界贸易组织的多边及诸边贸易协定；作为多边贸易谈判的讲坛；寻求解决贸易争端；监督各成员贸易政策，并同其他与制定全球经济政策有关的国际机构进行合作。

实训演练

1. 委内瑞拉与美国的汽油标准争端案

1995年1月23日，委内瑞拉书面请求与美国磋商，理由是依据GATT1994第22条、《技术性贸易壁垒协议》（TBT协议）第14条第1款和《关于争端解决规则与程序的谅解》（DSU）第1条，就美国环境保护署（US Environmental Protection Agency，EPA）于1993年12月15日颁布并于1995年初生效的精炼汽油和常规汽油新标准对进口委内瑞拉产汽油的歧视待遇进行双边磋商。2月10日，在世界贸易组织争端解决机构（DSB）第一次会议上，委内瑞拉报告美国已经同意与委内瑞拉就此进行双边磋商，并宣布撤销此前委内瑞拉提出的设立专家组的正式申请。3月21日委内瑞拉与美国进行双边磋商，由于未能获得令双方满意的解决办法，3月25日委内瑞拉致函DSB请求设立专家组审理该贸易争端。

1995年4月10日DSB召开特别会议，委内瑞拉代表指出，美国新汽油标准对委内瑞拉产汽油实行比美国国产汽油和美国从其他国家进口汽油不利的条件，违反了GATT1994第3条（国民待遇）和第1条（最惠国待遇）的规定。而且美国这种构成贸易壁垒的国内措施也违反了TBT协议第2条第1、2款和第12条。澳大利亚、加拿大、欧盟和挪威等国家（地区）的代表支持设立专家组，并表示有兴趣作为第三方参与该专家组程序。DSB最终决定设立专家组审理该贸易争端。4月28日，委内瑞拉与美国同意专家组由Joseph Wong、Crawford Falconer和Kim Luotonen三人组成并拥有DSU第7条所规定的职权范围。这是世界贸易组织成立以来DSB根据世界贸易组织争端解决机制设立的第一个专家组。

1995年4月10日，巴西要求与美国就同样问题进行磋商。由于双边协商失败，5月19日巴西致函DSB要求设立专家组。加拿大、挪威和欧盟要求作为第三方参与该专家组程序。5月31日，DSB决定由4月28日组成的专家组同时审理巴西、委内瑞拉与美国有关“汽油标准”的纠纷，并对专家组的职权范围做了相应调整。

1996年1月17日，专家组向争端各方发布了最终报告，认为美国的行为不符合GATT1994第3条第4款，而且依据第20条“一般例外”条款的理由也不充分。1996年2月19日，专家组报告传达至成员各方。

1996年2月21日，美国提起上诉，4月22日，上诉机构发布报告，其中修改了专家组报告对GATT1994第20条G款的解释，结论是GATT1994第20条G款对本案不适用。

1996年5月20日，DSB通过上诉机构报告及其修改的专家组报告，并同意在6月19日召开会议，听取美国关于执行专家组和上诉机构裁决的意见。1996年6月19日，在DSB会议上，美国表示将执行专家组和上诉机构的裁决，并将与巴西和委内瑞拉就有关执行问题进行磋商。12月3日在DSB会议上，美国报告了执行情况，并称已与委内瑞拉就执行DSB裁决的合理期限达成一致，并将于1997年1月向DSB提供进展报告。1997年8月19日，美国宣布将在15个月的合理期限内实施专家组的裁决。在该案实施过程中，当事各方没有再发生争议。

思考：

（1）请根据此案例总结世界贸易组织处理贸易争端的程序。

（2）根据此案例说说世界贸易组织处理贸易争端有何特点。

2. 俄罗斯从“世界贸易组织终点”起步

2012年8月22日，俄罗斯正式成为世界贸易组织第156个成员，也成为最后一个加入世界贸易组织的主要经济体。加入世界贸易组织对俄罗斯来说，是融入世界经济体系、参与全球化与国际分工标志性的重要一步，不是“终点”，而是崭新的“起点”。

俄罗斯承诺入世后将进一步开放贸易体制、加快其融入世界经济的速度，并在本国境内建立更具可预测性和透明性的贸易投资环境。在入世议定书中，俄罗斯签署了30个双边服务市场准入协议和57个货物市场准入协议。俄罗斯现行的有违世界贸易组织规定的进口数量限制、禁令、许可证、授权等管制措施都将一一废除并不得再实施。俄罗斯同时将对152个发展中国家和最不发达国家提供普惠制。加入世界贸易组织后，俄罗斯平均进口关税将由2011年的10%降到7.8%，其中1/3的进口商品的关税下调将无过渡期，1/4的进口商品享受3年或更长的优惠期。加入世界贸易组织后，俄罗斯进口的酒类、医药类和密码技术类产品将无需进口许可证。加入世界贸易组织后，俄罗斯将取消所有工业品出口补贴。为避免对某一产品的过度补贴，自其入世起到2017年12月31日，俄罗斯对特殊产品的年均补贴不得超过非特殊产品补贴的30%，而对农产品出口补贴将降至0，并取消对部分农产品免征增值税的现行做法。

此外，俄罗斯对16个服务领域和116个服务部门做出入世承诺。其中包括4年后取消对电信领域的外资股比限制，同意适用《世界贸易组织基本电信协议》条款；9年后允许外资保险公司在俄罗斯境内建立分支机构；允许外国银行在俄罗斯建立分支机构，对单个银行业机构中外资资本不限顶，但在俄罗斯联邦整体银行体系中外资不得超过50%；自2013年7月1日起，根据世界贸易组织相关规定收取铁路过境货物运输费用，对进口货物与本国境内同类货物收取相同运费；允许外国独资企业进入批发、零售和专营领域。与此同时，俄罗斯将确保所有国内的法律、法规及其他与贸易相关的投资协议和措施符合世界贸易组织的规定。所有与世界贸易组织不一致的投资措施，包括优惠关税和关税的豁免，应用于现有汽车投资相关计划以及任何协议都必须在2018年7月1日前终止。俄罗斯要完全履行《马拉喀什建立世界贸易组织协定》和《与贸易有关的知识产权协定》的规定，包括强制执行规定，并不诉诸任何过渡期。

思考：俄罗斯加入世界贸易组织对于中俄经贸发展会产生哪些影响？

单元二　区域经济一体化

任务导入

美墨加签署修订版《美墨加贸易协定》（USMCA），取代《北美自由贸易协定》

在经过各方将近1 000天的谈判后，特朗普自2016年起就开始叫卖的《美墨加贸易协定》，终于获得美国参议院表决通过，最终生效。新协议将替代生效25年的《北美自由贸易协定》，后者同时也被特朗普视为“世界上最糟糕的协议”。

《美墨加贸易协定》有别于《北美自由贸易协定》，在劳工、争端解决机制、知识产权保护以及市场准入四个领域均有新的描述。就美墨加三国利益权衡来看，墨西哥妥协力度最大，美国是最大赢家。

然而即便美国从中获利最多，《美墨加贸易协定》对美国经济的提振效果有限：美国GDP将因此提高0.35%；新协议将在6年内给美国创造17.6万个工作岗位——比美国经济本身单月创造工作岗位还少。

特朗普自2016年竞选时期就承诺，要就《北美自由贸易协定》进行重新谈判。《美墨加贸易协定》的正式谈判工作于2017年5月18日开始。2018年11月30日，美墨加三国签署新协定，但因条款对劳方工会团体不利，被美国众议院拒绝。经过新一轮磋商后，众议院于2019年12月以385比41的高票数通过《美墨加贸易协定》。美国参议院随后在2020年1月16日表决，以89比10票通过《美墨加贸易协定》。该协议在2020年3月13日才在加拿大众议院及参议院表决通过而墨西哥则早于2019年6月就已经投票通过新协议。

对比新旧协议，主要有这几个方面的变化：

北美地区销售的汽车若要享有免税优惠，其美墨加三国生产部件占总部件比重，从《北美自由贸易协定》中的62.5%提高到了75%。新协议对废钢、铁矿石或原材料合金等的使用提出了更严格的标准。而墨西哥和加拿大同意用7年时间逐步采用新的钢铁标准。

至2023年前，40%至45%的汽车部件，需要由时薪超过16美元的工人生产。由于墨西哥为北美汽车主要组装生产地，此条相当于在劳工权益领域给墨西哥政府施压。而墨西哥政府已同意立法通过新的劳工法，加大本地工人工会化程度。以该机制为基础，美国和加拿大可以成立国际劳工专家小组，调查墨西哥工厂的工会投诉。

新协议下，加拿大将开放市场，进口美国奶制品。

版权效应期限自《北美自由贸易协定》规定的50年，提高至70年。而医药企业对其产品原本所拥有的“10年专利保护期”，如今被取消，此举有望压低药价。

增设“日落条款”。《美墨加贸易协定》将在16年后失效，美墨加三国需要每6年对协议进行审核，决定是否续签。

新协议中，美国在农业、汽车、钢铝制品和劳动力市场等关键领域获得了其他两国的重要让步。而墨西哥作为三国制造业一线，蒙受劳工压力。同时墨西哥和美国在边境问题和移民问题上的分歧仍未解决。通过新的协议，汽车供应链将逐步向北美转移。而美方希望推动制造业重回美国，增加就业，振兴美国经济。

但新协议对美国经济的提振效果有限。美国国际贸易委员会一份报告指出，新协议将使美国对加拿大和墨西哥的出口分额分别增加191亿美元（同比增长5.9%）和142亿美元（6.7%）。美国自加拿大和墨西哥的进口额将分别增加191亿美元（4.8%）和124亿美元（3.8%）。

总体而言，新协议将使美国经济增长0.35%，即增加682亿美元经济产出。同时，新协议将在6年内给美国创造17.6万个工作岗位。而就新型冠状病毒肺炎疫情前的美国的就业形势而言，这比美国经济本身单月创造工作岗位还少。就美国劳工部数据，2019年1月至11月，美国平均每月新增工作岗位18万个。

任务：分析《美墨加贸易协定》对区域经济一体化有着怎样的启示作用。

基本知识

世界贸易组织的建立代表着全球经济一体化，但是其之前和之后都不乏区域经济一体化和各种区域组织。尤其是2008年金融危机以来，全球经济疲软，各经济体恢复成效不佳，经济前景暗淡，区域性的合作进程和力度不断加强。在亚洲，较为典型的如亚太经济合作组织（APEC）、区域全面经济合作伙伴关系协定（RCEP）以及中国提出的“一带一路”倡议等；在欧洲，较为典型的如欧盟和跨大西洋贸易与投资伙伴协议（TTIP）；在美洲，较为典型的如美墨加贸易协定（USMCA）、南美洲国家联盟（USAN）、南方共同市场（MERCOSUR）；在非洲，典型的如西非经济货币联盟（UEMOA）、东非共同体（EAC）、南部非洲发展共同体（SADC）等。

一、区域经济一体化的含义

关于经济一体化的定义众说纷纭。最早的定义是由荷兰经济学家简·丁伯根（Jan Tinbergen）在1954年提出的。他认为：“经济一体化就是将有关阻碍经济最有效运行的人为因素加以消除，通过相互协调与统一，创造最适宜的国际经济结构。”他还把经济一体化分为消极的一体化和积极的一体化。他认为：消除歧视和管制制度，引入经济交易自由化是消极的一体化；而运用强制的力量改造现状，建立新的自由化政策和制度是积极的一体化。

美国经济学家贝拉·巴拉萨（Bela Balassa）在1961年提出的经济一体化的定义是：“我们建议把经济一体化定义为既是一个过程，又是一种状态。就过程而言，它包括旨在消除各国经济单位之间差别待遇的种种举措；就状态而言，则表现为各国间各种形式的差别待遇的消失。”巴拉萨是从行为或手段的角度来描述经济一体化的，但没有指出经济一体化的目的或效果是什么。为此，另外一位美国经济学家维多利亚·柯森（Victoria Curson）对巴拉萨所说的一体化是“过程”解释为“导向全面一体化的成员间生产要素再配置”；对一体化是“状态”解释为“业已一体化的国家（地区）间生产要素最佳配置”。波兰经济学家查尔斯托斯基（Chelstowski）回避“过程”或“状态”之分，指出经济一体化的本质是劳动分工，即“按国际劳动分工的要求来调整各国的经济结构”。

我们综合了众家之说，把区域经济一体化定义为：两个或两个以上的国家（地区），通过协商并缔结经济条约或协议，实施统一的经济政策和措施，消除商品、要素、金融等市场的人为分割和限制，以国际分工为基础来提高经济效率和获得更大经济效果，把各国（地区）的经济融合起来形成一个区域性经济联合体的过程。

国家（地区）之间经济政策和措施的统一，可以分为两个方面：一是内部经济政策和措施的统一，即有关成员方之间实施统一的经济贸易政策；二是外部经济政策和措施的统一，即有关成员方之间实施统一的对非成员方的经济贸易政策。在区域经济一体化的实践中，并不是一开始就在这两个方面同时实现统一的。参与一体化的国家（地区）往往先在成员方之间取消贸易和其他经济活动中的人为限制，逐步实施统一的内部经济政策，然后实现外部经济政策的统一。

区域经济一体化要求成员方之间在经济政策上实现一定程度的统一，实质上是对成员方经济主权一定程度的限制和让渡。这种经济主权限制和让渡程度的区别，意味着成员方之间经济融合程度的高低，从而可划分出不同层次和水平的区域经济一体化。对成员方经济主权限制和让渡出来的部分，需要有一个组织机构来管理及行使，因而在较高层次和水平的区域经济一体化中，一般都有一个根据条约或协议而组成的超国家机构，并赋予该超国家机构一定的权力和职能。随着经济一体化水平的提高，各成员方逐步向该机构让渡更多的经济主权，由该超国家机构行使更多的共同内部经济政策和一致的对外经济政策。

二、区域经济一体化的组织形式

区域经济一体化联合体以一定的组织形式存在，是各参加国（地区）根据各自的具体情况和条件以及各自的目标和要求而组成的不同形式的区域经济一体化组织。不同的组织形式反映了经济一体化的不同发展程度，反映了成员方之间经济干预和联合的深度与广度。区域经济一体化组织可分为以下几种形式：

（一）优惠贸易安排

优惠贸易安排（Preferential Trade Arrangement）是区域经济一体化中最低级和最松散的组织形式。成员方之间通过贸易条约或协议，规定了相互贸易中对全部商品或部分商品的关税优惠，对来自非成员方的进口商品，各成员方按自己的关税政策实行进口限制。如第二次世界大战前建立的“英联邦特惠制”及战后建立的“东南亚国家联盟”等。

由于在优惠贸易安排这种形式中，各成员方的贸易政策是不一致的，即各成员方给予来自其他成员方进口商品的关税等政策待遇是不相同的，因此许多学者不把优惠贸易安排列入区域经济一体化的组织形式之中。但我们认为，优惠贸易安排形成后，对成员方之间开展商品贸易的政策制定有一定程度的约束，以后任何成员方都不能独立自主地进行增加商品进口限制的政策调整，商品贸易的自由程度有所提高，这也是一种经济政策和措施的统一。因此，优惠贸易安排也被视为区域经济一体化的一种组织形式。

（二）自由贸易区

自由贸易区（Free Trade Area）是指签订自由贸易协议的成员方相互彻底取消了在商品贸易中的关税和数量限制，使商品可以在各成员方之间自由流动。但是，成员方仍保持各自对来自非成员方进口商品的限制政策。最典型的自由贸易区是北美自由贸易区。

在世界上众多的自由贸易区中，自由贸易的商品范围是有所不同的。有的自由贸易区只对部分商品实行自由贸易，如在欧洲自由贸易联盟内，自由贸易的商品只限于工业品，而不包括农产品。这种自由贸易区也被称为工业自由贸易区。有的自由贸易区对全部商品实行自由贸易，如拉丁美洲自由贸易协会和北美自由贸易区对区内所有的工农业产品的贸易往来都免除关税和数量限制。

（三）关税同盟

关税同盟（Customs Union）是指成员方之间彻底取消了在商品贸易中的关税和数量限制，使商品可以在各成员方之间自由流动。另外，成员方之间还规定对来自非成员方的进口商品采取统一的限制政策，关税同盟外的商品不论进入哪个同盟内的成员方都将被征收相同的关税，如早期的欧洲经济共同体和东非共同体。

关税同盟意味着撤除了成员方各自原有的关境，组成了共同的对外关境。这样使成员方的商品在区域内部自由流动的同时，排除了来自非成员方商品的竞争。关税同盟使成员方在商品贸易方面彻底形成了一体化。关税同盟开始具有超国家性质，是实现全面经济一体化的基础。

（四）共同市场

共同市场（Common Market）是指成员方之间不仅在商品贸易方面废除了关税和数量限制，而且对非成员方商品进口征收共同关税，还规定了生产要素（资本、劳动力等）也可在成员方之间自由流动。例如：欧洲共同体在1992年底建成了统一大市场，其主要内容就是实现商品、人员、劳务、资本在成员方之间的自由流动。

（五）经济联盟

经济联盟（Economic Union）是指成员方之间除了商品与生产要素可以自由流动及建立共同对外关税之外，还要求成员方实施更多的统一的经济政策和社会政策，如财政政策、货币政策、产业政策、区域发展政策等。欧洲联盟就属于此类经济一体化组织。

在理论上，应在多大的经济政策范围内实现统一才能称得上经济联盟，学界尚没有明确界定。但是，货币政策的统一作为一个重要标志是具有共识的，即成员方之间有统一的中央银行、单一的货币和共同的外汇储备。到目前为止，世界上也只有欧洲联盟达到这一阶段。

（六）完全经济一体化

完全经济一体化（Complete Economic Integration）是经济一体化的最高级组织形式。区域内各成员方在经济联盟的基础上，全面实行统一的经济和社会政策，使各成员方在经济上形成单一的经济实体，而该经济实体的超国家机构拥有全部的经济政策制定和管理权。目前世界上尚无此类经济一体化组织，只有欧盟在为实行这一目标而努力。

上述六种形式的区域经济一体化组织是由低级到高级分级排列的。各种形式的一体化组织之所以可以分级排列是因为上一级形式的一体化组织包含下一级形式一体化组织的特点。但是，必须指出的是，区域经济一体化组织形式的分级排列并不意味着一个区域性组织在加深一体化的过程中一定是由低级向高级逐级发展的。从区域经济一体化的实践来看，一体化的起点并不一定是优惠贸易安排；某个区域经济一体化组织也可能兼有两种组织形式的某些特点。区域经济一体化的组织在实践中也许会产生更多的形式。区域经济一体化的形式特征如表4-1所示。

表4-1　区域经济一体化形式特征一览表

合作特征	优惠贸易安排	自由贸易区	关税同盟	共同市场	经济同盟	完全经济一体化
关税减让	是	是	是	是	是	是
货物自由贸易	否	是	是	是	是	是
统一对外关税	否	否	是	是	是	是
生产要素自由流动	否	否	否	是	是	是
统一国家经济政策	否	否	否	否	是	是
统一协调社会与政治政策	否	否	否	否	否	是

三、区域经济一体化理论

区域经济一体化的产生和发展，引起了许多经济学家对这一现象的研究和探讨，形成了一系列理论。经济一体化一般是从商品贸易开始的，因而首先出现的是有关贸易的经济一体化理论，有代表性的理论集中于关税同盟理论和大市场理论。后来，日本的经济学家小岛清提出了协议性国际分工理论，对区域经济一体化理论进行了新的探索。

（一）关税同盟理论

雅各布·维纳（Jacob Viner，又称雅各布·瓦伊纳）在1950年出版的《关税同盟问题》被公认为关税同盟理论的代表作。该理论的代表人物是雅各布·维纳和理查德·李普西（Richard G. Lipsey），他们的主要观点如下：

1. 关税同盟的静态效果

关税同盟理论认为，关税同盟形成后可以产生贸易创造、贸易转移和贸易扩大效应，可以产生减少行政支出、减少走私以及加强集体谈判力量等静态效应。

（1）贸易创造效应。

贸易创造效应（Trade Creating Effect）是指关税同盟内部取消关税，实行自由贸易后，关税同盟内某成员方国内成本高的产品被同盟内其他成员方成本低的产品替代，进而从其他成员方进口产品，创造了过去不发生的那部分新的贸易。

维纳的关税同盟理论采用局部均衡分析法，假定世界上有A、B、C三个国家，在汇率不变的情况下，某商品在A国的价格为25美元，在B国为15美元，在C国为10美元。为分析简化，设A国为小国，设立关税同盟前，为了保护市场，A国对该商品征收了200%的进口从价税。由于关税保护，该商品在A国价格最低，因而A国自行生产。征税后，B国该商品进入A国的价格变为45美元，C国该商品进入A国的价格变为30美元。A、B两国设立关税同盟后，A国对B国取消了关税壁垒，B国该商品进入A国价格为15美元，低于A国自己生产的价格，于是A国从B国进口该商品。如表4-2所示。

表4-2 关税同盟的贸易创造效应

国家	成本（美元）	关税同盟成立前		A、B两国关税同盟成立后	
		关税（200%）	价格（美元）	关税（200%）	价格（美元）
A	25	—	25	—	25
B	15	30	45	—	15
C	10	20	30	20	30
选择结果		A国自行生产与供应		A国从B国进口	

贸易创造效应通常被视为一种正效应。因为，A国国内商品生产成本高于A国从B国进口的商品生产成本。关税同盟使A国放弃了一部分商品的国内生产，改为由B国来生产这部分商品。从世界范围来看，这种生产转换提高了资源配置效率，使世界整体福利水平提高。

(2) 贸易转移效应。

贸易转移效应(Trade Diversing Effect)是指由于关税同盟对内取消关税、对外实行统一的保护关税，成员方把原来从同盟外非成员方低成本生产的产品进口转为从同盟内成员方高成本生产的产品进口，从而使贸易方向发生了转变。

仍以上例进行说明，其余条件不变，假定关税同盟成立之前，A 国对该商品征收100%的进口从价税，这样 A 国便会从 C 国进口该商品。因为 C 国商品征税后在 A 国的价格最低，为 20 美元，而 B 国的价格为 30 美元，A 国的国内市场价格仍为 25 美元。A、B 两国设立关税同盟后，A 国对 B 国取消了关税壁垒，B 国该商品进入 A 国的价格为15 美元，而 C 国该商品征税后进入 A 国的价格仍为 20 美元，于是 A 国改为从 B 国进口该商品。如表 4-3 所示。

表 4-3　关税同盟的贸易转移效应

国家	成本（美元）	关税同盟成立前		A、B 两国关税同盟成立后	
		关税（100%）	价格（美元）	关税（100%）	价格（美元）
A	25	—	25	—	25
B	15	15	30	—	15
C	10	10	20	10	20
选择结果		A 国从 C 国进口		A 国从 B 国进口	

贸易转移效应通常被视为一种负效应。因为 A 国从 C 国进口的商品生产成本低于 A 国从 B 国进口的商品生产成本，贸易转移导致不得不放弃低成本的商品生产，而高成本的商品生产得以扩大。从世界范围来看，这种生产转移降低了资源配置效率，使世界整体福利水平下降。

(3) 贸易扩大效应。

缔结关税同盟后，无论在贸易创造还是在贸易转移的情况下，进口方(上例中的 A 国)某商品的价格都比原来下降了。如果 A 国该商品的需求价格弹性大于1，则 A 国对该商品需求数量的增加幅度要大于该商品价格的下降幅度，从而使该商品的销售额即进口额增加，这就是贸易扩大效应(Trade Expansion Effect)。

那么，一国加入关税同盟后的福利在什么情况下是净增加，在什么情况下是净减少呢？一国福利变化主要受以下因素的影响：1) 加入关税同盟后国内价格下降的幅度。如果价格下降幅度足够大，加入同盟后就能获得净增加。2) 国内价格供给和需求弹性。一国国内价格供给和需求弹性越大，该国加入关税同盟后获得的消费者剩余就越多，失去的生产者剩余就越少，从而就越有可能获得社会福利的净增加。3) 加入关税同盟前的关税水平。一国加入关税同盟前的关税水平越高，加入关税同盟后国内价格下降的幅度就越大，因而就越有可能获得福利的净增加。

2. 关税同盟的动态效应

在产生静态效果的同时，关税同盟还将产生一系列的动态效果。表现为：1) 关税同盟使成员方之间的竞争加剧，专业化程度加深，资源使用效率提高；2) 随着市场规模的扩大，关税同盟可以获取专业化与规模经济效益；3）市场扩大与竞争加剧，会吸引成员方厂商增加投资，提高竞争力；4）关税同盟建立后，竞争加剧和生产规模扩大，会促使生产厂商扩大在研发方面的投资，同时加强成员方之间的研发合作，促进成员方技术进步；5）生产要素在关税同盟内部的自由移动可以提高要素流动性，促进要素的合理配置；6）促进各成员方经济增长。

（二）大市场理论

大市场理论是从动态角度来分析区域经济一体化所取得的经济效应，是针对共同市场提出的，其代表人物为西托夫斯基（T. Scitovsky）和德纽（J. F. Deniau）。大市场理论的核心是：其一，通过国内市场向统一的大市场延伸，扩大市场范围获取规模经济利益，从而实现技术利益；其二，通过市场的扩大，创造激烈的竞争环境，进而达到实现规模经济和技术利益的目的。

共同市场在一体化程度上比关税同盟又进了一步，它将那些被保护主义分割的小市场统一起来，形成大市场，然后通过大市场内的激烈竞争，实现大批生产带来的大规模经济等方面的利益。德纽对大市场带来的规模化生产进行了描述，最终得出结论："这样一来，经济就会开始其滚雪球式的扩张。消费的扩大引起投资的增加，增加的投资又导致价格下降、工资提高、购买力提高……只有市场规模迅速扩大，才能促进和刺激经济扩张。"西托夫斯基则从西欧的现状入手，提出西欧陷入了高利润率、低资本周转率、高价格的矛盾，存在"小市场与保守的企业家态度的恶性循环"。因此，只有通过共同市场或贸易自由化条件下的激烈竞争，才能迫使企业家停止过去那种旧式的小规模生产而转向大规模生产，最终出现一种积极扩张的良性循环。

（三）协议性国际分工理论

协议性国际分工是指一国（地区）放弃某种商品的生产，把国内市场提供给另一国（地区），同时另一国（地区）放弃另一种商品的生产，并把国内市场提供给对方。这种分工不是通过价格机制自动实现的，而是通过当事各方的协议安排的。

协议性国际分工理论是由日本学者小岛清提出的。他认为：经济一体化组织内部如果仅仅依靠比较优势原理进行分工，不可能完全获得规模经济的好处，反而可能会导致各国（地区）企业的集中和垄断，影响经济一体化组织内部分工的发展和贸易的稳定。因此，只有实行协议性国际分工，才能使竞争性贸易的不稳定性尽可能保持稳定，并加固这种稳定。

他认为，在成本递减的现实经济条件下，成员可以通过协议性国际分工，各自分工生产一部分产品，而将另外一些产品的市场让给其他成员，这样各方的生产规模会成倍地扩大，商品的成本与价格会大幅下降，市场需求量也会增加，这种分工会使成员获得较好的规模经济利益。另外，他还提出了达成协议性国际分工应具备的条件：

1）必须是两个（或多数）国家（地区）的资本、要素禀赋比率没有多大差别，工业化水平和经济发展阶段大致相同，协议性分工对象的商品在哪个国家（地区）都能进行生产。在这种状态之下，在互相竞争的各方之间扩大分工和贸易，既是关税同盟理论所说的贸易创造效应的目标，也是协议性国际分工的理论目标。而在要素禀赋比率和发展阶段差距较大的国家（地区）之间，由于某个国家（地区）只能陷入单方面的完全专业化或比较成本差距很大，因此还是听任价格竞争原理（比较优势原理）为宜，并不需要建立协议性的国际分工。

2）作为协议性分工对象的商品，必须是能够获得规模经济的商品。因此产生如下差别，即规模经济的获得在重工业中最大，在轻工业中较小，而在第一产业中几乎难以得利。

3）不论对哪个国家，生产协议性分工的商品的利益都应该没有太大差别。也就是说，自己实行专业化的产业和让给对方的产业之间没有优劣之分，否则就不容易达成协议。这种利益或产业优劣主要取决于规模扩大后的成本降低率，随着分工而增加的需求量及其增长率。

上述理论说明经济一体化在同等发展阶段的国家（地区）之间更容易建立，协议性国际分工也更容易在经济发展水平相近、地理位置毗邻的国家（地区）之间产生，而且越是这样的国家（地区）实现一体化后，其经济的发展越均衡，利益的协调也越容易。

四、主要的区域经济一体化组织

区域经济一体化已成为当代世界经济发展的一大特点。区域经济一体化组织遍布世界各地。在众多的区域性组织中，最有代表性和规模最大的区域经济一体化组织是欧洲联盟、北美自由贸易区和亚太经济合作组织。

（一）欧洲联盟

1. 一体化进程

欧洲联盟（European Union，EU）的前身是欧洲共同体（European Community，EC）。1951 年 4 月，西欧 6 国（法国、联邦德国、意大利、荷兰、比利时、卢森堡）在法国巴黎签订了《欧洲煤钢联营条约》（又称《巴黎条约》），建立了欧洲煤钢共同体。欧洲煤钢共同体建立后，西欧 6 国认为可以把《巴黎条约》的原则扩大到其他领域。1957 年 3 月 25 日，西欧 6 国政府在意大利罗马签订了《建立欧洲原子能共同体条约》和《建立欧洲经济共同体条约》。这两个条约合在一起统称《罗马条约》。《罗马条约》于 1958 年 1 月 1 日生效，同时，欧洲原子能共同体和欧洲经济共同体正式成立。《罗马条约》的主要内容有：建立全面的关税同盟，即内部取消各种商品的关税，对外采用统一关税；对外实行共同的贸易政策；内部实施共同的农业政策；逐步协调经济和社会政策，实现商品、人员、劳务和资本的自由流通。

按照《罗马条约》的规定，关税同盟应在 1958 年至 1969 年底的 12 年内完成。这 12 年的过渡期分三个阶段，每个阶段为 4 年。每个阶段逐步削减成员国之间的关税以实现自由贸易；调整成员国的对外关税以实现共同的对外关税。但实际上关税同盟只花了 10 年的时间，至 1968 年，西欧 6 国就提前达到了《罗马条约》的预定目标，完成了关税同盟的建设，实现了对内取消关税、对外统一关税。在这 10 年里，各成员国之间的贸易和对其他国家的贸易得到了飞速发展。各成员国之间的贸易额翻了两番，成员国之间贸易的增长速度是对其他国家贸易增长速度的两倍；同一时期，共同体国家的国内总产值的年均增长率达 5%，高于同期英国、美国等国家的经济增长速度。在关税同盟建设差不多完成的同时，欧洲煤钢共同体、欧洲原子能共同体、欧洲经济共同体三个机构合并为一个机构，统称欧洲共同体，简称欧共体。

进入 20 世纪 70 年代，由消除关税壁垒而建立起来的欧共体统一市场被日益盛行的非关税壁垒分割，商品流通遭到阻碍。其主要原因在于经济危机使欧共体经济发展出现了滞胀，共同体内部和外部市场相对缩小，贸易竞争加剧，导致保护主义浪潮汹涌。成员国间为限制进口，不得不借助非关税壁垒。而《罗马条约》的保护措施规定又为设置非关税壁垒、歧视其他成员国产品提供了合法的依据。欧共体内部市场分隔使企业难以获取规模经济效益，欧共体的产业结构和出口商品结构调整迟缓，尖端科技落后，对外竞争能力削弱，经济发展速度下降。欧共体成员国领导人经过长期磋商，决定建立“欧洲统一大市场”，以振兴经济，与美、日争夺世界市场的主导权。1985 年起，欧共体执行委员会主席雅克·德洛尔（Jaques Delors）相继组织起草了三份重要文件：《关于完善内部市场的白皮书》《欧洲一体化文件》《为一体化文件的成功而奋斗：欧洲的新边界》。在这三份文件中，德洛尔提出了在 1992 年底建成统一大市场的具体计划。该计划不仅得到各成员国首脑的批准，而且实施得也比较顺利。到 1992 年底，各国基本撤除了各种阻碍商品和要素自由流动的壁垒，统一大市场基本形成。这也意味着欧共体从关税同盟发展为共同市场。

在建设欧洲统一大市场的计划确定之后，欧共体又不失时机地把经济与货币联盟的建设提上议事日程，以实现《罗马条约》的最终目标。1991 年 12 月，在荷兰马斯特里赫特城举行了成员国首脑会议，决定正式签署《马斯特里赫特条约》（简称《马约》，又称《欧洲联盟条约》）。这个条约由《经济和货币联盟条约》和《政治联盟条约》组成。前者的最终目标是实现欧洲统一货币和成立欧洲中央银行，后者的目标是建立共同外交、防务、社会政策等方面的国家联盟。《马约》须交各成员国国内批准，等所有成员国批准后，条约方可生效。条约生效日期原定于 1993 年 1 月 1 日，意在与统一大市场相衔接。由于 1992 年 9 月欧洲爆发了一场金融风暴，《马约》在有些成员国的批准遇到了波折。直到 1993 年 11 月，《马约》才被所有的成员国批准通过。从此，“欧洲共同体”改名为“欧洲联盟”。

2001 年 12 月 5 日，欧盟在比利时莱肯首脑会议的《莱肯宣言》决定开始制定宪法，并成立一个制宪筹备委员会。2004 年 10 月，欧盟 25 国首脑在意大利首都罗马签署了《欧盟宪法条约》。这是欧盟的首部宪法条约，旨在保证欧盟的有效运作以及欧洲一体化进程的顺利发展。根据有关规定，《欧盟宪法条约》将在所有成员国批准后，于 2006 年 11 月 1 日正式生效。然而，法国和荷兰 2005 年先后在全民公决中否决了《欧盟宪法条约》，使得这部被寄予厚望的宪法条约陷入困境。

为解决欧盟制宪危机推动欧盟制宪进程，欧盟领导人 2007 年 12 月在葡萄牙首都里斯本正式签署《里斯本条约》，取代已经失败的《欧盟宪法条约》。相比《欧盟宪法条约》，《里斯本条约》内容大为简化，但仍保留了《欧盟宪法条约》的实质内容。根据新条约，欧盟的决策方式和机构设置都将进行大刀阔斧的革新，旨在让扩大后的欧盟更好地运转。

西欧经济一体化的发展，可以从两个方面来看。一方面是其内涵在不断深化。从关税同盟、共同市场发展到现在的经济与货币联盟。成员国之间的商品、劳务、资本、人员实现了自由流动，有了统一的货币（欧元）和中央银行，内部和外部的经济政策也实现了高度的统一。另一方面是其外延也在不断扩大。西欧经济一体化组织的成员国数量不断增加。20 世纪 70 年代，英国、爱尔兰和丹麦成为成员国；20 世纪 80 年代，希腊、葡萄牙和西班牙成为成员国；20 世纪 90 年代，芬兰、奥地利和瑞典加入欧盟；21 世纪初的 2004 年 5 月，东欧 10 国（波兰、捷克、匈牙利、斯洛伐克、斯洛文尼亚、拉脱维亚、爱沙尼亚、立陶宛、塞浦路斯和马耳他）正式加入欧盟。2007 年 1 月 1 日罗马尼亚和保加利亚成为欧盟正式成员国。2012 年，欧盟获得诺贝尔和平奖。2013 年 7 月 1 日，克罗地亚正式成为欧盟第 28 个成员国。2020 年 1 月 31 日 23 时，英国正式“脱欧”，结束了其 47 年的欧盟成员国身份，欧盟成员减为 27 个。

相关案例

英国脱欧

2016 年 6 月 23 日，英国就是否留在欧盟举行全民公投。投票结果显示支持“脱欧”的票数以微弱优势战胜“留欧”票数，英国将脱离欧盟。

2017 年 3 月 28 日，在英国伦敦，行人经过英国议会大厦。经过 9 个多月的争论和酝酿，英国政府定于本月 29 日宣布启动脱离欧盟的程序，英国“脱欧”将由此迈出标志性的一步。

2017 年 3 月 29 日，英国首相特雷莎·梅根据《里斯本条约》第 50 条，正式启动“脱欧”程序，英国经济将接受“脱欧”带来的全面挑战。

2017 年 12 月 8 日，英国与欧盟达成历史性脱欧协议，从而为贸易谈判铺平了道路。

2018 年 6 月 26 日，英国女王伊丽莎白二世批准脱欧法案成为法律，允许英国退出欧盟。

2020 年 1 月 23 日，英国女王伊丽莎白二世签署批准了英国议会此前通过的“脱欧”协议相关法案。

2020 年 1 月 24 日上午，欧洲理事会、欧盟委员会主席签署英国“脱欧”协议。

2020 年 1 月 30 日，欧盟正式批准了英国脱欧。

伦敦时间，2020 年 1 月 31 日 23 时，英国正式“脱欧”，结束了其 47 年的欧盟成员国身份。

2020 年 12 月 24 日，欧盟委员会宣布，经过多轮激烈谈判，欧盟与英国当天终于就包括贸易在内的一系列合作关系达成协议，为英国按照原计划在 2020 年结束“脱欧”过渡期扫清障碍。

2. 组织机构

（1）欧洲理事会。

欧洲理事会（European Council）即首脑会议，由成员国国家元首或政府首脑及欧盟委员会主席组成；负责讨论欧洲联盟的内部建设、重要的对外关系及重大的国际问题。每年至少举行两次会议。欧洲理事会主席由各成员国轮流担任，任期为半年。欧洲理事会是欧盟的最高权力机构，在决策过程中采取协商一致通过的原则。理事会下设总秘书处。

（2）欧盟委员会。

欧盟委员会（European Commission）是欧洲联盟的常设机构和执行机构，负责实施欧洲联盟条约和欧盟理事会做出的决定，向欧洲理事会和欧洲议会提出报告和立法动议，处理联盟的日常事务，代表欧盟对外联系和进行贸易等方面的谈判等。在欧盟实施共同外交和安全政策范围内，只有建议权和参与权。总部设在比利时首都布鲁塞尔。根据《马约》，自1995年起，欧盟委员会任期为5年，设主席1人、副主席2人。

欧盟委员会主席人选由欧盟各成员国政府征询欧洲议会意见后共同提名，欧盟委员会其他委员人选由各成员国政府共同协商提议。按此方式提名的欧盟委员会主席和其他委员需一起经欧洲议会表决同意后，由欧盟成员国政府共同任命。

（3）欧洲议会。

欧洲议会（European Parliament）是欧洲联盟的执行监督、咨询机构，在某些领域有立法职能，有部分预算决定权，并可以2/3多数弹劾欧盟委员会，迫其集体辞职。议会大厦设在法国斯特拉斯堡，议会秘书处设在卢森堡。自1979年起，欧洲议会议员由成员国直接普选产生，任期为5年。

此外，欧盟机构还包括设在卢森堡的欧洲法院和欧洲审计院。欧洲法院是欧盟的仲裁机构，负责审理和裁决在执行欧盟条约和有关规定中发生的各种争执。欧洲审计院负责欧盟的审计和财政管理。欧洲审计院于1977年成立，设在卢森堡。

欧盟成立以来，英国成为第一个要退出的国家，并于伦敦时间2020年1月31日23时正式“脱欧”，结束了其47年的欧盟成员国身份。尽管英国“公投”确认脱离欧盟后，需要在两年时间内与欧洲理事会谈判退出事宜，但是公投结果可能会触发多米诺效应，导致更多国家脱离欧盟，将严重阻碍欧盟经济一体化以及经济全球化进程。

（二）北美自由贸易区

美国、加拿大和墨西哥3国于1992年8月12日就《北美自由贸易协定》达成一致意见，并于同年12月17日由3国领导人分别在各自国家正式签署。1994年1月1日，该协定正式生效，北美自由贸易区（North American Free Trade Area，NAFTA）宣布成立。自由贸易区内的国家货物可以互相流通并减免关税，而贸易区以外的国家则仍然维持原关税及壁垒。

针对3个成员国不同的经济发展情况，《北美自由贸易协定》在纺织品关税、汽车产品关税、农产品关税、运输业、通信业、汽车保险业、能源工业等方面做了安排。《北美自由贸易协定》第1条明确规定，墨西哥、加拿大、美国根据关税与贸易总协定的基本原则，正式建立一个自由贸易区。其成立宗旨是：取消贸易障碍，创造公平竞争的条件，增加投资机会，对知识产权提供适当的保护，建立执行协定和解决争端的有效程序，以及促进三边的、地区的以及多边的合作。3个成员国必须遵守协定规定的原则和规则，如国民待遇、最惠国待遇及程序上的透明化等来实现其宗旨，借以消除贸易障碍。

北美自由贸易区的建立既是发达国家和发展中国家在区域经济合作组织内实行垂直型国际分工的一种新的尝试，也是南北合作的一种新的尝试。北美自由贸易区建立后，美、加、墨3国由于取消贸易壁垒和开放市场，实现了经济增长和生产力提高。北美自由贸易区取得的成果主要有：促进了地区贸易增长，增加了直接投资，发达国家保持经济强势地位，发展中国家受益明显，合作范围不断扩大等。

自2017年8月中启动谈判以来，3国已经进行了四轮、总计22天的谈判。2017年10月17日，为期7天的更新北美自由贸易协定第四轮谈判在华盛顿近郊落幕。根据当天会后三方发表的联合声明，三方在谈判中出现“巨大观念差异”。为此，三方决定将第五轮谈判推迟至11月17日举行，以留出更多时间评估分歧，并且后续谈判将延续至2018年第一季度。在第四轮谈判中，美国提出的增加协定5年自动失效的“落日条款”、修改汽车原产地规则、废除争端解决机制等均引发巨大争议。

（三）亚太经济合作组织

亚太经济合作组织（Asia-Pacific Economic Cooperation，APEC），简称亚太经合组织，是亚太地区最具影响的经济合作官方论坛。1989年11月举行的亚太经济合作会议首届部长级会议标志着亚太经济合作会议的成立。1993年6月改名为亚太经济合作组织。1991年11月，中国以主权国家身份，中国台北和香港（1997年7月1日起改为“中国香港”）以地区经济体名义正式加入亚太经合组织。2001年10月，APEC会议在中国上海举办。这是APEC会议首次在中国举行。2014年APEC会议在北京举行，这也是APEC会议自2001年在上海举行之后时隔13年再次来到中国。2020年10月26日，马来西亚2020亚太经合组织（APEC）秘书处发表声明称，2020年亚太经合组织（APEC）领导人非正式会议将首次以视频方式举行，时间为11月20日。

截至2014年9月，亚太经合组织共有21个正式成员和3个观察员。正式成员包括：澳大利亚、文莱、加拿大、智利、中国、中国香港、印度尼西亚、日本、韩国、马来西亚、墨西哥、新西兰、巴布亚新几内亚、秘鲁、菲律宾、俄罗斯、新加坡、中国台北、泰国、美国、越南。1997年温哥华领导人会议宣布APEC进入10年巩固期，暂不接纳新成员。2007年，各国领导人对重新吸纳新成员的问题进行了讨论，但在新成员须满足的标准问题上未达成一致，于是决定将暂停扩容的期限延长3年。此外，APEC还有3个观察员，分别是东盟秘书处、太平洋经济合作理事会和太平洋岛国论坛。APEC总人口达26亿，约占世界人口的40%；国内生产总值之和约占世界的56%，贸易额约占世界总量的48%，是全球最大的区域经济组织。

亚太经济合作组织的宗旨是：保持经济的增长和发展；促进成员间经济的相互依存；加强开放的多边贸易体制；减少区域贸易和投资壁垒，维护本地区人民的共同利益。

1. APEC的工作机制

（1）领导人非正式会议。

领导人非正式会议是亚太经合组织最高级别的会议，会议形成的领导人宣言是指导亚太经合组织各项工作的重要纲领性文件。首次 APEC 领导人非正式会议于 1993 年 11 月 20—21 日在美国西雅图举行。自此，APEC 领导人非正式会议均于每年下半年举行，在各成员间轮流举行，由各成员领导人出席（中国台北只能派出主管经济事务的代表出席）。

（2）部长级会议。

部长级会议分为双部长会议和专业部长会议。双部长会议始于 1989 年，即外交、经贸双部长会议（中国香港和中国台北除外），在每年的领导人非正式会议前举行。专业部长会议是指讨论中小企业、旅游、环保、教育、科技、通信等问题的部长会议。

（3）高官会议。

高官会议是亚太经合组织的协调会议，每年举行 3～4 次，始于 1989 年。由各成员司局级或大使级官员组成，提出议题，相互交换意见，协调看法，归纳集中，然后提交部长级会议讨论。高官会议的主要任务是负责执行领导人非正式会议和部长级会议的决定，并为下次领导人非正式会议和部长级会议做准备。

（4）委员会和工作组。

高官会议下设 4 个委员会和 11 个专业工作小组。4 个委员会是贸易和投资委员会（CTI）、经济委员会（EC）、经济技术合作高官指导委员会（SCE）和预算管理委员会（BMC）。这 4 个委员会的具体职能如下：CTI 负责贸易和投资自由化方面高官会交办的工作；EC 负责研究本地区经济发展趋势和问题，并协调机构改革工作；SCE 负责指导和协调经济技术工作；BMC 负责预算和行政管理等方面的问题。11 个专业工作小组分别为产业科技、人力资源开发、能源、海洋资源保护、电信、交通、旅游、渔业、贸易促进、农业技术合作和中小企业工作小组。

（5）秘书处。

1993 年 1 月 1 日在新加坡正式建立，同年 3 月正式运行。秘书处负责行政、财务、信息收集及出版和工作组会议的组织协调等事务性工作。其主要职能有：为部长级会议及高官会议提供文件和服务；准备年度预算并向高官会议提出使用建议，监测和审查专题工作组的活动并提出协调建议；向报界、商界、学术团体及公众传播信息以及高官会议交办的其他任务。秘书处执行主任由每年部长级会议的东道主派人担任。

2. 中国与 APEC

1991 年，我国作为主权国家，中国香港和中国台北作为地区经济体同时加入 AEPC。此后，我国外交部部长和外经贸部长（现为商务部长）参加了历届部长级年会。我国还积极参与了 AEPC 各类专业部长会议，高官会议，贸易和投资委员会及其下属工作组、专家组会议。此外，APEC 在我国主办了 1 次科技部长会议、10 次工作组会议和诸多研讨会与培训班。我国已经成为 APEC 的重要成员。APEC 第 9 次和第 22 次领导人非正式会议分别在上海和北京举行。在 2014 年 APEC 工商领导人峰会开幕式上，中国国家主席习近平向与会的 21 个经济体、其他 17 个国家（地区）的 1 500 余名工商界人士发出“谋求持久发展　共筑亚太梦想”的倡议。为实现“亚太梦想”，需要共同建设互信、包容、合作、共赢的亚太伙伴关系，携手打造开放型亚太经济格局，不断发掘经济增长新动力，精心勾画全方位互联互通蓝图。

2020年11月20日晚，国家主席习近平在北京以视频方式出席亚太经合组织第二十七次领导人非正式会议并发表重要讲话。习近平主席的讲话为新形势下亚太合作指明了方向和路径，展示了中国同各国携手合作、共克时艰的坚定决心，为亚太和全球经济复苏提振信心。

亚太地区是我国对外经济贸易的重要依托。在我国十大贸易伙伴中，除欧盟外，其他均为APEC成员，即日本、美国、中国香港、东盟、韩国、中国台北、澳大利亚、俄罗斯和加拿大。因此，积极参与亚太地区的经济合作，在亚太地区建立更加开放的贸易和投资环境，有利于我国与APEC其他成员经济贸易关系的稳步发展和我国国民经济的持续发展。

五、其他区域经济一体化组织

(一) 东南亚国家联盟

东南亚国家联盟（Association of Southeast Asian Nations，ASEAN），简称东盟，其前身是1961年由马来西亚、菲律宾和泰国3国建立的东南亚联盟（ASA）。1967年8月8日，东南亚联盟3国加上新加坡、印度尼西亚共5国在泰国曼谷举行会议，发表了《东南亚国家联盟成立宣言》(又称《曼谷宣言》)，成立了东南亚国家联盟。1984年文莱加入了东盟。1995年越南成为东盟的第7个成员国。1997年5月底，东盟7个成员国在吉隆坡举行外长特别会议，一致决定于同年7月接纳缅甸、柬埔寨和老挝加入东盟。这是东盟向东南亚国家政经一体化迈出的重要一步。

东盟是一个政治与经济合作并重的综合性区域性组织。东盟成立的最初10年，其合作内容主要集中在政治领域，目标是促进本地区的和平和在国际社会中用一个声音说话。进入20世纪70年代后期，随着新兴工业化经济体的崛起及世界范围内兴起的经济体制改革浪潮，经济因素在国际关系中的地位日益重要，东盟的合作从政治与经济并重转向了以经济合作为主。1978年6月，东盟5国签订了关于成员国对755种商品实行优惠贸易安排的协议。1979年的东盟首脑会议达成了就优惠贸易安排从关税领域扩展至非关税领域的协议，东盟贸易自由化有了发展。

20世纪80年代末和90年代初，东盟在实施优惠贸易安排10年后，感到单纯在局部范围实施优惠贸易安排是不够的。1992年10月，东盟签署了《新加坡宣言》《东盟加强经济合作框架协定》《有效普惠关税协定》，决定从1993年起逐步削减关税，在15年内，即在2008年前建立东盟自由贸易区。1994年9月，又决定把建立东盟自由贸易区的时间从15年缩短至10年，并在2003年把内部工业和农产品的关税税率降至0.5%。

另外，东盟还积极与亚洲其他国家开展区域经济合作。其中，令人瞩目的是东盟与中国建立自由贸易区。从2002年1月1日起，中国-东盟自由贸易区这个世界上人口最多、发展中国家间最大的自由贸易区的建设正式启动。中国-东盟自由贸易区于2010年1月1日正式建成，是一个惠及19亿人口、国民生产总值达6万亿美元、贸易额达4.5万亿美元的自由贸易区。自贸区建立后，双方对超过90%的产品实行零关税。中国对东盟平均关税从 9.8%降到 0.1%，东盟 6 个老成员国对中国的平均关税从 12.8%降到 0.6%。关税水平大幅降低有力推动了双边贸易快速增长。

（二）跨太平洋伙伴关系协定

跨太平洋伙伴关系协定（Trans-Pacific Partnership Agreement，TPP）又称“经济北约”，是目前重要的国际多边经济谈判组织，其前身是跨太平洋战略经济伙伴关系协定（Trans-Pacific Strategic Economic Partnership Agreement，P4）。它是由亚太经济合作组织的成员——新西兰、新加坡、智利和文莱 4 国发起，从 2002 年开始酝酿的一组多边关系的自由贸易协定，原名亚太自由贸易区，旨在促进亚太地区的贸易自由化。

2009 年 11 月 14 日，美国总统奥巴马在其亚洲之行中正式宣布美国将参与 TPP 谈判，强调将以此促进美国的就业和经济繁荣，为设定 21 世纪贸易协定标准做出重要贡献，要建立一个高标准、体现创新思想、涵盖多领域和范围的亚太地区一体化合作协定。与此同时，秘鲁、马来西亚、越南和澳大利亚也宣布加入 TPP 谈判，TPP 谈判由此实现了由“P4”向“P8”的转变，并呈现亚太地区参与国家进一步扩大的趋势。2010 年 10 月美国加入，2012 年 6 月加拿大和墨西哥加入 TPP 谈判，2013 年 3 月日本宣布正式加入 TPP 谈判。2015 年 10 月 5 日，美国、日本、澳大利亚等 12 个国家成功完成跨太平洋战略经济伙伴关系协定谈判。2016 年 2 月 4 日，12 个成员国在奥克兰正式签署《跨太平洋伙伴关系协定》（简称 TPP 协定）。TPP 协定需要各国立法部门（国会、议会）批准通过。TPP 成员国的利益诉求不同，所以 TPP 协定通过各国立法批准的时间存在很大的不确定性。

2016 年 11 月 10 日，日本通过了 TPP 协定。2016 年 11 月 11 日上午，美国参议院议长米奇·奥康纳宣布，奥巴马主导的跨太平洋战略经济伙伴关系协定 TPP 计划被正式搁置。

2017 年 1 月 20 日，美国总统唐纳德·特朗普就职当天就宣布美国退出 TPP 协定。2017 年 1 月 23 日，特朗普在白宫签署行政命令，标志美国正式退出 TPP 协定，特朗普政府将与美国盟友和其他国家发掘双边贸易机会。

2017 年 11 月 11 日，日本经济再生担当大臣茂木敏充与越南工贸部长陈俊英在越南岘港举行新闻发布会，两人共同宣布除美国外的 11 国就继续推进 TPP 正式达成一致，11 国将签署新的自由贸易协定，新名称为“全面且先进的 TPP”（Comprehensive Progressive Trans-Pacific Partnership，CPTPP）。

（三）跨大西洋贸易和投资伙伴关系协定

跨大西洋贸易和投资伙伴关系协定（Transatlantic Trace and Investment Partnership，TTIP）即美欧双边自由贸易协定，主要打造美欧自由贸易区。美国和欧盟两大经济体占全球经济总量的 1/2、全球贸易额的 1/3。如果美国和欧盟达成协议，将会建立起世界最大的自贸区，同时将对国际经贸规则的制定产生深远影响。该协定将不仅仅涉及关税减免，更重要的是消除非关税贸易壁垒，让欧美市场融为一体，包括相互开放银行业、政府采购等，统一双方的食品安全标准、药品监管认证、专利申请与认证、制造业的技术与安全标准，并实现投资便利化等。欧美期待此举能为各自的经济注入活力。

2013 年 7 月 12 日，美国与欧盟在华盛顿展开 TTIP 协定首轮谈判。据悉，美欧双方已初步确定 TTIP 的谈判框架，将包括农业和工业产品市场准入、政府采购、投资、服务、能源和原材料、监管议题、知识产权、中小企业、国有企业等 20 项议题。

截至 2016 年的 10 月，美国和欧盟已经就 TTIP 协议进行了 15 轮谈判。欧美的自贸协定虽然前景光明，但是谈判异常困难，双方在开放服务业、金融业、音像业、政府采购、农业、交通业等问题上的分歧非常大。由于 TTIP 协定是为了降低贸易区域内的价格，对国民不利，因此 2016 年 9 月 20 日，比利时布鲁塞尔当地民众参加游行，抗议 TTIP 协定。而自 2017 年美国总统特朗普就任后，美国的对外贸易政策正在逐步远离多边贸易体系，回归双边贸易协定，这使得 TTIP 的未来发展面临诸多困难与不确定性，前景堪忧。

（四）南亚区域合作联盟

南亚区域合作联盟（简称南盟）是在 1985 年 12 月成立的，成员有印度、孟加拉国、巴基斯坦、斯里兰卡、马尔代夫、尼泊尔、不丹 7 个国家。1993 年 4 月，南盟就 7 国间优惠贸易安排达成了协议，以此作为今后贸易谈判的基础。1994 年 11 月起，实施了 1993 年 4 月形成的优惠贸易安排。南盟成立后近 20 年来，区域经济合作进展不大，其主要原因是成员国之间存在严重的政治分歧和边界争端，加上印、巴两个南亚大国在该地区禁止核武器问题上存在不可调和的矛盾，也从一个侧面说明，政治关系是影响区域经济一体化发展的一个重要因素。

（五）海湾合作委员会

海湾合作委员会于 1965 年成立，成员国有沙特阿拉伯、科威特、巴林、阿曼、卡塔尔、阿联酋 6 国。1992 年底，海湾合作委员会宣布，从 1993 年 3 月起建立共同市场，统一进口关税，以保证进口货物在 6 国间自由流动。

（六）经济合作组织

经济合作组织于 1964 年成立，成员国有伊朗、巴基斯坦、土耳其。1992 年又增加了 7 个国家：阿富汗、阿塞拜疆、哈萨克斯坦、乌兹别克斯坦、吉尔吉斯斯坦、土库曼斯坦、塔吉克斯坦。经济合作组织在 1993 年制定了行动计划，确定了 2000 年前的经济合作目标，最终建立伊斯兰共同市场。

（七）欧洲自由贸易联盟

1959 年 7 月，英国、瑞士、丹麦、挪威、瑞典、奥地利、葡萄牙 7 国在瑞典首都斯德哥尔摩举行了部长级会议，会上通过了成立欧洲自由贸易联盟的计划草案。同年 11 月又签订了《欧洲自由贸易联盟条约》。1960 年 5 月 3 日，欧洲自由贸易联盟正式成立，此后芬兰、冰岛、列支敦士登相继加入。但随着英国、丹麦、瑞典、奥地利、葡萄牙、芬兰加入欧洲经济共同体，现在仅剩下挪威、瑞士、冰岛和列支敦士登 4 个国家了。

欧洲自由贸易联盟的宗旨是：实现成员国之间工业品贸易自由化。《欧洲自由贸易联盟条约》规定自 1960 年 7 月起 10 年内，逐步削减直至完全取消成员国之间的工业品贸易关税和数量限制。这个目标已提前于 1966 年底实现。贸易自由化不涉及农产品。欧洲自由贸易联盟建立的最初原因是对抗欧共体，但后来随着欧共体力量的加强，该联盟自感实力虚弱便转而希望与欧共体加强合作。1972 年 7 月，该联盟终于与欧共体签署了建立自由贸易区的协定，决定逐步取消这些国家之间的工业品关税，把自由贸易制度扩大到这两大经济集团内的所有国家。

（八）独联体经济联盟

由于苏联解体、东欧剧变，经济互助委员会于1991年6月28日解体，以俄罗斯为首的12国组成了独联体经济联盟。起初是俄罗斯、乌克兰和白俄罗斯3国在1991年12月8日首先签署经济联盟条约，之后在1992年9月24日又有9国签署了经济联盟条约。独联体12国经济在转轨过程中很长时间都没有走出低谷，尤其是俄罗斯在20世纪90年代末出现了经济大滑坡，自身难保，无力顾及成员国。尽管1994年12国首脑会议强调要加强各国的经贸往来，但由于各国都缺少资金，且投资环境又不太理想，国外投资甚少，因此经济恢复缺少活力。

（九）黑海经济合作组织

黑海经济合作组织是1992年6月在伊斯坦布尔签署《黑海经济合作宣言》而正式成立的。该文件表明，成员国将通过双边或多边合作网，逐步加强经济合作，取消或削减不利于扩大贸易和投资的一切障碍，为商品、劳务和资金的自由流动创造条件。目前，该组织共有11个正式成员国：罗马尼亚、保加利亚、土耳其、阿尔巴尼亚、希腊、俄罗斯、亚美尼亚、摩尔多瓦、格鲁吉亚、乌克兰、阿塞拜疆。

（十）南方共同市场

1991年3月26日，阿根廷、巴西、乌拉圭、巴拉圭4国总统在巴拉圭首都亚松森签署了《亚松森条约》，决定建立由4国参加的南方共同市场（简称南共市）。经过近4年的艰苦谈判，于1994年12月17日签署了《黑金城协定》，宣布1995年1月1日南方共同市场正式启动运转。智利（1996年）、玻利维亚（1997年）和南非（2000年）是南共市的“联系国”。智利已就成为正式成员同南共市开始进行谈判。

南方共同市场主要有以下几方面内容：1）成员国内部贸易相互免税。从1995年1月1日起，确定9 000种产品中的85%内部关税为0，其余15%的产品到1999年逐步降为0。对那些敏感性产品，包括资本货物、机械设备、电子计算机和通信设备的关税税率将分别过渡到2001—2006年再决定增减。2）实施共同对外关税政策的问题。从1995年1月1日起，共同对外关税制度开始生效，对来自第三国的占总数约85%的一般商品，实行共同对外关税，税率在20%以内。考虑到成员国间发展水平差异，协议允许成员国各保留一定数量的商品作为例外，在2001年前暂不实行共同对外关税，巴拉圭则推迟到2006年。3）关于原产地规则的规定。享有区域内优惠关税的非资本品，其当地成分应不低于60%（巴拉圭为50%），资本货物为80%。此外，协议内容还包括取消一切非关税措施，建立贸易委员会和技术与政策工作组，以及鼓励出口、解决争端和保障行动方面的措施。

（十一）中美洲共同市场

中美洲共同市场的前身是根据1956年《中美洲自由贸易协议》而成立的中美洲自由贸易区。1962年8月，由中美洲的危地马拉、萨尔瓦多、洪都拉斯、尼加拉瓜和哥斯达黎加5国在尼加拉瓜首都马那瓜共同签署了《中美洲经济一体化条约》，成立了中美洲共同市场。进入20世纪80年代后，由于5国经济状况恶化，加之政治动荡和内战不断，特别是债务负担异常沉重，成员国间又重新构筑了非关税壁垒，致使关税取消所带来的贸易利益被一定程度地抵消。为抑制区内贸易保护主义和确保共同市场取得的已有成果，1993年5国达成最终多边协议，给共同市场的发展重新注入了活力，并建立了关税同盟。另外，中美洲共同市场在1993年与哥伦比亚、墨西哥、委内瑞拉就自由贸易签订了《加拉加斯协议》。巴拿马也表示了加入中美洲共同市场的意向。

（十二）安第斯集团

1966年，玻利维亚、智利、哥伦比亚、厄瓜多尔、秘鲁5国签订了《安第斯条约》，以开展自由贸易和加强成员国之间的经济合作。不久委内瑞拉加入，智利退出。《安第斯条约》规定，在1980年前建立成员国间自由贸易区，并实施共同对外关税政策，为最终建立关税同盟创造条件。但这些原定的时间表并未实现。1990年11月，集团首脑在玻利维亚拉巴斯决定，1992年初建立自由贸易区和1993年建立共同关税同盟。自由贸易区按时生效运转，但在实施共同对外关税政策时遇到困难。秘鲁要求保持15%的平均关税，而其他成员国则各有不同的目标。迫于分歧，秘鲁于1992年8月中止了其《安第斯条约》成员资格。1994年，《安第斯条约》成员就四级（5%、10%、15%、20%）共同对外关税结构达成了一致，并于1995年1月正式对外实施。

（十三）拉美一体化联盟

拉美一体化联盟的前身是拉美自由贸易联盟。1960年2月阿根廷、玻利维亚、巴西、智利、墨西哥、巴拉圭、秘鲁、乌拉圭8国在乌拉圭签订了《蒙得维的亚条约》，成立了拉美自由贸易联盟。之后，哥伦比亚、厄瓜多尔和委内瑞拉相继加入了该联盟，成员国发展到11个。该联盟计划在12年内实现贸易自由化，但目标未能实现。1980年6月签订了新的《蒙得维的亚条约》，对原有的机构进行改革，建立了“拉美一体化联盟”，以推动这一地区的经济一体化进程。新条约的目标是：分别通过签订双边和多边协议，促进新联盟成员国之间及其与第三国的贸易增长。在新联盟的框架下，成员国之间的贸易自由化在部门基础上通过以下两个途径来实现：一是区域范围协议，即在区域内全部成员之间相互给予优惠贸易待遇；二是小组范围协议，即新联盟成员国中愿意签署本协议的国家之间相互提供优惠贸易待遇。

（十四）西非国家经济共同体

1975年5月，15个西非国家在尼日利亚首都拉各斯举行首脑会议，签署了《拉各斯条约》，成立了西非国家经济共同体。成员国有：贝宁（原名达荷美）、科特迪瓦（原名象牙海岸）、几内亚、布基纳法索（原名上沃尔特）、马里、毛里塔尼亚、尼日尔、塞内加尔、多哥、冈比亚、尼日利亚、加纳、利比里亚、塞拉利昂、几内亚比绍。1977年佛得角加入，现为16国。它是目前非洲最大的区域性经济组织。其目标是，在条约生效后15年内分阶段消除成员国之间的关税以及其他一些贸易障碍，建立关税同盟。1993年7月，在共同体第16届首脑会议上签订了《西非国家经济共同体修正条约》。该条约规定：1）建立共同体超国家机构，如共同体的经济和社会委员会、仲裁法院等。2）实现货币一体化。决定成立西非货币局，由该机构负责实现西非货币统一。

（十五）西非经济共同体

西非经济共同体是西非法语国家的经济合作组织，其前身是1959年成立的西非关税同盟。1959年，贝宁（原名达荷美）、科特迪瓦（原名象牙海岸）、马里、毛里塔尼亚、尼日尔、塞内加尔、布基纳法索（原名上沃尔特）共同签署了一项关于建立“西非国家关税同盟”的公约。该公约6个成员（除马里外）拥有共同的中央银行和采用同样的货币，货物在成员国间自由流动。该组织事实上保留了成员国独立时就存在的一个次区域安排问题，即对从第三国征收关税所得如何进行分配的问题。经过谈判，最后同意采取平均分配的办法。从西非关税同盟生效运转的实践来看，它从未全面实施。1973年4月，上述7国签订了议定书并宣布成立西非经济共同体。该共同体规定了对成员国的工业品进口实行“地区合作税”的特惠待遇，规定了对外关税和实行财政税收政策协调的问题。

（十六）南部非洲发展共同体

南部非洲发展共同体的前身是南部非洲发展协调会议，成立于1980年4月。其成员国有：安哥拉、博茨瓦纳、莱索托、马拉维、莫桑比克、纳米比亚、坦桑尼亚、赞比亚、斯威士兰、津巴布韦共10国。1992年8月，举行成员国首脑会议，将协调会议改组为南部非洲发展共同体。目的是在平等、互利和均衡的基础上，建立开放型经济，打破关税壁垒，促进相互投资、贸易、人员、货物和劳务的自由往来，逐步统一货币，最终实现区域经济一体化。该共同体近年来在发展区域经济合作方面取得了一些进展。1993年7月31日，它通过决议，准许本地区的公民无须签证就可自由出入各成员国边境。1996年8月24日，在莱索托的首都马塞卢举行首脑会议，签署了争取在8年内实现地区贸易自由化的重要文件，并同意南非、毛里求斯两国加入该组织。之后，刚果（金）、塞舌尔和马达加斯加加入该组织。现在，该组织有15个成员国。

（十七）阿拉伯马格里布联盟

阿拉伯马格里布联盟由北非5国（阿尔及利亚、利比亚、毛里塔尼亚、摩洛哥和突尼斯）在1989年2月成立。其目标是到1995年建成关税联盟，到2000年建立一个共同市场。该联盟自成立以来，在建立马格里布农业共同市场、实现粮食自给方面做了一些工作，但在其他方面未取得实质性进展。这主要是由于成员国之间在经济政策，如对外贸易安排方面分歧较大。

（十八）阿拉伯国家自由贸易区协议

阿拉伯联盟经济一体化委员会与阿拉伯各国财政官员、海关关长于1997年10月共同签订的《阿拉伯国家自由贸易区协议》，于1998年1月1日起生效。该协议规定：自1998年1月1日起，阿拉伯各国海关对阿拉伯国家本地生产的产品征收的关税每年降低10%，并逐步取消非关税贸易障碍；10年后即从2008年起阿拉伯国家间实现零关税。目前22个阿拉伯联盟国家中已有14个同意全面执行这个减税计划，它们是：约旦、阿联酋、苏丹、伊拉克、阿曼、沙特阿拉伯、巴勒斯坦、卡塔尔、叙利亚、巴林、突尼斯、科威特、埃及、摩洛哥。这14国相互间贸易占阿拉伯国家间商品贸易总额的80%。阿拉伯联盟的金融机构和阿拉伯伊斯兰开发银行也从金融上大力支持该协议，并帮助一些不发达的阿盟国家发展民族经济。阿拉伯信贷贸易管理委员会计划，由阿拉伯国家金融机构每年拿出3亿美元，向阿拉伯国家间的贸易提供信贷。

（十九）澳新自由贸易区

澳新自由贸易区是在1965年由澳大利亚和新西兰两国政府签署了自由贸易协议后建立的。该自由贸易协议生效运转了近20年后，于1983年被《澳新紧密经济合作关系协议》取代。这样，澳新区域经济合作进入了一个空前的发展阶段。1965年协议被取代的原因是，贸易自由化的产品范围不符合“实质上所有贸易”的要求，协议只涉及关税减让，而未就非关税措施问题做出规定。这样的自由贸易区促进两国贸易发展的作用是极其有限的。从《澳新紧密经济合作关系协议》的主要内容看，该协议不仅包括所有贸易产品，而且规定在1990年7月1日前，所有关税及非关税措施全部取消，并对反倾销、反补贴等做了规定。1992年，澳、新两国又对协议做了修改。修改了关于双方对协调统一商业法规和竞争政策做出的承诺，使双方产品相互免除反倾销行动。所以说，澳新自由贸易区是当前众多自由贸易区中贸易自由化程度最高、最彻底的一个。

六、中国参与区域经济一体化

（一）中国签署的自由贸易协定概况

我国是经济全球化的积极参与者和坚定支持者，也是重要建设者和主要受益者。加快实施自由贸易区战略，是我国新一轮对外开放的重要内容，是适应经济全球化新趋势的客观要求，是全面深化改革、构建开放型经济新体制的必然选择，也是我国积极运筹对外关系、实现对外战略目标的重要手段，是我国积极参与国际经贸规则制定、争取全球经济治理制度性权力的重要平台。

自2002年11月中国-东盟自贸区谈判进程正式启动以来，我国已经签署了20个自由贸易协定，涉及27个国家（地区），自贸伙伴遍及亚洲、拉丁美洲、大洋洲、欧洲等地区。截至2023年6月底：

● 我国已签订协议的自贸区

中国-厄瓜多尔　中国-尼加拉瓜

《区域全面经济伙伴关系协定》(RCEP)

中国-毛里求斯　中国-马尔代夫　中国-格鲁吉亚　中国-澳大利亚

中国-韩国　中国-瑞士　中国-冰岛　中国-哥斯达黎加

中国-秘鲁　中国-新西兰（含升级）　中国-新加坡　中国-新加坡升级

中国-智利　中国-智利升级　中国-巴基斯坦　中国-柬埔寨

中国-巴基斯坦第二阶段　中国-东盟中国-东盟（“10+1”）升级　中国-东盟

内地与港澳更紧密经贸关系安排

- 正在谈判的自贸区

中国-海合会　中日韩　中国-斯里兰卡　中国-以色列　中国-挪威
中国-摩尔多瓦　中国-巴拿马　中国-韩国自贸协定第二阶段谈判
中国-巴勒斯坦　中国-秘鲁自贸协定升级谈判

- 正在研究的自贸区

中国-哥伦比亚　中国-斐济　中国-尼泊尔　中国-巴布亚新几内亚
中国-加拿大　中国-孟加拉国　中国-蒙古国
中国-瑞士自贸协定升级联合研究

- 优惠贸易安排

亚太贸易协定

（二）中国签署的主要自由贸易协定

1.《区域全面经济伙伴关系协定》（RCEP）

《区域全面经济伙伴关系协定》（Regional Comprehensive Economic Partnership，RCEP）是2012年由东盟发起，历时八年，成员包括中国、日本、韩国、澳大利亚、新西兰和东盟10国共15方而制定的协定。15个成员国的总人口、经济体量、贸易总额均占全球总量约30%，协定达成后将成为当前世界上人口最多、经贸规模最大、最具发展潜力的自由贸易区。

（1）发展历程。

2012年由东盟发起，成员包括东盟10国、中国、日本、韩国、印度、澳大利亚和新西兰共16方而制定的协定。自2013年正式开始，至2020年11月，举行了4次领导人会议、8次部长级会议，31轮正式谈判。

2017年7月17—28日，RCEP第19轮谈判在印度海德拉巴举行。各方继续就货物、服务、投资和规则领域展开深入磋商。

2018年4月28日—5月8日，RCEP第22轮谈判在新加坡举行。在全体会议召开的同时，货物、服务、投资、原产地规则、海关程序与贸易便利化、卫生与植物卫生措施、技术法规与合格评定程序、贸易救济、金融、电信、知识产权、电子商务、法律机制、政府采购等领域都并行举行了工作组会议。各方按照2017年11月首次RCEP领导人会议和2018年3月3日部长级会议的指示，继续就货物、服务、投资和规则领域议题展开深入磋商，谈判取得积极进展。会议强调各方将按照《RCEP谈判指导原则》，齐心协力，务实突破，推动尽早结束谈判。

2018年6月30日—7月1日，RCEP第5次部长级会间会在日本东京举行。东盟10国、中国、澳大利亚、印度、日本、韩国、新西兰16方经贸部长或代表出席会议。中国商务部副部长兼国际贸易谈判副代表王受文代表钟山部长参会。发展改革委、工业和信息化部、财政部、农业农村部和海关总署派员参会。

2018年11月13日，正在对新加坡进行访问的中国国务院总理李克强表示，希望《区域全面经济伙伴关系协定》(RCEP)将于2019年签署并生效，该协定将为本地区人民带来实实在在的好处。

2018年11月14日，国务院总理李克强在新加坡会展中心出席第2次RCEP领导人会议。东盟10国领导人以及韩国、日本、澳大利亚、新西兰、印度领导人与会。

2019年7月22—31日，RCEP第27轮谈判在河南郑州举行。东盟10国、中国、日本、韩国、澳大利亚、新西兰和印度16方约700名代表参加谈判。举行了货物贸易、服务贸易、投资、原产地规则、贸易救济、知识产权、电子商务、法律与机制等相关工作组会议。

2019年9月8日，RCEP第7次部长级会议在泰国曼谷举行。东盟10国和中国、日本、韩国、澳大利亚、新西兰、印度16方经贸部长或代表出席会议。

2019年11月4日，第3次RCEP领导人会议在泰国曼谷闭幕。会后RCEP领导人发布了联合声明。声明表示，RCEP 16个国家中有15个国家已经完成了所有20个章节以及几乎所有市场准入制度的文本谈判，下一步将进行法律审查以让该协议在2020年正式签署。而印度仍然有许多悬而未决的问题，RCEP将共同努力，以各方都满意的方式来解决这些问题。

2020年7月5日，印度新闻网站“The Print”援引政府高级别消息人士的话称，印度已决定不考虑加入任何中国主导的贸易协定，其中包括《区域全面经济伙伴关系协定》(RCEP)。

2020年11月15日，第4次RCEP领导人会议以视频形式举行，由东盟轮值主席国越南总理阮春福主持会议。东盟10国以及中国、日本、韩国、澳大利亚、新西兰15个国家，正式签署《区域全面经济伙伴关系协定》(RCEP)，标志着全球规模最大的自由贸易协定正式达成。签署RCEP，是地区国家以实际行动维护多边贸易体制、建设开放型世界经济的重要一步，对深化区域经济一体化、稳定全球经济具有标志性意义。

2021年3月22日，商务部国际司负责人表示，中国已经完成RCEP核准，成为率先批准协定的国家。4月15日，中国向东盟秘书长正式交存《区域全面经济伙伴关系协定》核准书。11月2日，《区域全面经济伙伴关系协定》保管机构东盟秘书处发布通知，宣布文莱、柬埔寨、老挝、新加坡、泰国、越南6个东盟成员国和中国、日本、新西兰、澳大利亚4个非东盟成员国已向东盟秘书长正式提交核准书，达到协定生效门槛。2022年1月1日，区域全面经济伙伴关系协定(RCEP)正式生效，首批生效的国家包括文莱、柬埔寨、老挝、新加坡、泰国、越南东盟6国和中国、日本、新西兰、澳大利亚非东盟4国。2022年2月1日起RCEP对韩国生效。2022年3月18日起对马来西亚生效。2022年3月20日，日本首相岸田文雄与柬埔寨首相洪森在金边会晤后发表了《联合声明》，一致同意加强合作，确保全面落实RCEP协定。

(2) 协定意义。

这是中国对外开放的里程碑。自2001年加入世贸组织以来，我国大力推动对外商签自由贸易协定，持续提升自由贸易区建设水平。RCEP签署后，我已与26个国家和地区签署19个自贸协定，与自贸伙伴的贸易额占比由此前的27%扩大到35%左右，与现有自贸伙伴的双向开放水平也得到提升。RCEP签署将有助于推动共建“一带一路”高质量发展，全面提高对外开放水平，推动开放型世界经济建设和构建人类命运共同体。

这是构建新发展格局的重要平台。RCEP成员国都是我重要经贸合作伙伴。2019年，我国与其他成员国贸易总额约占我国外贸总额的1/3，来自其他成员国的投资额占我国外资总额10%以上。RCEP所形成的区域大市场，将进一步激发各领域合作潜力，做大区域经贸蛋糕，让各国企业更好分享大市场发展机遇。扩大市场准入、便利化措施等将带来区域国家更多特色商品、优质服务、先进技术，更好地满足企业生产进步和人民美好生活需要，畅通国内大循环。RCEP将增强国际国内两个市场、两种资源的联通性，使我国更加有效地融入全球产业链、供应链、价值链，推动产业转型升级和经济高质量发展，促进国内国际双循环，推动加快构建新发展格局。

这是多边主义和自由贸易的胜利。2020年以来，国际贸易投资大幅萎缩，产业链、供应链受阻，经济全球化遭遇逆流，单边主义、保护主义上升。RCEP全体成员国共同承诺降低关税、开放市场、减少壁垒，坚定支持经济全球化。

2. 中国-东盟自由贸易区

（1）发展历程。

中国-东盟自由贸易区（CAFTA），是中国与东盟10国组建的自由贸易区。中国和东盟对话始于1991年，中国当年开始了与东盟的磋商对话关系。2010年1月1日贸易区正式建成，全面启动。自贸区建成后，东盟和中国的贸易占到世界贸易的13%，成为一个涵盖11个国家、19亿人口、GDP达6万亿美元的巨大经济体，是目前世界人口最多的自贸区，也是发展中国家间最大的自贸区。

1991年7月19日，中国国务委员兼外交部部长钱其琛首次应邀出席于马来西亚首都吉隆坡举行的第24届东盟外长会议开幕式，开始了中国与东盟的磋商对话关系。

1992年7月，中国成为东盟的磋商伙伴。

1996年7月，中国由东盟的磋商伙伴国升格为东盟的全面对话伙伴国。

1997年12月，中国-东盟首脑非正式会晤在马来西亚举行。中华人民共和国主席江泽民发表了题为“建立面向21世纪的睦邻互信伙伴关系”的重要讲话。会晤结束后，双方发表了《中华人民共和国与东盟国家首脑会晤联合声明》。

2000年11月25日，朱镕基总理在新加坡举行的第4次中国-东盟领导人会议上，首次提出建立中国-东盟自由贸易区的构想，并建议在中国-东盟经济贸易合作联合委员会框架下成立中国-东盟经济合作专家组，就中国与东盟建立自由贸易关系的可行性进行研究。

2001年3月，中国-东盟经济合作专家组在中国-东盟经济贸易合作联合委员会框架下正式成立。专家组围绕中国加入世界贸易组织的影响及中国与东盟建立自由贸易关系两个议题进行了充分研究，认为建立中国-东盟自由贸易区对东盟和中国是双赢的决定，建议中国和东盟用10年时间建立自由贸易区。这一建议经过中国-东盟高官会议和经济部长会议的认可后，于2001年11月在文莱举行的第5次中国-东盟领导人会议上正式宣布。

2002年11月，第6次东盟与中、日、韩“10＋3”领导人会议和第6次中国-东盟“10＋1”领导人会议在柬埔寨首都金边举行，朱镕基总理和东盟10国领导人签署了《中国-东盟全面经济合作框架协议》，其中包括“早期收获计划”中的例外产品清单，“早期收获计划”中的特定产品，降税产品类目及时间、活动等内容。《中国-东盟全面经济合作框架协议》决定到2010年建成中国-东盟自由贸易区。这标志着中国-东盟建立自由贸易区的进程正式启动，提出了中国与东盟加强和增进各缔约方之间的经济、贸易和投资合作，促进货物和服务贸易，逐步实现货物和服务贸易自由化，创造透明、自由和便利的投资机制，为各缔约方之间更紧密的经济合作开辟新领域等全面经济合作的目标。

2003年10月8日，第7次中国-东盟“10＋1”领导人会议在印度尼西亚巴厘岛举行。中国政府宣布加入《东南亚友好合作条约》，并与东盟签署了宣布建立“面向和平与繁荣的战略伙伴关系”的联合宣言。中国国务院总理温家宝在会议上倡议，从2004年起每年在中国南宁举办中国-东盟博览会，同期举办中国-东盟商务与投资峰会。这一倡议得到了东盟10国领导人的普遍欢迎，并写入会后发表的《主席声明》。另外，温家宝总理还在会上提出举办中国-东盟商务与投资峰会的倡议，并签署了《中国-东盟面向和平与繁荣的战略伙伴关系联合宣言》。

2004年1月1日，中国-东盟自由贸易区的先期成果——“早期收获计划”顺利实施，500多种农产品率先降税。

2004年11月3—6日，首届中国-东盟博览会——第一届中国-东盟商务与投资峰会在广西南宁隆重举行。

2004年11月，温家宝总理出席在老挝首都万象举行的第8次中国-东盟“10＋1”领导人会议。会议发表了《落实中国-东盟面向和平与繁荣的战略伙伴关系联合宣言的行动计划》，双方还签署了《中国-东盟全面经济合作框架协议货物贸易协议》（简称《货物贸易协议》）、《中国-东盟争端解决机制协议》、《中国-东盟交通合作谅解备忘录》等文件。其中，《货物贸易协议》包括正常类和敏感类的关税削减和取消模式、降税时间表、原产地证书（Form E）格式、原产地规则等内容。《货物贸易协议》规定自2005年7月起，除2004年已实施降税的早期收获产品和少量敏感产品外，双方将对其他约7 000个税目的产品实施降税。

2008年12月30日，中国政府正式任命薛捍勤为首任中国驻东盟大使。

2009年4月27—29日，为提高中国-东盟自贸区的实施效果，帮助东盟各国提高实施中国-东盟自贸协定的能力，中国商务部在云南昆明举办了实施中国-东盟自贸协定研讨会，来自东盟成员国、东盟秘书处及中国外交部、海关总署、湖南质检局、云南商务厅、昆明海关等部门的42名代表参加了会议。

2009年8月，中国与东盟共同签署了《中国-东盟自由贸易区投资协议》。该协议的签署标志着双方成功完成了中国-东盟自贸区协议的主要谈判。

2010年1月1日，中国-东盟自由贸易区正式建成。这是一个惠及19亿人口、接近6万亿美元GDP、4.5万亿美元贸易总额、由发展中国家组成的最大自贸区。

2010年10月29日，第13次中国-东盟领导人会议在越南河内举行。会议期间，中国商务部部长陈德铭与东盟各国经贸部长共同签署了《〈中国-东盟全面经济合作框架协议货物贸易协议〉第二议定书》及附录。其中附录内容包括：经修订的原产地规则签证操作程序、特定产品规则清单、原产地证书（Form E）格式及背页说明。

2011年1月，中国-东盟外长会议在昆明举行。此次会议是首次在华举行中国-东盟外长会议，对进一步推进包括互联互通在内的中国-东盟战略合作和提升双方关系水平具有重要意义。会前，中国与东盟国家外长及高官共同出席了中国-东盟友好交流年启动仪式。

2011年4月8日，东盟财政部长会议在东盟轮值主席国印度尼西亚的巴厘岛召开。与会各方就东盟加强与中国、日本、韩国和亚洲开发银行间的合作达成了共识。

2011年5月30日—6月1日，中国-东盟矿业合作论坛暨推介展示会在中国-东盟博览会举办地广西南宁举行。本届论坛设有政府合作、矿业政策、项目合作、投资合作等多个议题。在此期间，将举行中国-东盟矿业高官会议，研讨中国-东盟矿业合作的有关问题，举办开幕式、高峰论坛、中国-东盟矿业开发与环境保护论坛、矿业投融资论坛、矿山机械论坛、签约仪式、矿业项目专场推介会等活动。

2011年7月，中国外交部长杨洁篪出席在印度尼西亚巴厘岛举行的中国-东盟“10+1”外长会议，会议通过了落实《南海各方行为宣言》（简称《宣言》）指导方针，为推动落实《宣言》进程、推进南海务实合作铺平了道路。

2011年8月12日，第10次中国-东盟“10+1”经贸部长会议在印度尼西亚万鸦老举行，来自中国和东盟10国的经贸部长参会。会议一致同意将中国-东盟贸易谈判委员会改名为中国-东盟自贸区联合委员会。会议发表联合声明，表示期待第8届中国-东盟博览会10月在南宁举办。

2011年11月，温家宝总理在中国-东盟建立对话关系20周年纪念峰会上宣布，中方将于2012年在雅加达设立常驻东盟使团。

2012年11月7日，中国-东盟互联互通合作委员会第1次会议在印度尼西亚首都雅加达召开。双方就下一步深化互联互通领域的合作交换了意见，并达成共识。双方一致同意，中国-东盟互联互通合作委员会将定期或根据需要召开会议，落实中国和东盟国家领导人关于促进中国与东盟互联互通合作的有关共识、倡议及指示；总体规划中国与东盟互联互通合作，研究确定合作的重点领域和优先项目；协调双方各类资源，为合作项目的建设和运营管理等提供必要的支持。双方还同意建立中国-东盟互联互通协调委员会以及东盟成员国工作层的磋商机制。

2012年11月19日，在柬埔寨金边举行的东亚领导人系列会议期间，中国商务部长陈德铭与东盟10国的经贸部长共同签署了中国-东盟自贸区框架下的两份议定书，即《关于修订〈中国-东盟全面经济合作框架协议〉的第三议定书》和《关于在〈中国-东盟全面经济合作框架协议〉下〈货物贸易协议〉中纳入技术性贸易壁垒和卫生与植物卫生措施章节的议定书》。其主要内容分别是明确中国-东盟自贸区联合委员会的法律地位和职责范围，以及双方在技术性贸易壁垒和卫生与植物卫生措施方面的权利、义务和合作安排。上述议定书确定了中国与东盟国家之间的沟通协调机制，有助于确保中国-东盟自由自贸区各项协议的切实执行，及时磋商解决各方企业遇到的技术性贸易壁垒问题，从而为广大工商界营造更加优惠便利的经营环境，促进各国经济的共同发展。

2013 年 10 月，李克强总理在中国-东盟领导人会议上提出倡议，尽快启动中国-东盟自贸区升级版，打造更全面、更高质量的自贸区协定。

2014 年 8 月 26 日，第 13 次中国-东盟经贸部长会议在缅甸内比都举行，会议正式通过中国-东盟自贸区升级版要素文件，并宣布启动中国-东盟自贸区升级版谈判。

2015 年 11 月 21 日，第 18 次中国-东盟（10+1）领导人会议在马来西亚吉隆坡举行。东盟 10 国领导人与会。李克强总理与马来西亚总理纳吉布共同主持会议，与各方就中国-东盟合作、地区发展进行深入讨论，达成广泛共识。11 月 22 日，在李克强总理和东盟 10 国领导人的共同见证下，中国商务部部长高虎城与东盟 10 国部长分别代表中国政府与东盟 10 国政府，在马来西亚吉隆坡正式签署中国-东盟自贸区升级谈判成果文件——《中华人民共和国与东南亚国家联盟关于修订〈中国-东盟全面经济合作框架协议〉及项下部分协议的议定书》（简称《议定书》）。在这次升级谈判中，双方同意对 46 个章节的绝大部分工业品同时适用“4 位税目改变”和“区域价值百分比 40%”标准，涉及 3 000 多种产品，包括矿物、化工、木材纸制品、贱金属制品、纺织品和杂项制品等产品。企业可自行选择适用这两种原产地标准中的一种，这将大大便利有关企业利用自贸区的优惠政策。在服务贸易领域，中国在集中工程、建筑工程、证券、旅行社和旅游经营者等部门做出改进承诺。东盟各国在商业、通信、建筑、教育、环境、金融、旅游、运输 8 个部门的约 70 个分部门向中国做出更高水平的开放承诺。双方的具体改进措施包括扩大服务开放领域，允许对方设立独资或合资企业，放宽设立公司的股比限制，扩大经营范围，减少地域限制等。

在经济技术合作领域，双方同意在农业、渔业、林业、信息技术产业、旅游、交通、知识产权、人力资源开发、中小企业和环境等 10 多个领域开展合作。双方还同意为有关经济技术合作项目提供资金等支持，推动更好地实施中国-东盟自贸协定。此外，考虑到电子商务对双方经济发展的重要作用，双方还同意将跨境电子商务合作这一新议题纳入《议定书》，通过加强信息交流以促进双方的贸易和投资。

（2）合作机制。

1）中国-东盟领导人会议。领导人会议就中国-东盟关系的发展做出战略规划和指导。截至 2017 年底已举行了 20 次中国-东盟领导人会议。此外，还召开过几次中国-东盟领导人特别会议，包括中国-东盟领导人关于非典型性肺炎问题特别会议（2003 年）和中国-东盟建立对话关系 15 周年纪念峰会（2006 年）。

2）部长级会议。中国和东盟已建立外交、商务、文化、交通、卫生、电信、新闻、质检和打击跨国犯罪等11个部长级会议机制。

3）高官会议。通常在部长级会议前召开高官会议，为部长级会议做准备。高官会议由中国和东盟相关机构的高官出席。例如：到2018年5月，中国-东盟高官磋商已举行23次，中国和东盟国家外交部高官以及东盟秘书处代表与会。中国-东盟高官磋商旨在回顾和展望中国-东盟关系，并为中国-东盟外长会做准备。

4）中国-东盟联合合作委员会。会议每年举行一次，东盟常驻代表委员会和中国驻东盟大使出席。中国-东盟联合合作委员会旨在推动中国和东盟各领域务实合作。截至2018年4月，中国-东盟联合合作委员会已举行了19次会议。

知识窗

RCEP原产地证明、背对背原产地证明以及应用实例

RCEP项下的原产地证明包括原产地证书和原产地声明。原产地声明由企业自主出具。在RCEP协定生效后，所有缔约方都将立即实施经核准出口商原产地自主声明制度，为企业利用RCEP的优惠关税政策提供便利。

背对背原产地证明指在一成员方中转或者复出口的原产货物，未做除物流操作、贴标以及为货物运输或保持货物良好状态的必要操作外的处理，该成员方的签证机构、经核准出口商可以依据初始原产地证明正本签发或者开具新的原产地证明。RCEP首次提出了背对背原产地证明的概念。在中间成员方经物流拆分分批出口的货物可以通过背对背证明来证明其原产资格，并在进口国享受协定税率，极大地提高了企业在销售策略以及物流安排方面的灵活性。

例如：新西兰出口一批小家电20 000件，新西兰签证机构签发了RCEP原产地证书。该批货物在中国南沙综合保税区进行分拆，其中10 000件发往越南，10 000件发往泰国。中国签证机构可以依据新西兰签发的原产地证书签发背对背原产地证书，分别显示分拆后的出口数量。越南和泰国的进口商则可凭借背对背原产地证书在本国申报进口享惠。

3. 中国内地与香港、澳门关于建立更紧密经贸关系的安排（CEPA）

中国内地与香港、澳门关于建立更紧密经贸关系的安排（CEPA）包括中央政府与香港特区政府签署的《内地与香港关于建立更紧密经贸关系的安排》和中央政府与澳门特区政府签署的《内地与澳门关于建立更紧密经贸关系的安排》。CEPA是在世界贸易组织框架内，一个国家两个不同关税区之间特殊形式的自由贸易安排，也是一项优势互补、互利共赢的合作安排。同时，CEPA也是一项开放性的协议，可以根据形势的需要，不断充实和完善。

（1）《内地与香港关于建立更紧密经贸关系的安排》。

2003年6月29日，中国商务部副部长安民代表中央政府与香港特别行政区财政司梁

锦松司长，共同签署了《内地与香港关于建立更紧密经贸关系的安排》。总体目标是：逐步减少或取消双方之间实质上所有货物贸易的关税和非关税壁垒；逐步实现服务贸易的自由化，减少或取消双方之间实质上所有歧视性措施；促进贸易投资便利化。实施与今后修订的原则是：遵循“一国两制”的方针；符合世界贸易组织的规则；顺应双方产业结构调整和升级的需要，促进稳定和可持续发展；实现互惠互利、优势互补、共同繁荣；先易后难，逐步推进。

2004 年 10 月 27 日，商务部副部长安民与香港特区政府财政司唐英年司长共同主持召开《内地与香港关于建立更紧密经贸关系的安排》联合指导委员会高层会议，并分别代表中央政府和香港特别行政区政府签署了《〈内地与香港关于建立更紧密经贸关系的安排〉补充协议》。

2015 年 11 月 27 日，商务部副部长王受文与香港特区政府财政司曾俊华司长在香港签署了《内地与香港 CEPA 服务贸易协议》。该协议已于 2016 年 6 月 1 日起正式实施，是首个内地全境以准入前国民待遇加负面清单方式全面开放服务贸易领域的自由贸易协议，标志着内地全境与香港基本实现服务贸易自由化。

2017 年 6 月 28 日，商务部副部长高燕与香港特区政府财政司司长陈茂波在香港签署了《内地与香港 CEPA 投资协议》和《内地与香港 CEPA 经济技术合作协议》。两个协议自签署之日起生效，其中《内地与香港 CEPA 投资协议》将于 2018 年 1 月 1 日起正式实施。

2017 年是香港回归祖国 20 周年，《内地与香港关于建立更紧密经贸关系的安排》亦成功实施了 14 周年。据深圳海关统计，截至 2017 年 5 月 31 日，全国累计受惠进口货物 750.4 亿元，涉及 21 个大类港产货物，香港共计签发 15 万份 CEPA 优惠原产地证书，前后共有 198 家香港厂商享受了零关税优惠。内地进口的 CEPA 项下货物受惠货值由实施首年的 8.6 亿元增至 2016 年的 59.1 亿元；实际受惠进口的商品范围也在化工产品、纺织制品、塑料制品等 10 类商品的基础上扩展至食品、光学仪器、机电产品等 13 类商品，涉及的税号由 60 多个增至 200 多个。越来越多的香港产品享受 CEPA 零关税进口，对内、港两地经贸互通和优势互补以及拉动香港经济发展起到了积极作用。

(2)《内地与澳门关于建立更紧密经贸关系的安排》。

2003 年 10 月 17 日，中国商务部副部长安民与澳门特区政府经济财政司谭伯源司长分别代表中央政府和澳门特区政府在澳门正式签署了《内地与澳门关于建立更紧密经贸关系的安排》及其六个附件文本。双方就全部内容达成一致，主要包括：货物贸易和服务贸易的自由化以及贸易投资便利化三个方面。

2004 年 10 月 29 日，《内地与澳门关于建立更紧密经贸关系的安排》联合指导委员会高层会议在澳门召开。商务部副部长安民与澳门特区政府经济财政司谭伯源司长分别代表中央政府和澳门特别行政区政府签署了《〈内地与澳门关于建立更紧密经贸关系的安排〉补充协议》。

2015 年 11 月 28 日，商务部副部长王受文与澳门特区政府经济财政司梁维特司长在澳门签署了《内地与澳门 CEPA 服务贸易协议》。该协议已经于 2016 年 6 月 1 日起正式实施，是首个内地全境以准入前国民待遇加负面清单方式全面开放服务贸易领域的自由贸易协议，标志着内地全境与澳门基本实现服务贸易自由化。

行业观察

RCEP 生效后中国出口近三成可实现零关税待遇

中国日前（2021 年）已核准《区域全面经济伙伴关系协定》（RCEP），RCEP 生效后中国近 30%的出口都可以实现零关税待遇，对外投资和服务出口也能获得机会。

RCEP 成员国都是中国重要的经贸合作伙伴。去年中国对 RCEP 成员国的出口规模达 7 007 亿美元，占中国出口总额的 27%；进口额达 7 779 亿美元，占中国进口总额的 37.8%。RCEP 生效后，中国和自贸伙伴的贸易额占全部贸易额的比重将从 27%提升到 35%左右。

RCEP 有助于推动中国经济高质量发展，同时将使中国经济进一步对外开放，使中国企业更加适应更广阔的市场竞争，这对中国加入更高水平的自由贸易协定都有好处。

在 RCEP 早日生效基础上，中国将进一步加快推进中日韩自贸协定的谈判，推动与海合会、挪威、以色列等自贸协定谈判的进程，愿与更多有意愿的国家探讨建立自贸区。

中国将加大与其他高水平的自贸协定交流互鉴，探索开放的水平和规则的承诺。例如：中国将进一步提升货物贸易零关税产品比例，以负面清单方式来谈判服务贸易和投资领域的开放，并对数字经济、环境保护等方面规则进行磋商。

操作示范

区域合作能使发达地区保持国际竞争力。北美自由贸易区二十多年的发展证明，发达地区想要保持较强的国际竞争力，最重要的是使本地区一直处于国际经济发展的主流地位，极力避免边缘化。要想保持区域经济的主流地位就必须融入某个区域一体化组织（自由贸易区、经济圈），应尽量在这个大区域中居于重要地位或者核心地位。

与《北美自由贸易协定》相比，《美墨加贸易协定》对产业布局、争端解决等板块条款进行了大幅度修订，在数字贸易、知识产权、金融服务、投资、劳工和环境保护等方面进行了更新和升级。

有关劳工待遇的新规定将使墨西哥首当其冲受到影响，作为发展中国家的墨西哥或将丧失劳动力成本低的传统优势。而劳工执法的相关规则有干涉他国内政的嫌疑，未来可能引发争端。劳动力成本提高将造成生产成本上升，墨西哥产品的出口竞争力将受到负面影响。汽车原产地原则将限制墨、加从欧洲等其他地区进口钢铝原材料，美国意在提高本国制造业的竞争力。

同时，新协定中还加入了对非市场经济国家的排他性，又称“毒丸条款”，即若三方中任何一方与非市场经济国家达成自贸协定，另外两方可将其踢出协定。这意味着墨、加两国未来的贸易自主权受到了极大限制。

在美方看来，《美墨加贸易协定》充分体现了美国政府“自由、公平且对等”的国际贸易价值导向。但舆论普遍认为，其所倡导的对等和公平主要目的在于缩小墨西哥和加拿大与美国的贸易顺差，这无疑更符合美方的利益。墨西哥与加拿大对美国市场的依赖程度很高，两国与美国在国际贸易体系中的地位也不对等。墨、加为达成协议，保住对美出口市场，必须做出相应让步。

此外，美国还将《美墨加贸易协定》标榜为“21 世纪最高标准的贸易协定”。美国试图将《美墨加贸易协定》的相关条款加以推广，以引领国际贸易体制改革。近年来，美国政府贸易保护主义倾向明显，甚至认为“全世界都在占美国的便宜”，对多边主义兴趣索然。当前，美国加强与各经济体的双边谈判，试图推广“毒丸条款”，对国际经济合作氛围和国际多边贸易体制都将产生不利影响。

与美国官方的高调宣传不同，企业界及学界普遍对《美墨加贸易协定》的前景持谨慎态度。

疫情在美洲多地蔓延期间，美墨加三国的经济活动还没有恢复到正常水平，短期内很难看出协定的实施效果。国际货币基金组织也表示，在疫情的冲击下，《美墨加贸易协定》不足以弥补未来两年投资和经济方面出现的下滑。《美墨加贸易协定》并不是一个完全平等的协定，必然孕育着矛盾和冲突，这将在未来执行过程中逐渐显现出来。

实训演练

1. “10＋3”合作——未来东亚经济合作的主渠道

“10＋3”合作是指东盟 10 个成员国，即马来西亚、印度尼西亚、新加坡、泰国、菲律宾、文莱、越南、老挝、柬埔寨、缅甸与中国、日本、韩国 3 个东北亚国家之间的经贸技术合作。这一合作在范围上涵盖了东亚所有主要国家，在合作的内容上包括从贸易、投资、科技到次区域经济区的开发等众多领域，“10＋3”合作已建立了从领导人会议到部长级会议的多层次经济合作的主渠道。

“10＋3”合作的思想由来已久，这种合作的思想既有同处太平洋西部的地域因素，也有对东方文化的认同感。随着对东亚各国在实现工业化之后进一步发展经济的渴望和“东方意识”的逐步加强，在区域经济一体化蓬勃发展的形势下，东亚经济合作也在各国的努力下不断地推进和发展。1997 年 12 月 15 日，首次欧盟与中、日、韩领导人会议在马来西亚首都吉隆坡举行。会议的主要议题包括：应对亚洲金融危机、深化东亚各国之间的经济联系和评估新世纪东亚经济的前景等。江泽民主席在会上发表了题为“携手合作，共创未来”的重要讲话，回顾了东亚国家近二三十年来所发生的深刻变化和取得的巨大进步。1998年12月16日，第2次东盟与中、日、韩领导人会议在越南首都河内举行。会议的主要议题是：加强地区合作，克服金融危机，恢复地区经济增长和促进地区的安全与稳定。胡锦涛副主席在会上发表讲话，就东亚如何摆脱金融危机、恢复经济增长提出了中方的意见。1999年11月28日，第3次东盟与中、日、韩领导人会议在菲律宾首都马尼拉举行。会议的主题是：推动东亚区域合作。会议结束时发表了《东亚合作联合声明》。朱镕基总理在会上就东亚合作的方向和领域等问题提出了中方的主张和具体建议。2000年11月24日，第4次东盟与中、日、韩领导人会议在新加坡举行。会议上各国领导人对未来建立东亚自由贸易区的前景进行了深入的研究和探索。朱镕基总理在会上阐述了中国对当前东亚形势和合作前景的看法，并提出了加强合作的具体建议。2001年11月5日，第5次东盟与中、日、韩领导人会议在文莱首都斯里巴加湾市举行。朱镕基总理在会上提出了推进东亚合作的五点新建议。2002年11月4日，第6次东盟与中、日、韩领导人会议在柬埔寨首都金边举行。朱镕基总理在会上表明了中国参与地区合作的决心和积极态度。2003年10月7日，第7次东盟与中、日、韩领导人会议在印度尼西亚巴厘岛举行。温家宝总理出席会议，并发表了以“共同谱写东亚合作新篇章”为主题的讲话。2004年11月28日，第8次东盟与中日韩领导人会议在老挝首都万象举行。温家宝总理出席会议，并发表了题为“深化战略伙伴关系　推进全方位合作”的讲话。

“10＋3”合作的最终目标是要在整个东亚地区建立高度一体化的经济合作。按照东亚展望小组的设计，东亚一体化的基本内容应包括：在亚太经合组织内实现亚太地区贸易自由化目标，即发达国家在2010年之前实现贸易自由化，发展中国家在2020年实现贸易自由化之前在东亚完成自由贸易区的建设；为应对地区金融发展和防范金融风险，成立东亚货币基金（EAMF）和签署东亚信贷协定（EAAB）；为营造海外投资环境，在已扩大统一认证制度的东盟投资区（AIA）的基础上成立东亚投资区（EAIA），并构建投资信息网络（EAIN）。除此之外，东亚展望小组还建议把“10＋3”领导人会议发展为东亚峰会，推动东亚经济、社会和政治合作的制度性发展。也就是说，东亚展望小组对“10＋3”合作的最终目标设定在“东亚共同体”上，即东亚地区高层次、全方位、制度性的经济合作。“10＋3”合作首先是从各国一致认同的部门和领域开始的，在取得重大成果和充足经验的基础上向更多的领域拓展。

第一是金融领域的合作。一般而言，金融领域的合作属于较高层次的合作形式。“10＋3”之所以能先在金融领域取得进展，一是因为诞生于亚洲金融危机肆虐之时的“10＋3”合作对全球化带来的金融风险有最深切的感受，对稳定本地区的金融和货币以及加强抗风险能力的呼声最高；二是因为东亚地区具备良好的资金条件，本区域内的外汇储备远高于其他地区。在金融领域内，加强金融货币政策的协调、加强金融信息的沟通和地区数据库的建立、加强对金融从业人员和管理人员的培训都可以是具体的合作内容。

第二是以信息技术为主的高新技术领域合作。东亚是全球电子和信息技术产业的重要生产基地，但是东亚的电子信息产品的科技含量较低，自主开发能力不足。“10＋3”的领导人都敏锐觉察到电子信息技术的发展对经济和社会发展的革命性意义，认识到在信息技术领域加强合作的紧迫性。为提高东亚在电子信息技术领域的层次，带动整个地区的发展，建设东亚中心信息技术城市带，把新加坡、上海、首尔、东京等信息技术水平最高的城市连接起来，设立“亚洲信息技术区”的设想已提上日程。

第三是东亚成长区的建设。选择若干地理上与多国相关、具有投资开发价值的地区，利用东亚国家共同的力量进行开发建设，不失为“10＋3”合作的明智选择。湄公河流域的开发就是一个条件比较成熟的成长开发区。

第四是交通运输方面的合作，重点是泛亚铁路的建设。由马来西亚提议修筑的泛亚铁路，设想从新加坡开始，经过一些东盟国家后进入中国昆明，马来西亚还提出了高速、准轨、复线和电气化的建设方案。也有国家建议泛亚铁路还可以从昆明延伸到北京，然后连接目前的亚欧线，形成从东南亚、东亚到中亚和欧洲之间的铁路网络。泛亚铁路计划得到“10＋3”各国的积极支持。

在“10＋3”合作发展过程中，难免会遇到各种问题和困难，只有及时妥善解决前进中所遇到的问题，克服发展中的困难，才能达到“10＋3”合作的远大目标，使参与合作的各方获得最大权益。首先，“10＋3”合作中的一个重要制约因素，是各方经济发展水平存在明显的差异。因此，经济合作的许多举措，会对不同国家产生不同的收益和影响。在“10＋3”合作中如何最大限度地照顾经济发展水平较低国家的利益，向它们提供特殊的优惠条件和发展援助，是必须认真思考的问题。否则，真正意义上的区域经济一体化就很难实现。其次，“10＋3”合作还存在自身机制建设上的问题。随着合作的深入，“10＋3”是否需要一个常设机构的问题就凸显出来。在第 5 次“10＋3”领导人会议上，马哈蒂尔总理重新提出了建立“10＋3”秘书处的主张。事实上，设立秘书处确实是一个利弊参半的问题。秘书处的设立有利于在领导人会议闭会期间负责组织和协调各种“共识”、建议的实施和处理，但是如何界定秘书处和秘书长的权力又是一个复杂的问题。另外，“10＋3”合作的不少设想和计划往往通过“10＋1”的渠道落实，一旦“10＋3”设立秘书处，又有一个如何协调它与“10＋1”的关系的问题。“10＋3”合作似乎需要一个秘书处，但是在目前的合作水平上设立秘书处的条件是否成熟？这些都是“10＋3”合作的成员必须权衡的问题。最后，“10＋3”是否需要扩容？这是一个颇有争议的问题。“10＋3”是东亚国家之间的合作，从理论上讲，吸收朝鲜和蒙古参加是合乎情理的事，但是，这种扩容会在一定程度上影响东盟的本意，即加强东盟与东亚经济三强的关系以加快东盟经济发展。“10＋3”合作的问题和困难是在合作推进的过程中产生的，也一定会在继续推进中得到解决。

思考：

（1）结合案情分析“10＋3”合作在东亚经济合作中的地位。

（2）结合案情分析“10＋3”合作最先涉及哪些领域的合作。

（3）“10＋3”合作过程中必须解决的困难和问题有哪些？

2. 商务部：中国8 000余种进口产品享受零关税

商务部新闻发言人高峰2018年1月11日在例行发布会上表示，截至目前，我国已与24个国家（地区）签署了一共16个自贸协定，覆盖了亚洲、欧洲、美洲、大洋洲。已经生效实施的自贸协定有15个，涉及23个国家（地区），涵盖了8 000余种零关税的进口产品。从已经签订的自贸协定来看，我国与自贸伙伴货物贸易自由化的水平普遍较高，最终零关税的产品税目数占比基本在90%以上。在上述自贸协定的框架下，我国总进口额近1/3的产品可以享受自贸协定优惠关税的待遇，其中大部分是终端消费品。这大大丰富了我国消费者的选择，给消费者带来了实实在在的好处。

以农产品为例，随着自贸协定的实施，消费者一年四季都可以品尝到来自不同产地、质优价廉的农产品。例如：东盟的榴梿、荔枝、火龙果等热带水果，进口关税由15%～30%降为0；冰岛三文鱼，进口关税由10%～12%降为0；格鲁吉亚和智利的红酒，进口关税由14%～30%降为0。此外，新西兰的牛肉和奶粉等特色农产品等都有较大幅度的降税。

以工业品为例，瑞士部分化妆品的进口关税已经降为0，部分手表的进口关税降低了50%，并将在几年后降为0；韩国的电冰箱、电饭锅、按摩仪、美容仪等产品的进口关税降低了40%，并将在几年后降为0。此外，消费类电子产品等也有较大幅度的降税。同时，自贸区项下的零关税产品还包括许多国内终端消费品制造所需要的中间产品和原材料，这也在一定程度上推动了国产消费品的结构升级。

随着我国自贸区建设的推进，未来将会有更多的产品以零关税进口到我国，为国内消费者提供更多优质、优价的消费选择，并推动国内消费供给侧的结构调整，推动我国在消费领域实现高质量的发展。

思考：

（1）什么是区域经济一体化？

（2）一体化组织对内对外实施什么政策？

（3）一体化组织给成员经济发展带来了什么好处？

（4）当今世界主要的一体化组织有哪些？

（5）中国参与的一体化组织有哪些？

模块小结

（1）世界贸易组织（WTO）的前身是关税与贸易总协定（GATT），简称关贸总协定，该协定由23个国家于1947年10月30日在日内瓦签订，并于1948年正式生效。1994年4月15日，在“乌拉圭回合”部长会议上决定成立更具全球性的世界贸易组织，以取代成立于1947年的关贸总协定。世界贸易组织（简称世贸组织）是当代最重要的国际经济组织之一，有“经济联合国”之称。

(2) 区域经济一体化是指两个或两个以上的国家（地区），通过协商并缔结经济条约或协议，实施统一的经济政策和措施，消除商品、要素、金融等市场的人为分割和限制，以国际分工为基础来提高经济效率和获得更大经济效果，把各国（地区）的经济融合起来形成一个区域性经济联合体的过程。

(3) 区域经济一体化组织由低级到高级分级排列，可分为优惠贸易安排、自由贸易区、关税同盟、共同市场、经济联盟、完全经济一体化六种形式。

(4) 区域经济一体化的产生和发展引起了许多经济学家对这一现象的研究和探讨，形成了一系列理论。代表性的理论有关税同盟理论、大市场理论和协议性国际分工理论。

模块练习

一、名词解释

世界贸易组织　最惠国待遇原则　国民待遇原则　非歧视原则　透明度原则
区域经济一体化　自由贸易区　共同市场　完全经济一体化　关税同盟　经济联盟
贸易创造效应　优惠贸易安排

二、单项选择题

1. 世界贸易组织全部规则体系的基础是(　　)。

A. 非歧视原则　B. 关税保护原则
C. 互惠原则　D. 透明度原则
E. 市场准入原则

2. 世界贸易组织还规定了最惠国待遇的例外，如(　　)。

A. 进出口规章手续　B. 关税和费用的征收方式
C. 关税同盟　D. 发达国家成员

3.《服务贸易总协定》要求各成员在(　　)的基础上，通过分阶段谈判逐步开放本国服务市场，以促进服务及服务提供者间的竞争。

A. 非歧视原则　B. 关税保护原则
C. 互惠原则　D. 透明度原则
E. 市场准入原则

4. 透明度原则要求成员方在(　　)的基础上迅速公布现行有效的有关贸易的法律、法规、条例以及条约与协定等。

A. 非歧视　B. 互惠　C. 公平竞争　D. 市场准入

5.《纺织品与服装协议》要求发达成员分阶段用(　　)年时间取消对纺织品与服装的进口配额限制，以避免对国内的过度保护。

A. 10　B. 15　C. 20　D. 30

6. 关税保护原则要求各成员方在(　　)的基础上通过多边谈判削减关税，各成员方政府不得征收高于它在关税减让表中所承诺的税率。

A. 非歧视　　B. 互惠　　C. 公平竞争　　D. 市场准入

7. 互惠贸易原则要求成员方在(　　)的基础上通过多边谈判进行关税或非关税措施的削减，对等地向其他成员方开放本国市场，以获得本国产品或服务进入其他成员方市场的机会。

A. 非歧视　　B. 互惠　　C. 公平竞争　　D. 市场准入

8. 世界贸易组织的最高权力机构是(　　)。

A. 部长级会议　　B. 总理事会　　C. 秘书处　　D. 总干事

9. 在世界贸易组织部长级会议休会期间，其职能由(　　)代为行使。

A. 总理事会　　B. 理事会　　C. 秘书处　　D. 总干事

10. 世界贸易组织(　　)部长级会议决定成立“贸易与投资”“贸易与竞争政策”“政府采购透明度”三个工作组。

A. 多哈　　B. 日内瓦　　C. 西雅图　　D. 新加坡

E. 坎昆

11. 由于有关各方存在严重分歧，世界贸易组织(　　)部长级会议未能启动新一轮多边贸易谈判。

A. 新加坡　　B. 日内瓦　　C. 西雅图　　D. 多哈

E. 坎昆

12. 世界贸易组织(　　)部长级会议的重要成果是批准了中国加入世界贸易组织。

A. 新加坡　　B. 日内瓦　　C. 西雅图　　D. 多哈

E. 坎昆

13. 在自由贸易区内，各成员间(　　)。

A. 商品自由流动　　B. 人员自由流动

C. 资本自由流动　　D. 商品、人员、资本都自由流动

14. 关税同盟和自由贸易区的区别在于(　　)。

A. 商品在区内是否可以自由流动　　B. 成员之间是否有共同的对外关税

C. 是否实施原产地规则　　D. 是否有单一的货币

15. 下列哪种组织形式的区域经济一体化程度最高？(　　)

A. 优惠贸易安排　　B. 共同市场　　C. 自由贸易区　　D. 关税同盟

16. 东盟属于下列何种区域经济一体化组织？(　　)

A. 优惠贸易安排　　B. 自由贸易区　　C. 关税同盟　　D. 经济联盟

17. H国和P国组成关税同盟后，不再从C国进口商品而改为从P国进口商品，这意味着世界社会福利水平(　　)。

A. 提高　　B. 降低

C. 不变　　D. 上述三种情况都有可能

18. 组成关税同盟后，如果贸易创造效应大于贸易转移效应，关税同盟的整体福利水平(　　)。

A. 提高　　B. 下降

C. 不变　　D. 上述三种情况都有可能

三、判断题

1. 世界贸易组织的非歧视原则主要通过关贸总协定中的最惠国待遇条款和国民待遇条款予以体现。(　　)

2. 最惠国待遇适用于进出口商品的关税和费用的征收、征收方式、关税同盟以及进出口规章手续等方面。(　　)

3. 对出口商品实施倾销行为，违反了世界贸易组织的公平竞争原则。(　　)

4. 理事会是世界贸易组织的最高权力机构，由全体成员方的代表组成，负责履行世界贸易组织的职能。(　　)

5. 2001 年 12 月 11 日，中国成为世界贸易组织第 143 个成员。(　　)

6. 共同市场是指成员方之间不仅在商品贸易方面废除了关税和数量限制，并对非成员方商品进口征收共同关税，还规定了生产要素（资本、劳动力等）也可在成员方间自由流动。(　　)

7. 区域经济一体化组织形式的分级排列意味着一个区域性组织在向一体化深度发展时一定是由低级向高级逐级发展的。(　　)

8. 欧盟是目前一体化程度最高的区域经济一体化组织。(　　)

四、论述题

1. 试分析经济特区中的自由贸易区（Free Trade Zone）与区域经济一体化中的自由贸易区（Free Trade Area）的不同。

2. 试分析区域经济一体化六种形式的不同之处。

3. 加入世界贸易组织对我国经济造成了哪些影响?

模块五

跨境电子商务与市场采购贸易

学习目标

【知识目标】

- 掌握跨境电子商务的定义、特点
- 熟悉 B2B、B2C、C2C、M2C、O2O 等的含义
- 了解主流跨境电子商务平台特点及店铺注册流程
- 掌握市场采购贸易的定义、特点
- 理解市场采购贸易流程

【技能目标】

- 能够熟悉主流跨境电子商务平台店铺注册的规定和要求
- 能够根据公司优势和主打产品选择合适的跨境电商平台
- 能够利用有关资料进行市场采购贸易的操作
- 能够领会国家对市场采购贸易方式的各项配套优惠政策

单元一 跨境电子商务

任务导入

跨境电商平台海淘海关如何征收关税？

李先生通过某跨境电商零售交易平台海淘了婴幼儿配方奶粉 6 罐，完税价格为 1 000 元，那么对于这些奶粉海关是否需要征税？征多少税？

任务：请解答李先生的疑问。

基本知识

一、跨境电子商务的定义、监管模式与特点

（一）跨境电子商务的定义

跨境电子商务（Cross-border Electronic Commerce），简称跨境电商，是指分属不同关境的交易主体，通过电子商务平台达成交易、进行支付结算，并通过跨境物流送达商品、完成交易的一种国际商业活动，被社会普遍认为是一种以电子数据交换和网上交易为主要内容的商业模式。跨境电商以电子技术和物流为手段，以商务为核心，把原来传统的销售、购物渠道转移到互联网上，打破了国家与地区间的壁垒。

从本质上讲，跨境电子商务是以互联网为平台，以电子技术为手段，以商务交易为目的，将传统的营销、销售、支付、购物等方式转移到互联网上，打破关境的壁垒，使商品交易实现全球化、网络化、个性化的新型贸易状态。

（二）跨境电子商务的监管模式

目前海关总署针对跨境电子商务，归纳提出“一般出口”“特殊区域出口”“直购进口”和“网购保税进口”4 种新型海关通关监管模式，发布公告明确跨境贸易电子商务进出境货物、物品有关监管事宜，增列 3 种新型跨境电子商务监管方式（“9610”“1210”“1239”），建立跨境电商企业备案管理制度，完善统计工作的相关制度和办法。

1）一般出口模式（“9610”出口）：采用“清单核放，汇总申报”的方式，电商出口商品以邮、快件方式分批运送，海关凭清单核放出境，定期把已核放清单数据汇总形成出口报关单，电商企业或平台凭此办理结汇、退税手续。

2）特殊区域出口模式（“1210”出口）：电商企业或电商平台将整批商品按一般贸易报关进入海关特殊监管区域或场所，企业实现退税；对于已入区退税的商品，境外网购后，海关凭清单核放，由邮、快件企业分送出区离境，海关定期将已放行清单归并形成出口报关单，电商企业或平台凭此办理结汇手续。

3）直购进口模式（“9610”进口）：符合条件的电商平台与海关联同，境内个人跨境

网购后，平台将电子订单、支付凭证、电子运单等实时传输给海关，商品通过海关跨境电商专门监管场所入境，按照个人邮递物品征税，并纳入海关统计。

4）网购保税进口模式（“1210”进口和“1239”进口）：“1210”适用于试点城市，“1239”适用于非试点城市。电商企业或电商平台将整批商品运入海关特殊监管区域或场所内特设的电子商务专区，向海关报关，海关建立电子商务管理账册，境内消费者网购区内商品后，电商企业或平台委托报关代理公司向海关申报电子清单，海关对电子订单、支付凭证、电子运单、电子清单四单进行计算并自动比对，相符的，海关参照个人邮递物品自动征税，验放后账册自动核销。

知识窗

跨境电商零售进口试点大范围扩容

2018年11月，商务部等六部门出台跨境电商零售进口监管政策，“1210”进口在北京等37个城市试点运行，2020年进一步扩大至86个城市及海南全岛。2021年3月18日，商务部、发展改革委、财政部、海关总署、税务总局、市场监管总局六部门联合印发《关于扩大跨境电商零售进口试点、严格落实监管要求的通知》，明确指出，将跨境电商零售进口试点范围扩大至所有自贸试验区、跨境电商综试区、综合保税区、进口贸易促进创新示范区、保税物流中心（B型）所在城市（及区域），今后相关城市（区域）经所在地海关确认符合监管要求后，即可按照要求开展网购保税进口（海关监管方式代码1210）业务。试点的大范围扩容将促进我国东中西部区域经济的协同发展，也将大大节省跨境电商物流成本，缩短跨境电商物流时间，进一步满足国内消费需求。

（三）跨境电子商务的特点

1）全球性。依附于网络发生的跨境电子商务具有全球性和非中心化的特点，电子商务作为一种无边界交易，丧失了传统交易所具有的地理因素，互联网商家不需要考虑国界就可以把产品尤其是高附加值产品和服务提供给市场。

2）无形性。网络的发展使数字化产品和服务的传输盛行。数据、声音和图像在全球化网络环境中以计算机数据代码的形式出现并进行传输，具有无形性的特点。

3）匿名性。由于跨境电商的全球性和非中心化的特点，在线交易的消费者往往不显示自己的真实身份和地理位置，这丝毫不会影响交易的进行，网络的匿名性也允许消费者这样做。

4）即时性。电子商务中的信息交流相对于传统交易模式中的信函、电报、传真等交流方式而言，无论实际时空距离远近，一方发送信息与另一方接收信息几乎是同时的，如同面对面交谈一样。

5）多样性。跨境电商不仅局限于企业与企业之间的贸易往来，还为企业和消费者提供了平台。由于许多小量的订单在跨境电商中可以享受低税率甚至免税的优惠，这大大增加了消费群体的多样性，突破了以往跨境贸易对订单量和企业规模的限制。

6）风险性。跨境电商的发展在为贸易双方带来便利与利益的同时，也增加了贸易的风险性。首先，由于跨境电商具有匿名性特点，无法核实一些企业的真实性和商品的真实性，同时缺乏有效的监管，因此可能会对消费者造成一定的损失。其次，由于各国商品质量安全评定的标准不统一，容易造成一些交易纠纷。消费者也往往会由于高昂的退换货运费和较长的退换货时间而放弃维权。

二、跨境电子商务的发展历程

跨境电子商务的雏形源于海淘、个人代购等模式。2007年之前，随着留学生群体的剧增，以留学生为代表的第一批个人代购兴起，这个阶段主要表现为熟人推荐的海外个人代购模式。2007年淘宝上线“全球购”，随后一些专注于代购的网站不断涌现，海外代购行业发展壮大，特别是2008年席卷全国的奶制品污染事件进一步刺激了海外代购和转运服务的发展，海淘的品类也从母婴商品扩展到保健品、电子产品、服装鞋帽、化妆品、奢侈品等。2010年9月，我国调整进出境个人邮递物品管理政策，缩紧海淘与代购市场。在多种因素的刺激下，我国跨境电子商务市场逐渐发展起来，跨境电商的形式也不再拘泥于海淘与个人代购，逐渐实现了规模化、企业化发展，越来越多的企业相继涌入跨境电子商务市场。

随着电子信息技术和经济全球化的深入发展，电子商务在对外贸易中的地位和作用日益重要。近年来，外贸形势十分严峻。从国际的角度看，美国金融危机、欧债危机的影响不断扩大，国际需求明显减少，国际产业竞争更加激烈，贸易摩擦持续升级，国际贸易环境日趋复杂；从国内的角度看，国内经济下行压力加大，外贸的传统竞争优势在弱化，土地和劳动力等成本不断上升。跨境电子商务正是在这种整体不利的传统外贸环境中实现逆势增长，成为我国企业开拓国际市场的新渠道，成为加快转变外贸发展方式的新手段。随着云计算、物联网和大数据等互联网核心技术的日益成熟和广泛应用，经济全球化步入互联网 Web 3.0 时代，全球跨境电子商务的兴起改变了国际贸易格局，促进了国际贸易的转型升级。

网经社电子商务研究中心发布了《2022年度中国电子商务市场数据报告》（以下简称《报告》）。《报告》显示，2022年中国跨境电商市场规模达15.7万亿元，较2021年的14.2万亿元同比增长10.56%。2018—2021年中国跨境电商市场规模（增速）分别为9万亿元（11.66%）、10.5万亿元（16.66%）、12.5万亿元（19.04%）、14.2万亿元（13.6%）。2022年中国跨境电商市场规模达15.7万亿元。模式结构方面，2022年中国跨境电商的交易模式中跨境电商B2B（企业对企业）交易占比达75.6%，跨境电商B2C（企业对个人）交易占比达24.4%。近年来，跨境电商零售模式发展迅猛，政策助力等也带来了在跨境电商中模式占比的提升。

三、跨境电子商务的分类

（一）按照交易主体类型划分

按照交易主体类型划分，跨境电子商务可分为B2B、B2C、C2C、M2C、O2O。

1. 跨境电子商务B2B

B2B（Business-to-Business）即商业对商业，是企业对企业的一种电子商务模式，即企业与企业之间通过互联网进行产品、服务及信息的交换。跨境 B2B 是指分属不同关境的企业对企业，通过电商平台达成交易、进行支付结算，并通过跨境物流送达商品、完成交易的一种国际商业活动。

跨境电子商务 B2B 与传统外贸的区别主要在于两点：一是相对于传统外贸“集装箱”式的大额贸易，跨境电商 B2B 是小批量、多批次、快速发货；二是跨境电商能够满足中小进口商将大额采购分割为中小额采购、将长期采购变为短期采购以期分散风险的需求。

据中国电子商务研究中心的监测数据，2016 年中国跨境电商的交易模式中 B2B 交易占比达 88.7%，占有绝对优势。我国跨境电商 B2B 的代表企业有敦煌网、阿里巴巴国际站、环球资源网。

2. 跨境电子商务 B2C

跨境电子商务 B2C（Business-to-Consumer）是指分属不同关境的企业直接面对消费者个人开展在线销售产品和服务，通过电商平台达成交易、进行支付结算，并通过跨境物流送达商品以完成交易的一种国际商业活动。B2C 类跨境电商企业所面对的最终客户是个人消费者，针对最终客户以网上零售的方式，将产品售卖给个人消费者。

我国跨境电商 B2C 的代表企业有全球速卖通、大龙网、米兰网、兰亭集势等。有些 B2C 类跨境电商专注于不同垂直类目的商品销售，如兰亭集势在婚纱销售上占有绝对优势。B2C 类跨境电商市场正在逐渐发展，所占我国跨境电商市场交易额的比重不断增加，未来将迎来大规模增长。

3. 跨境电子商务 C2C

跨境电子商务 C2C（Consumer-to-Consumer）是指分属不同关境的个人卖方对个人买方开展在线销售产品和服务，由个人卖家通过第三方电商平台发布产品和服务售卖、产品信息、价格等内容，个人买方进行筛选，最终通过电商平台达成交易、进行支付结算，并通过跨境物流送达商品以完成交易的一种国际商业活动。

4. 跨境电子商务 M2C

M2C（Manufacturers-to-Consumer）即生产厂家对消费者。跨境电商 M2C 是指分属不同关境的生产厂商直接对消费者以电子商务的形式提供自己生产的产品或服务的一种商业模式，特点是流通环节减少至一对一，销售成本降低，从而保障了产品品质和售后服务质量。

5. 跨境电子商务 O2O

O2O（Online-to-Offline）模式又称线上线下商务模式，是指线上营销和线上购买带动线下经营和线下消费。O2O 通过打折、提供信息、预订服务等方式，将线下商店的消息推送给互联网用户，从而将他们转换为自己的线下客户，这种模式适用于必须到店消费的商品和服务，如餐饮、健身、观影、美容美发等。

（二）按照平台服务类型划分

按照平台服务类型划分，跨境电商可分为信息服务平台和在线交易平台。

1. 信息服务平台

信息服务平台主要是为境内外会员商户提供网络营销平台，传递供应商或采购商等商家的商品或服务信息，促成双方达成交易。目前，信息服务平台的代表企业有阿里巴巴国际站、环球资源网、中国制造网。

2. 在线交易平台

在线交易平台不仅提供企业、产品、服务等多方面的信息展示，消费者还可以通过平台在线上完成搜索、咨询、对比、下单、支付、物流、评价等全购物链环节。在线交易平台模式正逐渐成为跨境电商中的主流模式。代表企业有敦煌网、全球速卖通、米兰网、大龙网等。

（三）按照平台运营方划分

按照平台运营方划分，跨境电商可分为自营型平台和第三方开放平台。

1. 自营型平台

自营型平台电商通过在线上搭建平台，平台方整合供应商资源，以较低的进价采购商品，然后以较高的价格出售商品，自营型平台主要以商品差价作为盈利模式。自营型电商不仅开发和运营电子商务网站，而且自己负责商品的采购、销售、客服与物流，同时对买家负责。代表企业有兰亭集势、米兰网、大龙网、炽昂科技等。

2. 第三方开放平台

第三方平台电商通过线上搭建商城，并整合物流、支付、运营等服务资源吸引商家入驻，为其提供跨境电商交易服务，平台型电商不亲自参与商品的购买与销售，只负责提供商品交易的媒介或场所。平台以收取商家佣金以及增值服务佣金作为主要盈利模式。代表企业有速卖通、敦煌网、环球资源、阿里巴巴国际站。

（四）按照商品流动方向划分

按照商品流动方向划分，跨境电商可分为跨境进口和跨境出口。

1. 跨境进口

境外卖家将商品直销给境内买家，一般是境内消费者访问境外商家的购物网站选择商品，然后下单，由境外卖家发国际快递给国内消费者。目前主要有两种模式——保税模式和直邮模式，这两种模式都以个人物品入境申报，缴纳行邮税。跨境进口电商的代表性企业有天猫国际、京东全球购、洋码头、小红书等。

2. 跨境出口

境内卖家将商品直销给境外买家，一般是境外买家访问境内商家的网店，然后下单购买，并完成支付，由境内的卖家发国际物流至境外买家。跨境出口电商代表型企业有亚马逊海外购、eBay、全球速卖通、环球资源、大龙网、兰亭集势、敦煌网等。

时 事 链 接

加速实现品牌出海，依托中欧班列畅通物流，制定出台一揽子政策

——跨境电商蓬勃发展

党的二十大报告提出，“加快建设贸易强国”。作为一种新业态、新模式，跨境电子商务已成为我国外贸发展的新动能、转型升级的新渠道和高质量发展的新抓手。2015年，我国设立首个跨境电子商务综合试验区。近年来，我国跨境电商综试区模式愈发成熟，跨境电商综试区已扩至165个，在跨境电商发展中发挥了重要的作用。

前不久，国务院批复同意在廊坊等33个城市和地区设立跨境电子商务综合试验区。这是我国设立的第七批跨境电商综试区，至此，我国跨境电商综试区数量扩至165个。新设一批跨境电商综试区，大力发展跨境电商等新业态、新模式，有利于激发外贸主体活力，提升外贸运行效率，稳定外贸产业链供应链，实现产业数字化和贸易数字化融合。

当前，跨境电商综试区发展面临哪些新变化？跨境电商如何实现高质量发展？记者对相关负责人进行了采访。

新优势——品牌出海，按下发展快进键

走进位于浙江省杭州市余杭区的三星羽绒大厦，浙江三星羽绒股份有限公司董事长朱志良正在浏览网站后台，了解用户消费偏好、交易额、商品页停留时间等重要数据。

“以前订单是‘等靠要’，做贴牌代工，现在通过跨境电商，我们自主品牌的产品可以直接销售到消费者手中，反馈的数据可以帮助我们第一时间了解用户痛点。”从事外贸生意已有30余年的朱志良感触很深。

通过在海外打造独立站，三星羽绒可以掌握风格、款式等大量前端销售数据，从而迅速锚定研发方向、调整产品生产。

三星羽绒在国外的独立站，自2022年5月上线以来，床品销售额已经超过500万美元，复购率20%左右。“床品达到如此高的复购率并不容易，这恰恰说明了海外消费者对品牌的认可。”看着自家产品供销两旺，朱志良十分满意。

“传统外贸是等着别人给订单，企业没有定价权。跨境电商让我们的一些企业找到了品牌出海的机会。”杭州市商务局跨境电商综试处处长武长虹说，跨境电商的本质是“互联网＋跨境贸易＋中国制造”，企业产品过硬，试验区做好各项服务保障，走出国门的中国品牌将越来越多。

设立于2015年的杭州跨境电子商务综合试验区，是中国首个电子商务综合试验区。设立以来，杭州电商产业规模总量、发展水平在全国始终处于领跑梯队，共培育跨境电商卖家10万家，海外注册商标4 371个，跨境电商进出口额超过1 000亿元。

“下一阶段，我们会择优扶强，将腰部企业向大卖家培育。”武长虹说，杭州将在品牌主体培育、独立站建设、金融支撑、海外品牌基地建设等方面加大政策支持力度，助力杭州跨境电商步入高质量发展新阶段。

新市场——中欧班列，打通物流大动脉

近日，装满日用百货等的50个集装箱，搭乘“长安号”中欧班列从西安国际港站始发，一路向西，奔向欧洲。

“这次我们装运了真空吸尘器、玻璃瓶、晾衣架、化妆包等产品，只需要12天左右，货物就能到达欧洲。”西安皓程供应链管理有限公司总经理李松兴对记者说。

“2021年以来，西安市重点打造中欧班列‘长安号’跨境电商全国集结中心，实行跨境电商散货‘先报关，后装箱’新模式，提高货物通关时效2—3天。”西安国际港务区党工委委员、西安综合保税区管理委员会专职副主任王运动介绍，西安国际港务区已投用13个海外仓，分布在德国、荷兰、波兰、捷克、俄罗斯、白俄罗斯、哈萨克斯坦7个国家，为跨境商家提供“端到端、门到门”的全链路物流服务。

2022年，西安市累计开行跨境电商班列198列，是2021年全年发运量的1.6倍；实现跨境电商交易额35.1亿元，同比增长40%。

据西安国际港务区管委会副主任马选利介绍，依托中欧班列的通道优势，西安市积极打造“跨境电商＋直播”模式，开拓海外直播电商新赛道。2022年，西安市新引进直播类项目11个，建设直播间50间，引进直播类人才200名，基本形成集跨境直播、短视频制作、主播培训为一体的“跨境电商＋直播”生态圈。2018年7月24日，国务院正式批复同意设立中国（西安）跨境电子商务综合试验区以来，西安市先后成立9个创新示范先行区，依托航空、铁路口岸及综保区等平台通道，共同推进西安跨境电商产业的集聚增长。

“2022年，西安市跨境电商交易额144.27亿元，同比增长46.4%，跨境电商增势强劲，已成为拉动外向型经济发展的新动能。”西安市商务局局长张选民说。

新举措——抢抓机遇，步入发展快车道

走进位于山东省淄博市张店区的山东博丽玻璃股份有限公司生产车间，一股热浪扑面而来，如糖浆般黏稠的玻璃溶液从炉内流出，智能机械手挥舞臂膀，经过弯、吹、按、焊等加工程序后，制作出了一件件精致的玻璃制品。

“本次出口订单达100万美元，既包含了玻璃花瓶、烛台，也有陶瓷、蜡烛等。”山东博丽玻璃股份有限公司销售总监康金恒介绍，2022年，依托跨境电商业务，公司业绩实现了稳步增长，上半年实现营收1.9亿余元，利润1 700余万元，预计全年出口额2.8亿元左右。

2022年1月，淄博市获批国家级跨境电子商务综合试验区，当年，淄博市完成外贸进出口1 234.1亿元，淄博市跨境电商企业主体同比增加67%，为打造开放型城市注入新动力。

不靠海、不临江的淄博，如何在跨境电商领域实现快速突破？

淄博市制定出台一揽子政策，从鼓励跨境电商企业发展、鼓励建设和引进跨境电商平台、支持建设跨境电商产业园等方面加大支持力度，健全全市发展生态。

“市里成立跨境电商挖潜服务调研组，筛选出全市有进出口意愿、产品外贸契合度高的规上企业366家，作为精准挖潜的目标企业。”淄博市商务局对外贸易发展科负责人李嘉行说，调研组对目标企业开展上门调研和服务工作，帮助企业对接国际渠道、人才、资金等资源，引导企业开展跨境电商业务。

作为发展跨境电商的新秀城市，淄博市仍面临一些难题。“比如作为内陆城市，淄博市的物流费用明显高于其他沿海城市，再比如跨境电商行业涉及支付、物流、通关、网络等综合知识技能，我们仍缺乏既懂外贸又懂跨境电商的复合型人才。”淄博市商务局党组书记、局长殷启迪表示。

“未来，淄博将在跨境电商赛道上持续精准发力、克服困难，依托市内外高校、知名互联网企业，加快培养跨境电商人才，做大跨境电商规模，完善跨境电商生态，聚力打造高水平开放型城市。”殷启迪说。

四、我国跨境电子商务的发展现状

我国跨境电子商务尚处在发展阶段，发展空间和潜力巨大。据海关初步统计，2020年我国跨境电商进出口1.69万亿元人民币，增长了31.1%，其中出口1.12万亿元人民币，增长40.1%，进口0.57万亿元人民币，增长16.5%。2021年我国跨境电商进出口1.98万亿元，增长15%；其中出口1.44万亿元，增长24.5%。并且，中国保持贸易顺差的态势，中国企业出口不断增加；2022年全年跨境电商进出口额（含B2B）2.11万亿元，同比增长9.8%。其中，出口1.55万亿元，同比增长11.7%。海关总署网站发布的数据显示，2020年通过海关跨境电子商务管理平台验放进出口清单24.5亿票，同比增长63.3%。如图5-1所示，我国跨境电子商务交易规模将保持快速增长，这对我国外贸以及国民经济发展具有深远意义和现实价值。

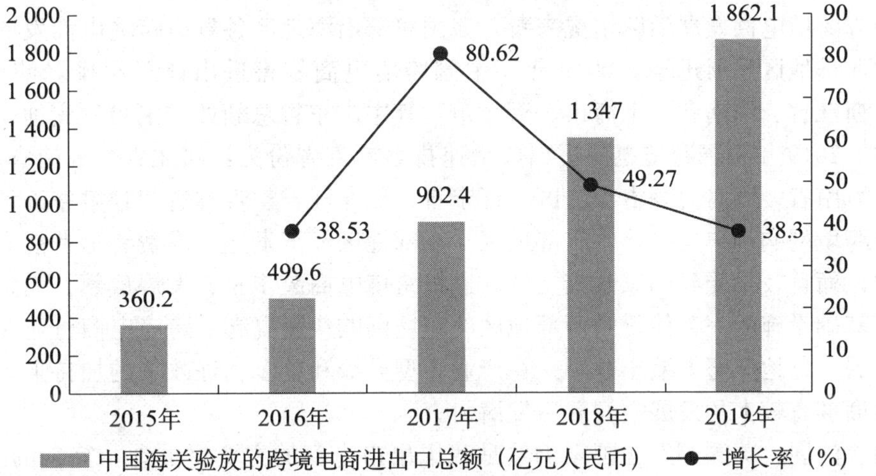

图5-1　2015—2019年中国海关验放的跨境电商进出口总额及增长率

与传统贸易模式相比，跨境电商模式在积极开放的政策环境下，交易流程扁平化、服务集约化，成为外贸新增长点，促进贸易便利化。2019年跨境电商规模占进出口贸易总额的比重由2010年的5.9%上升至34.2%，跨境电商对我国外贸的影响越来越显著。2020年1月，新型冠状病毒肺炎疫情席卷中国，造成全国范围内的停工停产，外贸行业因无法提供足够的商品致使大量订单取消。2020年3月，虽然中国已经逐步实现复工复产，但由于海外疫情的暴发，外贸行业也受到打击。跨境电商行业对于传统外贸行业来说，则实现了逆风翻盘。海关跨境电商管理平台显示，2020年第一季度我国跨境电商进出口额增长了34.7%。

跨境电商交易模式结构上，进出口B2B占据八成的交易规模，B2C交易模式占据近两成，并且继续扩大的势头明显。

如图5-2所示，我国跨境电商交易规模进出口结构比例显示，出口始终占据主导地位。跨境电商进口占比从2012年的11.40%升至2018年的21.10%，2019年跨境电商零售进口金额918.1亿元人民币，同比增长16.9%，消费升级带来的需求以及刺激进口政策促使该市场具备巨大的发展空间。

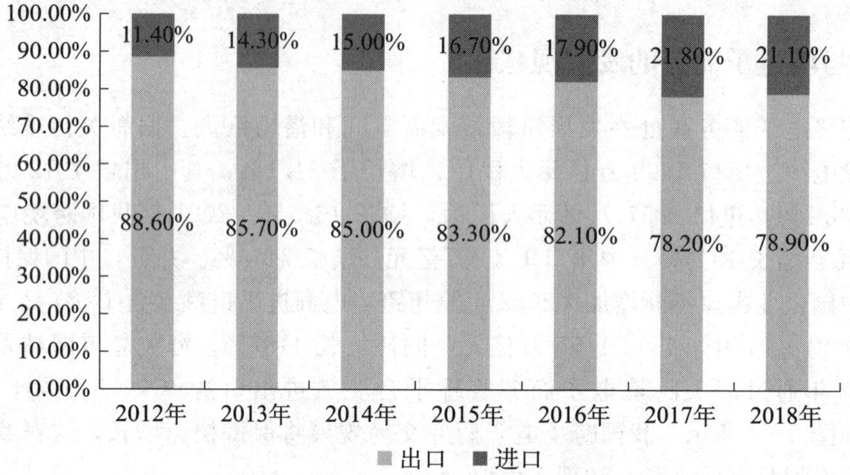

图5-2　2012—2018年我国跨境电商交易规模进出口结构

从地方跨境电商发展活跃情况来看，我国东部沿海地区各省市跨境电商发展规模依旧领先，中西部地区发展迅速。2019年，中国跨境电商零售进出口总额排名前五省市为：广东省、浙江省、河南省、上海市、天津市，其中广东省总额处于绝对领先地位。从发展增速来看，2019年中国跨境电商进出口增速排名前五省份为：河北省、云南省、贵州省、湖南省、海南省，同时内蒙古自治区、辽宁省、黑龙江省、吉林省、甘肃省等都成倍数增长。进口跨境网购用户主要在中东部地区，东部地区经济发达，消费者消费能力强，追求生活品质，而且较早受到国家政策支持，进口跨境电商起步早、发展成熟。而互联网、物流体系等基础设施的完善使得中西部地区的跨境网购快速崛起。跨境电商行业在全国范围内飞速发展，各地区努力缩小差距，在产业转型升级和更多利好政策的加持下，中西部地区跨境电商拥有较大的发展空间和后发潜力。

美国、法国、英国等发达国家仍然是我国出口电商的主要目的地，完善的基础设施、成熟的网购环境和人群等因素促使这些国家电子商务发展程度较高。俄罗斯、巴西、印度等作为新兴市场的代表，其蓬勃发展的现状和广阔的电商发展基础吸引了大量电商企业。尽管欧美仍是目前跨境电商最主要的市场，但东盟已经成为我国最大的贸易伙伴，接近四成的受访企业已经进入东南亚，超过日韩和俄罗斯。此外，进入非洲、拉美、中东等市场的企业均不足20%，未来将有极大拓展空间。

知识窗

跨境电商B2B出口

2020年6月12日，海关总署发布2020年第75号公告（关于开展跨境电子商务企业对企业出口监管试点的公告），自7月1日起，在北京海关、天津海关、南京海关、杭州海关、宁波海关、厦门海关、郑州海关、广州海关、深圳海关、黄埔海关开展跨境电商企业对企业（B2B）出口监管试点，在试点基础上做好总结评估，下一步将在全国海关复制推广。

一、跨境电商B2B出口

跨境电商B2B出口全称“跨境电商企业对企业出口”，是指境内企业通过跨境物流将货物运送至境外企业或海外仓，并通过跨境电商平台完成交易的贸易形式，企业根据海关要求传输相关电子数据。

跨境电商B2B出口主要包括以下两种模式，企业可根据自身业务类型选择相应方式向海关申报。

（一）B2B直接出口

境内企业通过跨境电商平台与境外企业达成交易后，通过跨境物流将货物直接出口至境外企业。采用“9710”监管方式申报。

（二）出口海外仓

境内企业先将货物通过跨境物流出口至海外仓，通过跨境电商平台实现交易后从海外仓送达境外购买者。采用“9810”监管方式申报。

二、与一般贸易出口、跨境电商零售出口的区别

跨境电商B2B出口与一般贸易出口、跨境电商零售出口的区别见表5-1。

表5-1 跨境电商B2B出口与一般贸易出口、跨境电商零售出口的区别

	跨境电商B2B出口（9710、9810）	一般贸易出口（0110）	跨境电商B2C出口（9610）
随附单证	9710：订单、物流单（低值） 9810：定仓单、物流单（低值） （报关时委托书第一次提供即可）	委托书、合同、发票、提单、装箱单等	订单、物流单、收款信息
通关系统	H2018系统通关；单票在5 000元人民币以内且不涉证不涉税不涉检的，可通过H2018系统或跨境电商出口统一版通关	H2018系统	跨境电商出口统一版系统
简化申报	在综试区所在地海关通过出口统一版申报，符合条件的清单，可申请按6位HS编码简化申报		在综试区所在地海关通过出口统一版申报，符合条件的清单，可申请按4位HS编码简化申报
物流	可适用转关或直接口岸出口，通过H2018申报的可适用全国通关一体化	直接口岸出口或全国通关一体化	可适用转关或直接口岸出口
查验	可优先安排查验		

三、对企业有哪些资质要求

（一）办理企业注册登记

跨境电商企业、跨境电商平台企业、物流企业等参与跨境电商B2B出口业务的境内企业，应当依据海关报关单位注册登记有关规定在海关办理注册登记，并在跨境电商企业类型中勾选相应的企业类型；已办理注册登记未勾选企业类型的，可在国际贸易“单一窗口”提交注册信息变更申请。

（二）办理出口海外仓业务模式备案

开展跨境电商出口海外仓业务的企业，还应在海关办理出口海外仓业务模式备案。具体如下：

1. 企业资质条件

开展跨境电商出口海外仓业务的境内企业应在海关办理注册登记，且企业信用等级为一般信用及以上。

2. 备案资料要求

(1) 两个登记表：《跨境电商出口海外仓企业备案登记表》（见表5－2）、《跨境电商海外仓信息登记表》（见表5－3）（一仓一表）。

表5－2 跨境电商出口海外仓企业备案登记表

海外仓信息			
企业名称		海关注册编码	
海外仓名称		面积（平方米）	
所在国家		所在城市	
海外仓地址		仓库性质	
线上销售平台			
备注			

表5－3 跨境电商海外仓信息登记表

企业名称		申请时间	
主管海关			
海关注册编码		统一社会信用代码	
企业法人		通信地址	
联系人		联系电话	
线上销售平台			
主要海外仓名称	1.		
	2.		
	3.		
海外仓说明及随附资料	申请人签名 年 月 日		
其他说明			
审核意见： 年 月 日			
备注： 年 月 日			

（2）海外仓证明材料：海外仓所有权文件（自有海外仓）、海外仓租赁协议（租赁海外仓）、其他可证明海外仓使用的相关资料（如海外仓入库信息截图、海外仓货物境外线上销售相关信息）等。

（3）海关认为需要的其他资料。

上述资料应向企业主管地海关递交，如有变更，企业应及时向海关更新相关资料。

四、企业申报流程

企业申报流程见图 5－3。

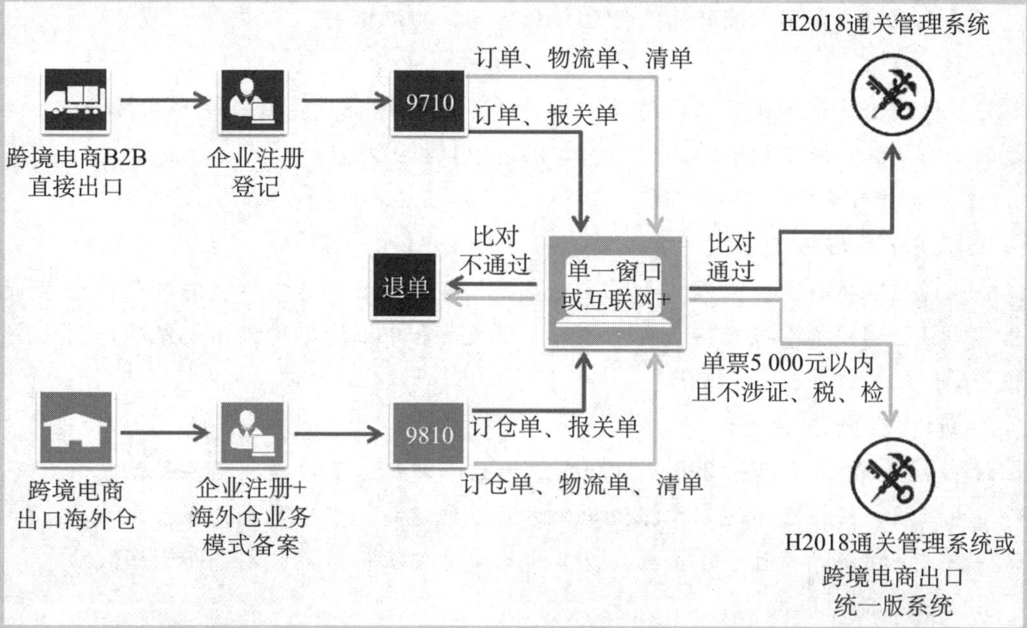

图 5－3　企业申报流程

对于单票金额超过人民币 5 000 元，或涉证、涉检、涉税的跨境电商 B2B 出口货物，企业应通过 H2018 通关管理系统办理通关手续；对于单票金额在人民币 5 000 元（含）以内，且不涉证、不涉检、不涉税的，企业可以通过 H2018 通关管理系统或跨境电商出口统一版系统办理通关手续。

企业应通过“国际贸易‘单一窗口’标准版”或“互联网＋海关”的跨境电商通关服务系统和货物申报系统向海关提交申报数据、传输电子信息。其中，跨境电商 B2B 出口有关电子信息报文，沿用跨境服务系统现有的 B2C 接入通道模式，新增支持 B2B 出口报关单报文导入；货物申报系统支持 B2B 出口报关单按现有模式录入和导入。

（一）通过 H2018 通关管理系统通关

1. 电子信息传输

跨境电商 B2B 直接出口（9710）申报前，跨境电商企业或跨境电商平台企业应向海关传输交易订单信息；跨境电商出口海外仓（9810）申报前，跨境电商企业应向海关传输海外仓订仓信息。

2. 报关单申报

跨境电商企业或其代理人向海关申报报关单，系统对企业资质及申报内容进行校验，通过的向H2018通关管理系统申报报关单。

（二）通过跨境电商出口统一版系统通关

1. 电子信息传输

跨境电商B2B直接出口（9710）货物申报前，跨境电商企业、物流企业应分别向海关传输交易订单、物流信息；跨境电商出口海外仓（9810）货物申报前，跨境电商企业、物流企业应分别向海关传输海外仓订仓信息、物流信息。

2. 清单申报

跨境电商企业或其代理人向海关申报清单，系统对企业资质及申报内容进行校验，通过的向出口统一版申报清单。清单无需汇总申报报关单。

（三）企业可享受的通关便利

1. 报关全程信息化

企业通过“单一窗口”或“互联网+海关”网上传输交易订单、海外仓订仓单等电子信息，且全部以标准报文格式自动导入，报关单和申报清单均采用无纸化，简化企业申报手续。

2. 新增便捷申报通道

对单票金额在人民币5 000元（含）以内且不涉证、不涉检、不涉税的货物，可通过跨境电商出口统一版系统以申报清单的方式进行通关，申报要素比报关单减少57项，清单无需汇总报关单，让中小微出口企业申报更为便捷、通关成本进一步降低。

3. 综试区简化申报

参照综试区所在地海关开展跨境电商零售出口（9610）简化申报的做法，在综试区所在地海关申报符合条件的9710、9810清单，可申请按照6位HS编码简化申报。

4. 物流和查验便利

跨境电商B2B出口货物可按照“跨境电商”类型办理转关，通过H2018通关管理系统通关的，同样适用全国通关一体化。企业可根据自身实际选择时效更强、组合更优的方式运送货物，同时可享受优先查验的便利。

五、主流跨境电子商务平台

（一）主流跨境电商B2B平台

1. 阿里巴巴国际站

阿里巴巴国际站是全球领先的B2B企业间电子商务网站，是帮助中小企业拓展国际贸易业务的出口营销推广服务平台，商家通过该平台向国外买家展示、推广供应商的企业和产品，进而获得贸易商机和订单。其目前是出口企业拓展国际贸易的首选网络平台之一。

阿里巴巴国际站提供一站式的店铺装修、产品展示、营销推广、生意洽谈及店铺管理等全系列线上服务和工具，帮助企业低成本、高效率地开拓外贸市场。

阿里巴巴国际站的核心价值是买家可以在此寻找卖家所发布的公司及产品信息，卖家可以在此寻找买家的采购信息，并为卖家和买家提供沟通工具、账号管理工具。阿里巴巴机器人（Alibaba Robot）是中国第一款阿里巴巴国际站自动化营销多功能软件，通过类似机器人工具实现高质量产品智能海量发布、多关键词全方位覆盖、产品定时批量更新、关键词排名一键查询等功能。

2. 环球资源

环球资源是一家多渠道 B2B 媒体公司，致力于促进大中华地区的对外贸易，公司的核心业务是通过一系列英文媒体，包括环球资源网、印刷机电子杂志、采购资讯报告、买家专场采购会、贸易展览会等形式促进亚洲各国的出口贸易。

一方面，超过 100 万名国际买家使用环球资源提供的服务了解供应商及产品的资料，帮助他们在复杂的供应市场进行高效采购；另一方面，供应商借助环球资源提供的整合出口推广服务，提升公司形象，获得销售查询，赢得来自 240 多个国家和地区的买家订单。环球资源也通过《国际电子商情》《世界经理人》《电子工程专辑》等一系列中文媒体协助海内外企业在大中华地区行销，其中包括网站、印刷及电子杂志、研讨会及贸易展览会等。环球资源在中国设有 30 多个办事机构，该公司的中文媒体拥有 500 多万名网上注册用户及杂志读者。

3. 敦煌网

敦煌网（DHgate）于 2005 年正式上线，是全球领先的在线外贸交易平台，致力于帮助中国中小企业通过跨境电商平台走向全球市场，开辟一条全新的国际贸易通道，让在线交易变得更加简单、安全和高效。截至 2017 年 5 月，Alexa 排名中敦煌网居全球网站第 1 196 位。

作为中小额 B2B 海外电子商务的创新者，敦煌网采用电子邮件营销（EDM）模式低成本、高效率地拓展海外市场，自建的邮件群发系统（EDMSYS）平台，为海外用户提供高质量的商品信息，用户可以自由订阅英文版商品营销信息，第一时间了解市场最新供应情况。

敦煌网的客户以国外的小型零售商、线下开小店或者 eBay 网店主为主，主要交易商品是日用消费品，适合于中国出口型中小规模工商企业。敦煌网针对的海外买家有如下特点：在网上选择合适的制造商后，对方要求在短时间内完成发货，在快速运转的过程中要有第三方诚信担保机制。敦煌网不仅提供诚信担保机制，还能实现 7～14 天的国际贸易周期，就是一个小制造商、贸易商与零售卖家之间的对接。敦煌网还提供特有的拼单砍价服务，如同一时间有许多货物发往同一个地方，敦煌网便会将相关信息搜集起来，将这些货物一起发送，帮助互不相识的客户将货物拼到一个集装箱运输以降低成本。敦煌网这种配套的供应链服务，将买卖双方从繁杂的交易过程中解放出来，使得复杂的跨境贸易变得相对简单，大大降低了交易双方的成本。

在资金流方面，DHpay 是敦煌网旗下独立的第三方支付工具，支持全球 200 多个国家（地区）的买家实现在线跨境支付。除此之外，敦煌网支持 VISA、MasterCard、西联支付、Moneybookers 以及银行转账等国际化支付方式。这些支付方式可以很好地覆盖并服务全世界买家。

敦煌网采用佣金制盈利模式，免注册费，只有买卖双方交易成功才收取费用。平台采用统一佣金制，实行“阶梯佣金”政策：当订单金额≥300 美元时，平台佣金＝订单金额×佣金率（4.5%）；当订单金额＜300 美元时，平台佣金＝订单金额×佣金率（按类目不同为 8%或 12%）。

（二）主流跨境电商 B2C 平台

1. 亚马逊

亚马逊（Amazon）成立于 1995 年，是美国最大的网络电子商务公司，总部位于华盛顿州的西雅图，是网络上最早开始经营电子商务的公司之一，一开始只经营网络的书籍销售业务，目前已成为全球商品品种最多的网上零售商和全球第二大互联网企业。亚马逊及其他销售商为客户提供数百万种独特的全新、翻新及二手商品，如图书、影视、游戏、数码、电脑、家居用品、玩具、婴幼儿用品、食品、服饰、鞋类和珠宝、健康和个人护理用品、体育及户外用品、汽车及工业产品等。2004 年 8 月，亚马逊全资收购卓越网，使亚马逊全球领先的网上零售专长与卓越网深厚的中国市场经验相结合，进一步提升了客户体验，并促进了中国电子商务的成长。2016 年 10 月，亚马逊在“2016 年全球 100 大最有价值品牌”中排第八名。2017 年 2 月，BrandFinance 发布“2017 年度全球 500 强品牌”榜单，亚马逊排名第三。2017 年 6 月发布的“2017 年《财富》美国 500 强”排行榜中，亚马逊排名第十二。2017 年 6 月，“2017 年 Brand 最具价值全球品牌 100 强”公布，亚马逊名列第四位。2019 年，BrandZ 全球品牌排名中，亚马逊首次超过苹果和谷歌，位居榜首。2020 年，亚马逊保持了第一的排名。

在所有的跨境电商第三方平台中，亚马逊对卖家要求最高，入驻门槛最高，利润空间也最高，适合产品质量有优势的贸易型企业、制造型企业，拥有自主品牌的企业及其品牌代理商。亚马逊主要面向欧美中高端市场客户，拥有自己的付费会员群体 AmazonPrime，据 DonG（一外国研究公司）对亚马逊的研究估计，截至 2017 年 3 月，其 Prime 会员人数已接近 8000 万，这一庞大的会员人群主要为国外的高端消费群体，他们是亚马逊最具有价值的财富之一。

亚马逊的另一特色服务是亚马逊仓储物流（FulfillmentbyAmazon，FBA），为卖家提供物流和仓储的配套服务，并收取一定的费用。要使用亚马逊物流服务，卖家需要自行将商品进口到开店的各个海外国家，并储存在相应的亚马逊物流中心，由亚马逊来完成当地的订单配送。虽然亚马逊仓储物流的收费标准高于一般的仓储公司，但由于 FBA 得到了买家较高的认可，不少买家都愿意支付更多的钱来选择 FBA。在同等条件下，FBA 卖家的曝光度高于普通卖家，抢到购物车的概率也更高，并且使用 FBA 的卖家可以获得更好的物流服务。

相对于全球速卖通、敦煌网等平台来说，入驻亚马逊的卖家资质较高，其收入来源于自营产品的销售收入和平台的服务费。针对使用亚马逊平台的卖家，亚马逊一般收取5%～15%的佣金，如果使用亚马逊物流还需额外收取物流费和仓储费。

2. eBay

eBay1995年9月成立于美国加州硅谷，其创始人皮埃尔·奥米迪亚（Pierre Omidyar）创立该网站的初衷是帮助其未婚妻交换Pez糖果盒。1999年eBay开始全球扩张，首个海外站点是德国，2002年eBay合并PayPal，目前eBay的业务覆盖190多个国家（地区），日均成交量超过数百万单，拥有1.52亿活跃用户、8亿多件由个人或商家刊登的商品。eBay已成为全球最大的电商平台之一，为个人用户和企业用户提供国际化的网络交易平台，2020年，Alexa全球流量排名中eBay居第28位。

eBay对卖家和产品质量要求较严格，平台规则比较偏向买家，主要针对个人C端客户，卖家主体是贸易商、制造企业，要求产品质量和价格有优势。eBay目标市场主要是欧美低端客户，门槛较高，以国外卖家为主。除了有和其他平台类似的常规产品出售，二手货的交易也是eBay业务的重要组成部分。在eBay，交易方式分为拍卖和一口价两种，eBay对每笔拍卖向卖家收取0.25～800美元不等的刊登费，在交易成功后再收取一笔7%～13%不等的成交费。在合并了PayPal后，eBay的支付方式默认为PayPal，商户在注册开店时必须绑定有效的PayPal账户。

3. 全球速卖通

全球速卖通（AliExpress），简称速卖通，是阿里巴巴旗下唯一面向全球市场打造的在线交易平台，致力于跨境电商业务，被广大卖家称为国际版“淘宝”。速卖通于2010年4月上线，2014年，速卖通买家数量突破1 000万；2017年4月，买家数量首次突破1亿。2018年，速卖通平台在全球100多个国家的购物类App下载量中排名第一。2020年，Alexa全球流量排名中全球速卖通居第71位。

速卖通的业务覆盖3C、服装、家居、饰品等共40个一级行业类目，其中优势行业主要有服装服饰、手机通信、鞋帽箱包、美容健康、珠宝手表、消费电子、电脑网络、家居、汽车摩托车配件、灯具等。

速卖通是以C端为主的平台，以价格为王，卖家价格低会有优势，适合工厂货供应商，不太适合贸易商做倒手买卖，如果单一品类的产品供应链全，非常有竞争优势，做速卖通很容易出单。入驻商家需有完整且正规的公司手续及商品的商标注册手续或代理品牌商的授权文件。适合贸易型企业、制造型企业、拥有自主品牌的企业及其品牌代理商。速卖通针对全球销售产品，2016年速卖通客户群体发生了改变，交易额最高的前五个国家分别是美国、俄罗斯、西班牙、法国、英国，目前主要是以中国卖家为主。

在交易信息的交流方面，速卖通开发了“TradeMessage”，确保买家和卖家之间信息的高效传递。在物流方面，速卖通支持四大商业快递（DHL、FedEx、TNT、UPS）、速卖通合作物流以及邮政大小包等多种国际快递方式。小卖家作为独立的经营主体，可以自行联系物流并进行发货。除了个体单独发货之外，卖家还可以借助速卖通的平台在线发货。此外，速卖通正式开启了包括美国、英国、德国、西班牙、法国、意大利、俄罗斯、澳大利亚、印度尼西亚9个国家在内的海外仓服务。在资金流方面，速卖通的资金流动方式与淘宝相似，速卖通只充当中介的作用，类似于淘宝的支付宝，速卖通开发了阿里巴巴国际支付宝Escrow。目前，国际支付宝Escrow支持多种支付方式，包括信用卡、T/T银行汇款、Moneybookers和借记卡，并在继续开拓更多的支付方式。除了Escrow，速卖通也支持电汇和其他跨国在线支付方式。在盈利模式方面，速卖通就提供的交易服务收取服务费，只在交易完成后对卖家收取，买家无须支付任何费用。速卖通对卖家的每笔订单仅收取5%的服务费。除此之外，速卖通也会对卖家使用的广告营销服务收取服务费。

4. Wish

2011年12月Wish成立于美国硅谷，是北美最大的移动购物平台，注册用户1.2亿，99%销售来自移动端，周重复购买率达66%。根据Apptopia数据，2019年Wish App下载量超过1.68亿次，位居“2019年下载量最高的购物类App”的宝座。

Wish根据用户的年龄特点、兴趣爱好、消费习惯、网络轨迹等信息进行用户分析，通过精确的技术手段、数据策略、核心算法等技术，将商品信息推送给感兴趣的用户，做到千人千面、精准推送。Wish平台主要针对欧美、北美国家，客户群体很广，是新兴平台，所以关注的人非常多，有着广阔的发展前景，Wish是以手机App终端购买为主，订单量的99%来自手机端，95%的成交量通过手机完成。Wish平台目前主打物美价廉的一些平民商品，有60%～70%的商家来自中国，目前对入驻Wish平台的商家来说门槛较低，不收取保证金，其规则还在不断完善中。除用电子邮箱注册，用户还可以通过已有的Facebook和Google账号进行关联，首次登录后，用户只需要填写性别、年龄等基本信息以及选择感兴趣的商品种类，随后就会收到来自Wish的个性化商品推荐。而通过Facebook和Google登录的用户，Wish还会分析他们在社交平台的信息以进行有针对性的推送。由于Wish移动设备的屏幕比较小，秉持“让手机购物更加高效和愉悦”的原则，每屏只推送4～6件商品，并且以“瀑布流”的形式展示。

Wish努力给每个商品公平匹配的流量导入，坚持“机会面前，人人平等”，有助于中小卖家的起步和发展。Wish平台上的商户上传任何商品都是免费的，只有在交易成功之后商户才需向平台支付一定比例的佣金，整个过程简单易行且没有任何隐藏的费用。Wish没有其他平台盛行的比价功能，因此价格在Wish平台上是不敏感的，那些适用于eBay和速卖通的规则对Wish完全不适用，Wish致力于产品的优化和提升客服的服务质量。

六、跨境电子商务的基本流程

跨境电子商务的基本流程按商品流动方向可以分为出口流程和进口流程。以出口流程为例具体分析，我国目前跨境电商出口模式有海外仓模式、一般出口模式、分送集报模式和保税分销模式四种。图5-4具体介绍了一般出口模式，具体流程如下：跨境电商企业通过网上自建平台或第三方平台接受海外客户（消费者或企业客户）订单，国内组织商品，采取行邮、包裹直接寄送出口商品，商品通过物流快递公司，接受海关驻邮办检查通关后送往海外客户。跨境电子商务企业通常通过纳入跨境电子商务外汇支付的第三方支付机构办理收结汇或者通过海外账户收款后以个人结汇等非贸易渠道汇回国内。跨境电商进口流程如图 5－5 所示。

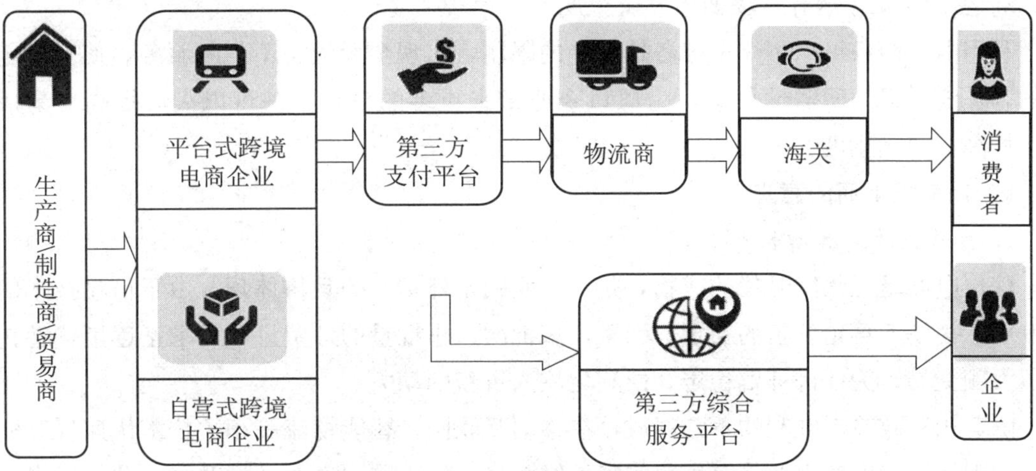

图 5－4　跨境电商出口流程

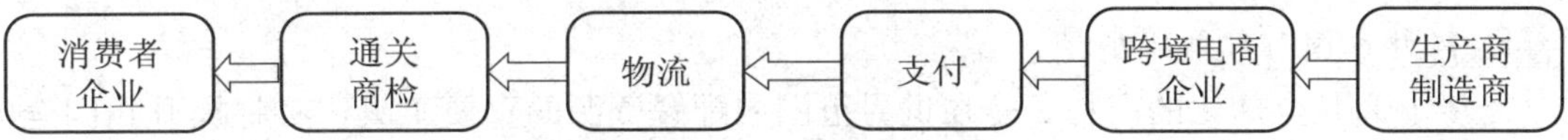

图 5－5　跨境电商进口流程

此外，我国跨境电商目前积极推进海外仓模式。跨境电商企业首先根据自身产品在海外的销售情况和海外市场调研分析，先将一定规模的商品以一般贸易或市场采购等贸易方式出口至目标市场，暂存目标市场海外仓（公共或自营）内，凭海关报关单和完税凭证办理货物出口退税。海外客户在网上下单支付货款后，跨境电商企业将订单信息传送至海外仓，海外仓选择合适的物流企业派送相应的商品。跨境电商企业通过海外账号收款或海外仓进口主体代理收款，汇总后通过海外仓进口主体以一般贸易或市场采购贸易方式定期收回货款，凭海关报关信息办理收结汇业务。

七、跨境电商的优势与意义

（一）跨境电商在国际贸易中的优势

跨境电商在国际贸易中的优势主要有以下几点：

1. 降低国际贸易成本

在国际贸易中，交易成本主要是指买卖过程中所需的信息搜寻、合同订立和执行、售后服务等方面的成本。电子商务使得企业可以从互联网庞大的信息资料中获得所需要的信息，从而大幅度降低搜寻成本。

2. 提高交易效率

利用电子商务开展国际贸易，买卖双方可采用标准化、电子化的格式合同、提单、保险单、发票、汇票、信用证等，各种相关单证在网上可以实现瞬间传递，不但大大节省了单据的传输时间，而且减少了因纸面单证中数据重复录入导致的各种错误，从而提高了交易效率。

3. 全天候业务运作，提高客户满意度

利用电子商务可以不受全球各地时差的限制，实现全天候、不间断服务，使全球范围内的客户随时得到所需的信息，为出口企业带来更多的订单，并可以大大提高交易成功率，提高客户满意度。

（二）跨境电商的意义

1. 打造新的经济增长点

跨境电商是互联网时代的产物，是“互联网＋外贸”的具体体现，由于信息技术的快速发展，规模不再是外贸的决定性因素，多批次、小批量的外贸订单需求正逐渐代替传统外贸大额交易，为促进外贸稳定和便利化注入了新的动力。

随着相关政策性红利的不断释放，在移动互联网、智能物流等相关技术快速提升的背景下，围绕跨境电商产业将诞生新的庞大经济链，带动国内产业转型升级，并催生出一系列新的经济增长点。

2. 提升我国对外开放水平

跨境电商是全球化的产物，是在世界范围内配置资源的重要工具，必将提升我国全方位对外开放水平。跨境电商加快了各国企业的全球化运营进程，有助于树立全球化的品牌定位，形成更加虚拟化的销售网络，大大降低生产者与全球消费者的交易成本，企业可以直接与全球供应商和消费者互动交易，特别是降低了广大中小企业“零距离”加入全球大市场的成本，更多企业享受到全球化的红利，有助于推动更加平等和普惠的全球贸易。

3. 提升国内消费者福利水平

跨境电商是消费时代的产物，响应了国内消费人群追求更高品质生活的需求，并将提升消费者福利水平。跨境电商进口以扁平化的线上交易模式减少了多个中间环节，使得海外产品的价格下降。通过大量引入品种丰富、品质较高的海外商品，以消费升级引领产业加快转型升级，最终惠及国内消费者。

八、跨境电商对我国外贸转型升级的影响

（一）促进专业外贸服务升级

与跨境电商贸易过程相关的信息流、商流、物流、资金流已由传统的双边逐步向多边的方向演进，呈网状结构。跨境电商可以通过A国的交易平台、B国的支付结算平台、C国的物流平台，实现与其他国家间的直接贸易。为适应新的贸易发展，专业外贸服务需要升级并参与到跨境电商环节中，这不仅能带动行业的又一次发展，还能在国际化竞争中不断完善服务水平、提升风险应对机制。国内几个大型外贸电商巨头，无一例外地强化了对供应链服务的整合和转型升级，如阿里巴巴入资深圳一达通公司，出口易在德国、英国等地建物流仓等。

（二）促进外贸方式向直销转型

跨境电商可以通过电子商务交易与服务平台，实现多国企业之间、企业与终端消费者之间的直接交易。传统的金字塔型国际贸易分销结构逐步演变为扁平化分销结构乃至直销结构，中间商在传统国际贸易结构中的重要地位逐步被削弱甚至被取缔。这导致原本被中间商盘剥的产业利润中的一部分回流到实体经济领域，助推我国产业结构变革；另一部分利润则以厂商让利的方式转移给普通消费者，用以增加消费者的剩余价值，提升消费者对我国出口商及其产品的认同度。

（三）促进外贸企业向小单、多生产模式转型

相对于传统贸易而言，跨境电商单笔订单大多是小批量，甚至是单件，这是因为跨境电商实现了单个企业之间或单个消费者之间的交易。2008 年金融危机后，传统的海外进口商出于缓解资金链压力和控制资金风险的考虑，倾向于将大额采购转变为中小额采购、长期采购转变为短期采购，单笔订单的金额明显减小，大部分不超过 3 万美元，并集中在消费品行业。在此背景下，互联网的便捷优势使网上小额批发或零售激增。此外，传统外贸“集装箱”式的大额交易正逐渐被小批量、多批次的“碎片化”进出口贸易取代。

（四）促进外贸企业向品牌和产品创新转型

目前，跨境电商的发展，使得知识和技术密集型产品和服务的竞争优势更加凸显。各类高科技产品、开发软件、视听产品、法律服务等产品和服务在政府产业扶持下快速发展。跨境电商的“定制化”与“个性化”已成为清晰的外贸电商发展趋势。随着人力成本、创新成本以及原材料价格的不断上升，中国在低成本制造方面的优势正在不断丧失，在外贸企业面临压力的同时，也为企业提供了把压力转化为动力的机遇。在这样的大环境下，跨境电商可以帮助中国外贸转型，利用电子商务所带来的产品创新寻求贸易的长期可持续发展模式。

知 识 窗

中国跨境电子商务综合试验区

中国跨境电子商务综合试验区是中国设立的跨境电子商务综合性质的先行先试的城市区域，旨在跨境电子商务交易、支付、物流、通关、退税、结汇等环节的技术标准、业务流程、监管模式和信息化建设等方面先行先试，通过制度创新、管理创新、服务创新和协同发展，破解跨境电子商务发展中的深层次矛盾和体制性难题，打造跨境电子商务完整的产业链和生态链，逐步形成一套适应和引领全球跨境电子商务发展的管理制度和规则，为推动中国跨境电子商务健康发展提供可复制、可推广的经验。

2022 年 11 月 14 日，国务院同意在廊坊市等 33 个城市和地区设立跨境电子商务综合试验区。自 2015 年在杭州设立首个跨境电商综合试验区，这是该试验区在近 7 年时间里的第 7 次扩围、今年以来的第 2 次扩围。截至目前，我国跨境电商综合试验区已扩至 165 个。近年来，我国跨境电商等外贸新业态迅速发展，跨境电商进出口规模 5 年增长近 10 倍。

第一批：2015年3月7日，国务院同意设立中国（杭州）跨境电子商务综合试验区。

第二批：2016年1月6日，国务院常务会议决定，在天津、上海、重庆、合肥、郑州、广州、成都、大连、宁波、青岛、深圳、苏州这12个城市设第二批跨境电子商务综合试验区。

第三批：2018年7月24日，国务院同意在北京市、呼和浩特市、沈阳市、长春市、哈尔滨市、南京市、南昌市、武汉市、长沙市、南宁市、海口市、贵阳市、昆明市、西安市、兰州市、厦门市、唐山市、无锡市、威海市、珠海市、东莞市、义乌市等22个城市设立跨境电子商务综合试验区。

第四批：2019年12月15日，国务院同意在石家庄市、太原市、赤峰市、抚顺市、珲春市、绥芬河市、徐州市、南通市、温州市、绍兴市、芜湖市、福州市、泉州市、赣州市、济南市、烟台市、洛阳市、黄石市、岳阳市、汕头市、佛山市、泸州市、海东市、银川市等24个城市设立跨境电子商务综合试验区。

第五批：2020年4月27日，国务院同意在雄安新区、大同市、满洲里市、营口市、盘锦市、吉林市、黑河市、常州市、连云港市、淮安市、盐城市、宿迁市、湖州市、嘉兴市、衢州市、台州市、丽水市、安庆市、漳州市、莆田市、龙岩市、九江市、东营市、潍坊市、临沂市、南阳市、宜昌市、湘潭市、郴州市、梅州市、惠州市、中山市、江门市、湛江市、茂名市、肇庆市、崇左市、三亚市、德阳市、绵阳市、遵义市、德宏傣族景颇族自治州、延安市、天水市、西宁市、乌鲁木齐市等46个城市和地区设立跨境电子商务综合试验区。

第六批：2022年1月22日，国务院同意在鄂尔多斯市、扬州市、镇江市、泰州市、金华市、舟山市、马鞍山市、宣城市、景德镇市、上饶市、淄博市、日照市、襄阳市、韶关市、汕尾市、河源市、阳江市、清远市、潮州市、揭阳市、云浮市、南充市、眉山市、红河哈尼族彝族自治州、宝鸡市、喀什地区、阿拉山口市等27个城市和地区设立跨境电子商务综合试验区。

第七批：2022年11月14日，国务院同意在廊坊市、沧州市、运城市、包头市、鞍山市、延吉市、同江市、蚌埠市、南平市、宁德市、萍乡市、新余市、宜春市、吉安市、枣庄市、济宁市、泰安市、德州市、聊城市、滨州市、菏泽市、焦作市、许昌市、衡阳市、株洲市、柳州市、贺州市、宜宾市、达州市、铜仁市、大理白族自治州、拉萨市、伊犁哈萨克自治州等33个城市和地区设立跨境电子商务综合试验区。

跨境电商综合试验区的"六体系两平台"

跨境电商综合试验区将着力在跨境电子商务交易、支付、物流、通关、退税、结汇等环节的技术标准、业务流程、监管模式和信息化建设等方面先行先试，将建设"六体系两平台"。

"六体系"包括信息共享体系、金融服务体系、智能物流体系、电商信用体系、统计监测体系和风险防控体系。"两平台"分别指的是线上"单一窗口"平台和线下"综合园区”平台。其中，建立信息共享服务体系，将统一信息标准规范、统一信息备案认证、统一信息管理服务，打通“关”“税”“汇”“检”“商”“物”“融”之间的信息壁垒。线上“单一窗口”平台则是数据交换枢纽和综合管理服务平台，共有政务服务和综合服务两大功能。企业只需要一次申报，即可满足海关、检验检疫、国税、外管等相关监管部门业务需求。

行业观察

新型冠状病毒肺炎疫情下我国跨境电商面临的机遇

2020年新型冠状病毒肺炎疫情在国内外相继暴发，多国政府发布居家隔离措施应对疫情。疫情的暴发抑制了国内外市场消费需求，导致供应链效率下降甚至断裂，对国内外市场造成冲击。据2020年第一季度经济调查显示，新型冠状病毒肺炎疫情使我国外贸行业交易量大幅下跌，而跨境电商行业则实现了逆风翻盘。据海关跨境电商管理平台显示，2020年第一季度我国跨境电商进出口额增长了34.7%，新型冠状病毒肺炎疫情在给我国跨境电商带来海外市场需求萎缩和跨境物流的冲击之外，也为我国跨境电商行业带来了新的发展机遇。

机遇之一：政府重磅利好政策不断。疫情期间，我国政府连续出台了诸多利好政策。截至2020年4月7日，国务院设立了105个跨境电商综试区，覆盖了30个省区市。增设B2B出口专属监管代码“9710”“9810”，完善监管，便利通关。

机遇之二：“宅经济”升温，带来需求热点。全球诸多国家的居家隔离措施催生了新的消费热点——“宅经济”，居家办公类、室内健身类、厨房用品类和宠物类的商品得到了海外消费者的追捧。

机遇之三：线上消费习惯形成，电商渗透率有望提升。疫情之下的居家隔离政策使得消费者出行不畅，加速了海外用户消费需求由线下向线上转移，同时可以预见未来全球防控工作和防范突发公共卫生事件仍将长期持续，也会深刻改变用户消费习惯。

操作示范

根据跨境电子商务零售进口税收政策（财关税〔2016〕18号、财关税〔2018〕49号等），个人单次交易限值为人民币5 000元，个人年度交易限值为人民币26 000元。在限值以内进口的跨境电子商务零售进口商品，关税税率暂设为0，进口环节增值税、消费税取消免征税额，暂按法定应纳税额的70%征收。

该批婴幼儿配方奶粉6罐，完税价格为1 000元，经查，婴儿奶粉进口最惠国关税率为15%，增值税为13%，消费税为0，跨境电商综合税为9.1%，因此李先生海淘奶粉的应征税款为91元。

实训演练

请结合山东远大贸易公司想从传统外贸转型做跨境电商这一现状，自行选择母婴用品与玩具类目的某一产品，完成下列内容，提交800字左右的决策建议。

1. 选定产品的名称、图片。
2. 分析产品的竞争优势和不足。
3. 分析对比拟入驻的2～3个跨境电商主流平台的优、劣势。
4. 选定某一跨境电商平台并说明理由。

单元二　市场采购贸易

任务导入

我国市场采购贸易试点成功推进

为贯彻落实《国务院办公厅关于进一步做好稳外贸稳外资工作的意见》（国办发〔2020〕28号），加快培育贸易新业态、新模式，2020年9月16日，商务部会同发展改革委、财政部、海关总署、税务总局、市场监管总局、外汇局联合发文，决定在内蒙古、辽宁、浙江、安徽、福建、山东、河南、湖北、广东、广西、云南的17家市场开展第五批市场采购贸易方式试点。试点将推动传统商品市场转型升级，带动更多中小微企业参与对外贸易，有助于推动形成国内国际双循环发展新格局。新设试点中首次包含内蒙古、广西、云南各一家边贸商品市场，将为边境地区外贸发展发挥积极作用。

任务：什么是市场采购贸易？

基本知识

一、市场采购贸易的定义与特点

（一）市场采购贸易的定义

市场采购贸易方式是指由符合条件的经营者在经认定的市场集聚区内采购的、单票报关单货值不超过15万美元并在海关指定口岸办理出口商品通关手续的贸易方式。国家禁止、限制出口的商品不适用市场采购贸易方式，其海关监管代码为“1039”。它是专门针对市场多品种、小批量、多批次的交易特点，为推动国际贸易便利化而创制的一种新型贸易方式。市场采购贸易作为一种外贸新业态，近年来被认为是推动产业转型升级、扩大外贸出口的重要抓手。

（二）市场采购贸易的特点

1）单向性。市场采购贸易仅限于出口贸易，不含进口贸易。

2）普遍性。境内外企业和个人均可向商务主管部门申请获得从事市场采购贸易的经营资格。

3）特定性。“特定区域、特定主体和特定通关地”，即市场采购贸易方式实施的区域范围为经认定的市场集聚区；从事市场采购贸易方式的对外贸易经营者，需经过市场集聚区所在地商务主管部门办理市场采购贸易经营者备案登记；市场采购贸易方式下货物通关出口，必须在采购地办理出口通关手续。

4）便利性。一是通得快，简化通关流程和手续，一次申报、一次查验、一次放行；二是结算活，允许个人收结汇，“谁出口，谁收汇”；三是免税收，实行增值税免税政策；四是监管专，启用“1039”海关代码统一集中监管。

5）政策优势。一是培育多元贸易主体，放宽了主体准入；二是对市场集聚区的经营户以市场采购贸易方式出口的货物，实行增值税免税政策；三是对市场采购贸易方式下的出口货物采取便利通关措施，进一步提高通关便利化水平；四是允许市场采购贸易采用人民币结算，对市场采购贸易外汇收支实施主体监管、总量核查和动态监测；五是对市场采购贸易方式报关的每批次货值最高限额由旅游购物商品的 5 万美元提高到 15 万美元。

二、市场采购贸易的发展历程

截至 2020 年 10 月，我国共有 5 批共计 31 个市场采购贸易方式试点，其中浙江义乌小商品城是首批试点，也是我国市场采购贸易方式的创始者。长期以来，义乌小商品市场是我国小商品的集散中心、流通中心与展示中心，更是全球最大的小商品市场聚集地。鉴于小商品的单笔出口数量少、品种多的特点，交易商多采用拼箱方式装运，往往有几十种甚至上百种产品混合装箱，极易出现单货不符、通关单缺失等违规行为，给海关监管带来了极大挑战。为了解决上述难题，加快义乌小商品出口的通关速度，海关总署特别针对义乌小商品市场设计了“旅游购物模式”，自 2007 年 9 月 1 日起实施。根据该模式，国外旅游者或者国内的贸易公司在义乌小商品市场上采购商品用于出口，不申请出口退税与外汇核销，采用集装箱进行装运出口，将小商品的出口申报实施简化归类，将 8 000 多个税则号简化到 98 个，大大减少了商户报关出口装箱时税则号填写的数量，提高了通关效率。但是“旅游购物模式”存在海关监管风险、偷税漏税风险、出口秩序混乱、洋个体缺乏进出口资格等问题，监管方式无上位法依据，且其他相关部门并未出台相应的配套政策，在很大程度上制约了义乌小商品市场的商品出口。为了改进“旅游购物模式”，市场采购贸易方式应运而生，自 2013 年 4 月在义乌小商品市场试行以来，义乌外贸出口快速增长，出口秩序得到了明显改善。2014 年 11 月 1 日，市场采购贸易方式在义乌市正式实施。

相较于原来的“旅游购物模式”，市场采购贸易方式在政策上实现了诸多改革和创新：一是在贸易主体上，允许外商设立合伙企业在商务局备案，从事外贸经营；二是在税收政策上，明确以市场采购贸易方式出口商品免收增值税；三是商品可溯源，通过商户在联网信息平台上确认，明确真正供货人；四是在海关政策上，提升单据完整性，包括报关单、货物清单、完整的装箱清单、原始交易单据、采购商身份证明，同时明确货物来自经认定的区域、联网的商户，并经供货商户确认；五是检验检疫政策，要求货物全申报，小额小批量货物申报后可不检，事后抽查，这降低了商户瞒报、伪报的可能性；六是灵活结汇，允许“市场采购”贸易方式采用人民币结算，根据外汇局出台的个人贸易结汇政策，凭供货商户与代理出口公司的协议，商户即可到银行进行结汇。

2014年以来，商务部会同有关部门在浙江义乌等市场开展市场采购贸易方式试点，在业务流程、监管方式、信息化建设等方面先行先试，量身定制支持政策，实现增值税免征不退、简化申报等政策突破，逐步形成一套较为适应的管理模式，市场采购贸易出口连续6年保持高速增长，年均增速38.8%，有效激发市场主体活力，提升贸易便利化水平，带动地方开放型经济发展。

三、市场采购贸易平台

2016年9月8日，国家商务部等八部委批复同意山东临沂商城工程物资市场作为全国第三批开展市场采购贸易方式的试点。2016年，临沂商城市场交易额达到3 783.48亿元人民币，同比增长18.1%，物流总额5 825.59亿元人民币，同比增长16%，电子商务交易额942.31亿元人民币，同比增长63.2%，直接进出口313.09亿元人民币。2022年，临沂商城实现市场交易额5 710亿元人民币，同比增长5.7%，物流总额8 609亿元人民币，同比增长6.7%。作为目前山东省唯一的市场采购贸易方式试点，以下将以山东临沂商城工程物资市场（简称临沂商城）为对象进行重点介绍。

（一）市场采购贸易主体

1. 市场采购贸易经营者

市场采购贸易经营者是指在商务部门办理了市场采购贸易经营者备案登记的对外贸易经营者。以临沂商城为例，对外贸易经营者（即外贸公司）申请办理市场采购贸易经营者备案登记，应当符合以下条件：一是经工商登记注册，且注册地在本市的外贸流通经营主体；二是已办理对外贸易经营者备案登记或已取得外商投资企业批准证书。

对外贸易经营者（即外贸公司）申请办理市场采购贸易经营者备案登记的流程是：

1）网上填写申请表并提交。已办理对外贸易经营者备案登记的企业，登录市场采购贸易联网信息平台（http：//www.lytrade.gov.cn）；点击“主体备案”栏，在“代理商备案”项下，填写市场采购贸易经营者备案数据项，正确填写后，网上提交；附件上传统一社会信用代码证扫描件（或营业执照和组织机构代码证书扫描件）、“对外贸易经营者备案登记表”扫描件（外商投资企业则提交外商投资企业批准证书扫描件）、法定代表人（或负责人）身份证扫描件。

2）商务部门审核。商务部门通过联网信息平台线上审核备案信息，并即时签发审核通过或不通过，并说明原因。

3）形成“市场采购贸易经营者备案登记表”存档。

2. 市场采购贸易供货商

市场采购贸易供货商为市场集聚区内已办理市场采购贸易供货商备案登记，为市场采购贸易提供货物的经营户，包括拥有市场摊位经营权的经营户、市场内租赁摊位的经营户。

首次办理市场采购供货商备案登记采用集体备案的方式，经营户只需按照《联网信息平台操作手册》进行备案即可。备案登记内容如下：1）市场集聚区、经营地址（商位号）；2）纳税人名称、纳税人识别号；3）市场采购贸易供货商的法定代表人及其身份证号码、手机号码；4）其他相关信息。

3. 市场采购贸易采购商

市场采购贸易采购商是在市场集聚区内向已办理市场采购供货商备案的市场经营户采购商品，并自行或者委托市场采购贸易经营者以市场采购贸易方式报关出口商品的国内外采购人。

（二）市场采购贸易联网信息平台

市场采购贸易联网信息平台是一个涵盖市场采购贸易各方经营主体和贸易全流程的综合管理服务平台，承载市场采购贸易方式各项政策实施。平台通过信息网络技术，实现货物流、单证流、资金流、信息流的采集与汇聚，为贸易出口管理各部门开展业务提供数据信息支撑，为市场采购贸易各经营主体提供报关、报检、免税备案、结汇等各类电子政务“一站式”服务，对商品出口提供全方位一体化支持。

市场采购贸易方式需要一个信息化平台来进行运作，联网信息平台就是承载市场采购贸易方式政策落地的具体载体。根据八部委函的规定，市场采购贸易联网信息平台由市场集聚区所在地人民政府投资建设。市场集聚区内的经营户均可通过商户备案拥有一个专用账户，登录联网信息平台，根据业务性质进入对应系统即可操作，商户加入联网信息平台不需要缴纳费用，平台对交易信息有严格的保密措施，不对外公开。加入联网信息平台对企业、商户来说具有诸多好处，如出口货物能够以市场采购贸易方式报关出口、享受便利化通关政策、享受出口货物免税政策、享受相关信用查询与贸易风险预警防范服务、进行货物通关状态节点查询、及时查看政府各部门发布的政策与信息、对自己出口货物进行统计分析等。

特别需要强调的一点是，根据八部委函的规定，市场采购贸易商需在“经认定的市场集聚区内采购商品”，因而商户必须联网，对以市场采购贸易方式出口的商品进行信息确认，证明货物来自经认定的市场集聚区。市场集聚区经营户申报出口的货物增值税免税，没有申报通过的货物视同内销货物，不得享受增值税免税政策。

四、相关部门配套政策

（一）海关对联网企业采取的优惠措施

以临沂商城为例，海关对试点货物采取无纸化通关、转关无纸化政策，优先接单、优先审单，试点企业适用便利的简化申报政策。

市场采购主体备案（含对外贸易经营主体备案）办理时限缩短至3天。

对市场采购出口货物申报不实违约类案件的处罚，取消累进式处罚，简化涉案货物办案流程。

（二）检验检疫对联网企业采取的优惠措施

根据备案单位的质量保证能力，对出口商品风险等级和出口企业的诚信分类实施分类管理，采用信用监管、验证监管、一般监管、严密监管和特别监管五种不同模式，对联网试点企业主要采用信用监管、验证监管模式。

根据出口企业的仓库条件、诚信分类等情况，对联网企业市场采购入库商品探索实施预检验，合格批次窗口放行制度。

对于需抽样送实验室检测的市场采购出口商品，抽样后实行“合格假定、审单放行、全程服务、事后监管”的管理模式，在实验室检测结果未出来前即可先行放行；检测结果出来后依据检测结果再确定后续处置方式。

（三）税务部门对市场采购贸易方式出口货物采取的优惠措施

税务部门对市场经营户以市场采购贸易方式出口的货物免征增值税，市场采购贸易方式出口货物不实行免税资料备查管理和备案单证管理。

某摊位经营户出口货物较多，而内销货物较少，每月的内销销售额达不到税务定额标准的，可以建账申报，按照实际内销销售额申报缴纳税款，税务部门核查后根据核查结果确定相应的纳税额。

五、市场采购贸易流程

市场采购贸易流程如图5-6所示。

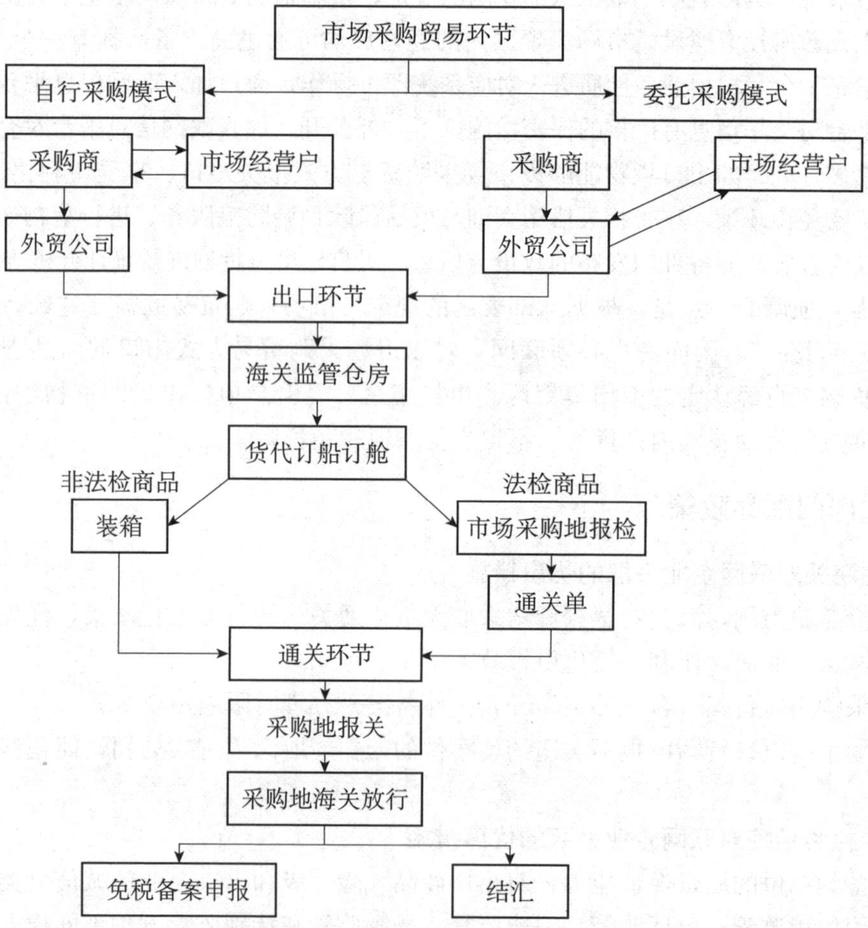

图5-6　市场采购贸易流程图

1）采购订货。境外采购商与市场经营户或外贸公司（市场采购贸易经营者）签订合同，预付定金，并要求市场经营户或市场采购贸易经营者在境外采购商指定的收货截止日前将货物送至指定地点。经营主体按时限要求在市场采购贸易综合管理系统准确录入商品名称、规格型号、计量单位、数量、单价和金额等内容以形成交易清单。具体如下：自营出口的市场经营户应在与外商签订采购合同时自行录入；委托出口的市场经营户在货物交付市场采购贸易经营者时自行录入，或由市场采购贸易经营者录入，由市场采购贸易经营者代理录入的，须与市场经营户进行确认。

2）委托收货。境外采购商委托市场采购贸易经营者利用自有外贸仓库或租用外贸仓库收货、验货。

3）订舱装箱。市场采购贸易经营者在收货、验货后，直接或委托货代公司向船公司预订船期和舱位，并联系集装箱卡车，将多种货物组柜装箱。

4）报检报关。非法定商检商品可以直接装箱报关，法定商检商品需要向市场采购地报检，合格后取得通关单。市场采购贸易经营者凭符合性声明、市场购销凭证、备案证明、身份信息复印件、装箱清单等资料，直接或委托报关公司向采购地海关报关出口；除应在“发货单位”栏填写市场采购贸易经营者名称外，还须在“备注栏”注明采购商身份信息。

5）查验施封。在获得海关放行单后，市场采购贸易经营者将货物运至试点市场所设的海关监管点接受查验（抽验）、施封。

6）通关或转关放行。市场采购贸易经营者在采购地海关办理通关或转关出口手续后，将货物运至口岸海关，办理通关或转关检验手续和核销手续，以进入港区、装船出运。

7）免税备案。市场经营户应在货物报关出口次月的增值税纳税申报期内按规定向主管国税机关办理市场采购贸易出口货物免税申报；委托出口的，市场采购贸易经营者应在规定的期限内向主管国税机关申请开具代理出口货物证明以代为办理免税申报手续。

8）办理结汇。市场经营户或市场采购贸易经营者向外汇管理部门提交资料，办理结汇手续。

行业观察

市场采购，圆更多小微企业出口梦

在多重压力之下，2020 年的中国外贸依然取得了逆势而上的好成绩，规模和市场份额同创新高。外贸新业态、新模式表现活跃，市场采购出口增长超过 25%，成为稳外贸的重要力量。距 2020 年 9 月第五批市场采购贸易方式试点批复仅过去 4 个月左右，大部分第五批市场试点已产生出口实绩，甚至有的市场出口货值已突破 1 亿元。

与采购商相比，受益最大的是没有进出口资质的小微企业，以往它们中的大多数只能对国际贸易远观向往。而在市场采购贸易方式下，在商务等主管部门认定的市场集聚区内采购的单票报关单商品货值含 15 万美元以下并在采购地申报的贸易行为，即可享受这一贸易方式最核心的优势——出口产品在“家门口”一次申报、一次查验、一次放行。不仅让以商户为单位的市场主体可作为供货商参与到外贸环节中，时间、经营和资金成本也大幅降低了。此前许多“有心无力”参与外贸的小微企业的出口梦也由此被“点燃”。市场采购贸易方式试点扩围，降低了贸易准入门槛，解决了中小微企业及个人难以直接参与国际贸易的难题，与此同时，新业态多点开花的作用还体现在提升贸易便利化、通关速度和效率加快，以及为企业带来更多财税优惠上，比如增值税免征免退等，还在降低外贸风险、提高信息互通共享等方面得以体现。

新设试点中还首次包含了内蒙古、广西、云南的各一家边贸商品市场，为边境地区外贸发展发挥积极作用。市场贸易采购已涵盖了东中西部，将外贸发达省份在外贸风险管理、监管模式等方面的经验以此为契机向中西部地区推广，激发更多中西部地区的外贸潜力。

操作示范

市场采购贸易方式是指由符合条件的经营者在经认定的市场集聚区内采购的、单票报关单货值不超过15万美元并在海关指定口岸办理出口商品通关手续的贸易方式。国家禁止、限制出口的商品不适用市场采购贸易方式，其海关监管代码为“1039”。

截至2020年10月，我国共有5批共计31个市场采购贸易方式试点，具体内容如下所示：

第一批次（2014年）：义乌市市场聚集区（1个）；

第二批次（2015年）：浙江省海宁皮革城、江苏省海门叠石桥国际家纺城（共2个）；

第三批次（2016年）：广州花都皮革皮具市场、河北白沟箱包市场、江苏常熟服装城、山东临沂商城工程物资市场、武汉汉口北全球商品交易中心（共5个）；

第四批次（2018年）：成都全球商贸城、湖南高桥大市场、温州（鹿城）轻工产品交易中心、亚洲全球家具材料交易中心、泉州石狮服装城、中山市利和灯博中心（共6个）；

第五批次（2020年）：辽宁西柳服装城、浙江绍兴柯桥中国轻纺城、浙江台州路桥日用品及塑料制品交易中心、浙江湖州（织里）童装及日用消费品交易管理中心、安徽蚌埠中恒商贸城、福建晋江国际鞋纺城、山东青岛即墨国际商贸城、山东烟台三站批发交易市场、河南中国（许昌）国际发制品交易市场、湖北宜昌三峡物流园、广东汕头市宝奥国际玩具城、广东东莞市大朗毛织贸易中心、云南昆明俊发·新螺蛳湾国际商贸城、深圳华南国际工业原料城、内蒙古满洲里满购中心（边贸商品市场）、广西凭祥出口商品采购中心（边贸商品市场）、云南瑞丽国际商品交易市场（边贸商品市场）（共17个）。

实训演练

请谈谈你对市场采购贸易这种外贸新业态的看法（要求中心主题突出、条理清晰、语言精练、有自己的见解）。

模块小结

(1) 跨境电子商务简称跨境电商，是指分属不同关境的交易主体，通过电子商务平台达成交易、进行支付结算，并通过跨境物流送达商品、完成交易的一种国际商业活动，被社会普遍认为是一种以电子数据交换和网上交易为主要内容的商业模式。有全球性、无形性、匿名性、即时性、多样性、风险性等特点。

(2) 跨境电子商务的分类：按照交易主体类型划分，可分为 B2B、B2C、C2C、M2C、O2O；按照平台服务类型划分，可分为信息服务平台和在线交易平台；按照平台运营方划分，可分为自营型平台和第三方开放平台；按照商品流动方向划分，可分为跨境进口和跨境出口。

(3) 主流的跨境电子商务平台有亚马逊、eBay、全球速卖通、Wish、敦煌网、阿里巴巴国际站等。

(4) 市场采购贸易方式是指由符合条件的经营者在经认定的市场集聚区内采购的、单票报关单货值不超过 15 万美元并在海关指定口岸办理出口商品通关手续的贸易方式。具有单向性、普遍性、特定性、便利性和政策优势的特点。

模块练习

一、名词解释

跨境电子商务　B2B　B2C　C2C　M2C　O2O　市场采购贸易

二、单项选择题

1. 跨境电商的英文名称是(　　)。

A. cross-border commerce　　B. cross-border trade

C. cross-border electronic commerce　　D. cross-border communication

2. O2O 是(　　)的缩写。

A. online-to-online　　B. online-to-offline

C. offline-to-offline　　D. offline-to-online

3. 最早试行市场采购贸易方式的地方是(　　)。

A. 广东广州　　B. 浙江义乌　　C. 江苏海门　　D. 湖北武汉

4. 跨境电商的"三流"是指(　　)。

A. 信息流、产品流、技术流　　B. 信息流、产品流、物流

C. 产品流、技术流、资金流　　D. 信息流、物流、资金流

5. 跨境电子商务的特点不包括(　　)。

A. 匿名性　　B. 有形性　　C. 即时性　　D. 无纸化

6. 按照交易主体类型划分，跨境电子商务可分为B2B、B2C、C2C、M2C和(　　)。

A. O2O　　B. G2C　　C. G2G　　D. C2G

7. 在所有的跨境电商第三方平台中，(　　)对卖家要求最高，入驻门槛最高，利润空间也最高，适合产品质量有优势的贸易型企业、制造型企业，拥有自主品牌的企业及其品牌代理商。

A. 全球速卖通　　B. 亚马逊　　C. eBay　　D. Wish

8. 对使用亚马逊平台的卖家，亚马逊一般收取(　　)的佣金。

A. 5%～8%　　B. 5%～10%　　C. 5%～15%　　D. 10%～20%

9. 跨境电商在国际贸易中的优势不包括(　　)。

A. 降低国际贸易成本　　B. 提高交易效率

C. 全天候业务运作，提高客户满意度　　D. 增加客户购买量

三、判断题

1. 主要的跨境电商第三方平台有全球速卖通、Wish、敦煌网、eBay、淘宝等。(　　)

2. Wish的最大特点是专注于移动端购物。(　　)

3. 亚马逊特有的付费会员Amazon Prime是亚马逊的高端客户群体。(　　)

4. 在全球速卖通平台开店需要有一个实名认证的支付宝账号。(　　)

5. 目前我国市场采购贸易方式报关的每批次货值最高限额是5万美元。(　　)

6. 市场采购贸易方式适用于进出口贸易。(　　)

7. O2O模式又称线上线下商务模式，是指线上营销和线上购买带动线下经营和线下消费。(　　)

8. 敦煌网于2005年正式上线，是全球领先的在线外贸交易平台。(　　)

9. 全球速卖通正式开启了包括美国、英国、德国、西班牙、法国、意大利、俄罗斯、澳大利亚、印度尼西亚9个国家的海外仓服务。(　　)

10. 敦煌网的客户以国外的小型零售商、线下开小店或者eBay网店主为主，主要交易商品是日用消费品，适合于中国出口型中小规模工商企业。(　　)

四、问答题

1. 跨境电子商务和传统国际贸易的区别在哪里？

2. 市场采购贸易有哪些特点？

3. 跨境电商对我国外贸转型升级有哪些影响？

参考文献

[1] 陈文汉．国际贸易［M］. 北京：机械工业出版社，2015.

[2] 金毓，陈旭华．跨境电商实务［M］. 北京：中国商务出版社，2017.

[3] 李富．国际贸易概论［M］. 北京：中国人民大学出版社，2016.

[4] 李军．国际贸易概论［M］. 北京：北京理工大学出版社，2010.

[5] 鲁丹萍．跨境电子商务［M］. 北京：中国人民大学出版社，2015.

[6] 吕红军．国际贸易［M］. 北京：中国商务出版社，2017.

[7] 罗晓斐．国际贸易理论与政策［M］. 北京：机械工业出版社，2015.

[8] 肖旭．跨境电商实务［M］. 北京：中国人民大学出版社，2015.

[9] 薛荣久．国际贸易［M］. 北京：对外经济贸易大学出版社，2016.

[10] 姚大伟．国际贸易概论［M］. 北京：中国人民大学出版社，2017.

[11] 章安平．国际贸易基础［M］. 北京：中国商务出版社，2017.

[12] 周厚才，张华．国际贸易理论与实务［M］. 北京：中国财经出版社，2017.

图书在版编目（CIP）数据

国际贸易基础 / 张宗英，张泳主编．-- 2 版．-- 北京：中国人民大学出版社，2022.2
新编 21 世纪高等职业教育精品教材．经济贸易类
ISBN 978-7-300-30120-4

Ⅰ.①国… Ⅱ.①张… ②张… Ⅲ.①国际贸易－高等职业教育－教材 Ⅳ.①F74

中国版本图书馆 CIP 数据核字（2021）第 276693 号

新编 21 世纪高等职业教育精品教材 • 经济贸易类
国际贸易基础（第 2 版）
主　编　张宗英　张　泳
副主编　刘振芬　陈　芬　张继佳　张　华
Guoji Maoyi Jichu

出版发行	中国人民大学出版社		
社　　址	北京中关村大街 31 号	**邮政编码**	100080
电　　话	010－62511242（总编室）		010－62511770（质管部）
	010－82501766（邮购部）		010－62514148（门市部）
	010－62515195（发行公司）		010－62515275（盗版举报）
网　　址	http://www.crup.com.cn		
经　　销	新华书店		
印　　刷	北京宏伟双华印刷有限公司	**版　　次**	2018 年 10 月第 1 版
开　　本	787 mm×1092 mm　1/16		2022 年 2 月第 2 版
印　　张	16.25 插页 1	**印　　次**	2025 年 8 月第 5 次印刷
字　　数	353 000	**定　　价**	38.00 元